用精准计划极速提升力量和运动表现

力量训练计划

〔美〕马克·瑞比托®（Mark Rippetoe®）　〔美〕安迪·贝克◎著

王龙飞◎译　葛　旺◎审订

Practical Programming
for
Strength Training
3rd Edition

北京科学技术出版社

Practical Programming for Strength Training, 3rd Edition
Copyright © 2013 by The Aasgaard Company
3118 Buchanan St, Wichita Falls TX 76308, USA
www.aasgaardco.com
www.startingstrength.com
www.startingstrength.cn
Translation Copyright © 2018 by Beijing Science and Technology Publishing Co., Ltd.

著作权合同登记号　图字：01-2017-0121

图书在版编目（CIP）数据

力量训练计划：用精准计划极速提升力量和运动表现 /（美）马克·瑞比托，
（美）安迪·贝克著；王龙飞译. —北京：北京科学技术出版社，2018.4（2025.8 重印）
　ISBN 978-7-5304-8806-5

Ⅰ . ①力… Ⅱ . ①马… ②安… ③王… Ⅲ . ①力量训练 Ⅳ . ① G808.14

中国版本图书馆 CIP 数据核字 (2018) 第 022248 号

策划编辑：刘　超

责任编辑：刘　超

责任校对：贾　荣

图文制作：天露霖文化

责任印制：张　良

出 版 人：曾庆宇

出版发行：北京科学技术出版社

社　　址：北京西直门南大街 16 号

邮政编码：100035

ISBN 978-7-5304-8806-5

电　　话：0086—10—66135495（总编室）
　　　　　0086—10—66113227（发行部）

网　　址：www.bkydw.cn

印　　刷：河北鑫兆源印刷有限公司

开　　本：720mm×1000mm　1/16

字　　数：350 千字

印　　张：15.75

版　　次：2018 年 4 月第 1 版

印　　次：2025 年 8 月第 13 次印刷

定　　价：89.00 元

第 3 版前言

每一次修订《力量训练计划》都是为了能够更好地阐述内容。10 年前，当我把书稿交给《力量与体能》(Strength and Conditioning) 杂志时，初级、中级和高级举重训练者需要不同训练计划的观点还被认为是异端邪说。当年，这本书先后被两个独立的审核小组退稿，因为他们坚持认为，波动性周期化 (Undulating Periodization) 训练适用于每一个训练者，而我认为波动性周期化训练不适合初级训练者，因此我被扣上了"对科学组织原则 (Organizing Principles of Science) 完全缺乏理解"的帽子。在那之后，训练科学取得了一些新的进步。我由衷希望，新版的《力量训练计划》能够更好地阐述以下观点：人类的力量与其他逐渐逼近极限的事物有着同样的发展轨迹。这本书已经售出了逾 10 万册，帮助很多力量训练者变得更强壮。它是发行量仅次于《力量训练基础》的力量训练书籍。

本书的前两版旨在为读者自行设计训练计划勾画出一个轮廓——即刺激-恢复-适应等基本原则的运用。这本书的初衷是为不同水平的训练者在响应刺激取得进步后提供一个升级训练计划的模板，结果却发现，读者想要的是细节——适用于不同运动员的、更多具体的训练计划范例。那么，这本书将会令你满意。

斯蒂芙·布拉德福德博士 (Stef Bradford, PhD) 是本书此次升级的幕后功臣。和她相比，我对本书的贡献微不足道。

本书所添加的具体训练计划是由安迪·贝克 (Andy Baker) 撰写的，他是我所知道的（包括我在内）最擅长此事的人。当我们决定扩充本书内容的时候，他是我的不二之选。他对数字和现实中的进步很有感觉，这些详尽的训练计划就像他的孩子一样。如果有机会，你一定要找他帮助你训练。

马特·雷诺兹 (Matt Reynolds) 是我的另一个选择对象。他同样是一位才华出众的训练计划制订高手。马特工作繁忙，但他仍然抽出时间为我们提供了本书第 8 章的高级训练计划。

乔丹·费根鲍姆医生 (Jordan Feigenbaum, MD) 和乔纳森·沙利文医学博士 (Jonathon Sullivan, MD, PhD) 为我们审阅了部分手稿。乔丹为提高本书前五章在表述上的准确性提供了很多宝贵建议，而乔纳森对人际交往的细微差别及其复杂性洞若观火，富有经验。当我的脑子不够用时，我常常需要依赖这两位友人的帮助。

过去 4 年，我们获得了很多经验，这多亏了我们研讨会计划中的几位重要工作人员。感谢汤姆·坎皮特利 (Tom Campitelli)、迈克尔·沃尔夫 (Michael Wolf)、史蒂夫·希尔 (Steve Hill)、乔丹·费根鲍姆、马特·雷诺兹、保罗·霍恩 (Paul Horn) 以及其他几位共同努力创造出最佳共事环境的同僚。在此期间我们不断学习、相互启发。没有他们，就没有新版图书的问世。

和以往一样，玛丽·康诺弗（Mary Conover）放下了手中的其余事务，为我们编写了本书的索引，让本书更为出色。

同时，我还要感谢各位读者和论坛的成员，你们反馈的宝贵意见促成了这本书的进步。

——瑞比托（Rippetoe）
2013 年 11 月写于得克萨斯州威奇托福尔斯市

目　录

1
引 言

欢迎来到《力量训练计划》第 3 版。与之前有些许不同，新版本将从详细阐述什么不是力量训练着手来介绍力量训练的基本概念。有三个术语经常用于形容健身者的活动："身体活动"（Physical Activity）、"锻炼"（Exercise）和"训练"（Training）。本书只讲"训练"，所以我们会首先定义前两个术语，"训练"一词则放在后面详加阐述。

身体活动是美国心脏病协会（The American Heart Association，简称 AHA）建议你每周都要做的事情。"一切可以让你动起来消耗些热量的事情都可以称为身体活动"，该协会的网站上如是说。他们认为活动身体是延续生命所必需的。从本质上讲，除了坐着或躺着，其他形式都可以算是身体活动。本书不太关注这一点，因为即使是老年人，也能找到比在建议时段随便动动更有效的活动方式。

身体健康（Physical Fitness）是个相对概念。瑞比托和基尔格（Kilgore）在 2006 年的《运动生理学在线期刊》（*Journal of Exercise Physiology Online*）［9（1）：1-10］中将其定义为：

"与人类基因型的功能性性状表达一致，拥有能够为成功的事业努力、娱乐追求及家庭责任提供足够力量、耐力和灵活性的身体状态。"

这个定义无疑是对前人量化该定义的改进：它既在整个生命周期内保持了框架的开放性，又是基于进化理论提出的，并且阐明了从遗传角度看待健康的必要性。根据这个定义，人类基因型的最优表达方式为：一个健康的人。这个定义从很多层面上讲都是令人信服的。

但是，我们并不打算止步于此，因为我们是运动员，因为我们热爱竞争——即使只能与自己竞争，我们不满足于仅仅是不坐着的"身体活动"，我们寻求优化"身体素质"的表达方式。我们力求提高身体素质，这在美国心脏病协会看来可能是过度的，更不是保持健康所必需的——毕竟他们想要的结果只是更多的人不会死于心脏病罢了。

说到这里，"锻炼"和"训练"这两个不同的概念更值得准确定义和体会。这两个术语常常被混用，显然这是不对的。"练习"（Workout）这个词常被用在锻炼和训练中，来指一个计划好的、能给身体施加一定刺激的事件（我们通常不会把汽车没油后推车的行为称为"练习"，尽管它也能产生同样的身体刺激）。锻炼和训练都要通过"练习"完成，佢这两个概念却有着显著的差别。

锻炼是指为了当日、当时的效果所进行的身体活动。每次练习提供的身体刺激都是为了满足训练者当下的需求：消耗些热量、使身体暖和些、出出汗、喘喘气、让肱二头肌产生泵感、拉伸关节等等，基本与上下班打卡无异。锻炼就是为了练而练，不论是在练习期间还是练习结束后。锻炼的内容可能每次都是一样的，只要它能让你获得当时想要的感觉就行了。

但是对有着明确的运动表现目标的运动员来说，**训练**是必需的。在这个语境下，训练是为了实现长期目标而进行的身体活动，因此，训练是个过程，而不是组成这个过程的某些练习。并且，这个过程必须在一次次的练习之后、在某个时间点产生一个可见的结果，只有精心地计划这个过程才能取得这样的结果。训练的目标是运动表现的长期提高，这不仅需要时间，而且需要不达目的誓不罢休的主观意愿。

大多数人不是竞技运动员，也不会把自己看作是竞技运动员，除了减肥、塑形外也没有什么明确的目标，这与不考虑基因和表型因素时保持身体健康的要求很接近。所以，大多数人非常满足于锻炼。健身行业不仅深谙此理，而且乐意迎合。因此，缺少杠铃训练的系统性加重组件和平衡性、基于训练机的练习成了主要的锻炼方式。P90X、CrossFit 以及各种 DVD 上声称能"迷惑"你肌肉的乱七八糟的计划也是如此。现代商业健身房基本上是为锻炼而生的，因为训练会让它们无利可图。标准的商业健身房会在55%的地面空间放置那些人们可以看着电视完成各种重复动作的有氧器械，剩余45%的空间则放置那些主要为方便工作人员而设计的固定器械，因为它们用起来简单、教起来容易、清理起来不费事。

很多商业健身房除了哑铃没有任何其他的自由重量，它们也无意教你使用自由重量进行锻炼。这些健身房本质上是商业组织，不是锻炼的地方，如果会员办了卡来了两三次就不再来了，对他们来说也无所谓。他们的商业模式建立在大量雇佣体育类专业（运动生理学、生物力学或者别的什么专业）的大学生作为廉价劳动力的基础上，这些学生只是一群没有任何杠铃运动的执教经验，也没有读过这本书的孩子罢了。这种商业模式依赖于运动人群的快速流转，尤其是在高峰期，如同健身房规划的那样，主要都是些使用有氧器械的人——也就是那些需要依靠这些俱乐部锻炼的人。俱乐部则期望会员会在固定器械上玩上 20 分钟，在单车或者跑步机上看着电视活动半小时，然后洗个淋浴拍拍屁股走人。员工的职责就是让这个过程高效执行。在这种情况下，锻炼很容易完成，训练则几乎不可能实现。

目前，健身行业正在经历剧烈的变革，希望是在向好的方向改变。55%的有氧器械和 45%的固定器械的标准行业模式正在让位于"功能性训练"设施。这种训练强调强度更高的杠铃动作、全身性的体操动作，并与那些更加费力且真正能够给身体施加足够刺激以引发适应状态的运动结合起来。这与本身发展迅速却禁止任何高强度训练、禁止发出噪声的"星球健身"（Planet Fitness）形成了鲜明对比（译者注：星球健身是美国一家连锁健身俱乐部，因为担心会员被吓到而禁止大块头健身爱好者入内，禁止大重量训练，缺少自由重量，只有固定器械和大量有氧器械，其中最具特色的一点是当有人使用大重量训练喊出声或使用器械发出太大声响时会响起警报）。但很多功能性训练设施的问题在于工作人员准备不足。这些工作人员一般是一些热情饱满却缺乏执教经验的年轻人，因此他们无法保证会员以正确的方式进行训练并避免受伤。而且，即使是CrossFit风格中动作的难度很高，我们仍然不能称之为训练。

训练要花费时间，要有人指导，要为了目标不懈努力。这就需要一个计划——一个由熟悉这个过程和了解完成这个过程需要付出多少努力的人来制订的计划，以及一种意愿——愿意接受每种动作只有处在一系列能够达成最终目标的事件中才有价值的事实。

但这并不意味着每次的训练都枯燥无味，更不意味着训练中的渐次进步无法赋予运动员渴望的成就感。我的意思是，每个运动员都要明白，每次训练都是为了完成最终画幅的一块小小拼图，而这幅最终拼图的美丽，是那些只知道锻炼而缺少整体规划的人永远无法想象的，他们甚至对此一无所知。

力量训练

这本书的主题是训练而不是锻炼，并专注于力量训练。不论是什么项目，运动员想要取得成功都必须训练，我们的力量训练与长跑训练的理念是相同的：从运动员现有的水平起步，为了将要达成的目标做计划。只不过我们主要利用无氧阻力训练，而长跑运动员主要利用有氧耐力训练。但训练对我们有着同样的意义——我们走进举重室不是为了拿起杠铃玩耍，他们走上跑道也不会乱蹦乱跳直到感觉无聊。训练意味着计划，而制订计划需要了解我们想要改变运动员哪方面的身体能力。

力量训练是一个提高运动员的肌肉力量以对抗外部阻力的过程。力量训练遵循正确的逻辑进程，从运动员当前的力量水平起步，向着增强力量的目标前进。这样的进步需要两个条件。

第一，如果你想为提高运动员的力量水平制订计划，对其当前的力量水平进行正确的评估是必要的。这项评估可以也应当在教授运动员完成计划所需的举重动作时进行，因为这些动作必须正确地传授和完成。学习举重的过程需要逐渐增加重量，因为我们想要变得更强壮就必须能够举起更大的重量。在启动训练计划时，进行专门的评估不仅浪费时间，更重要的是，这样做忽视了评估过程本身也是形成身体适应状态的刺激因素。如果测试强度足以精确地评估运动员当前的身体能力，那么由评估过程产生的对刺激的适应状态已经改变了评估对象的身体能力，导致提供的数据不准确，失去了为测试后的任意时间点提供参考的价值。在第一次举重教学课上边教学边评估运动员的身体能力则要高效得多。对所有的初级训练者来说，训练计划要以此为始，第二次训练则以第一次训练结束后的水平为起点，这样教学和评估的目的就能同时达到了。

第二，训练计划的制订必须以最高效地帮助运动员增长力量为目标。我们即将会看到，这需要用到一些基于刺激-恢复-适应模型的基本训练法则，同时也需要对运动员当前的身体适应潜力进行正确评估。

刺激指的是任何可以改变机体生理状态的事件。刺激可以是一次高强度的运动，可以是晒太阳，可以是被熊暴揍了一顿，或者3个月卧床不起。刺激会打破**体内平衡**（机体内的正常生理环境）。之后，为了更好地生存，机体会从刺激中**恢复**到比施加刺激之前的状态更强一点的状态（如果能够恢复的话——被太阳晒黑了会很容易恢复，但熊的袭击就是个问题了），以应对同样的刺激再次发生的情况。机体对于刺激的这种**适应**是其保证自身在多变的环境下存活的方式。而且，这种对刺激的适应过程是生命的重要特征之一。

本书中的刺激是通过认真地使用杠铃训练产生的，并借此使身体产生促进肌肉力量增长的适应状态。与机体所承受的任何其他类型的重复性刺激一样，身体对先前刺激的适应会积累，进而从根本上改变机体。很显然，与刚出生时相比，你的生理状态已经大

不一样了。除了正常的生长发育，这种变化也源自你在这些年里所经受的各种刺激。

在我们的训练中，我们可以持续施加在身体上的刺激类型与你之前经受过的刺激有关，因为你目前的适应状态构成了身体对刺激的最终适应潜力的一部分。不论是紧急状况下的急性刺激，还是在一段时间内产生的慢性刺激，每个人适应刺激的能力都存在上限。这个上限由基因天赋和运动员所处的物理环境决定，这两点共同控制着每个人的运动表现的潜力。其实，人类所有方面的潜力上限都被这样的进程所控制，这也解释了为什么每个领域的顶尖人才都很少见的状况。图 1–1 总结了这些概念。

每个人接近其上限的程度取决于这个人

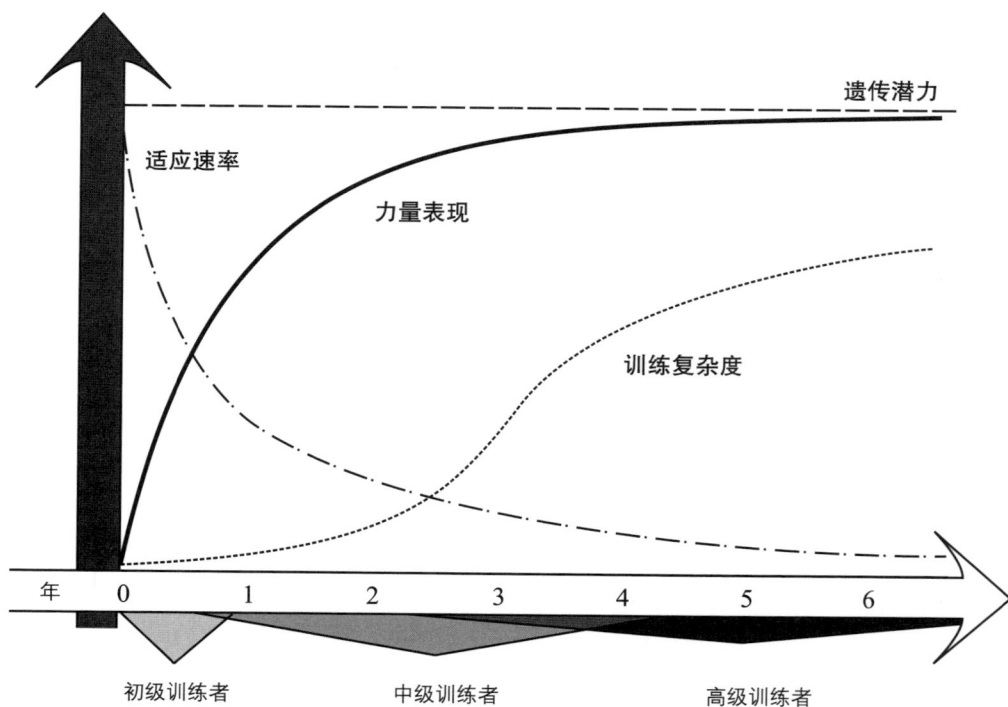

图 1–1 力量表现提高与训练复杂度相对于时间的一般关系。注意，对训练的适应速率会随着训练生涯的延伸逐渐放缓

还有多少潜力可供挖掘。比如，从发掘身体潜力的角度看，一个未经训练的 17 岁少年和一个 38 岁的竞技型举重运动员可以说是两个极端。这个少年的力量潜力几乎没有得到开发，而竞技型举重运动员已经致力于提高力量 20 年了，他已经十分强壮了；这个少年的所有潜力几乎都可以得到挖掘，而举重运动员已经把所有的潜力最大限度地转化为了自身的能力；这个少年能够很快、很容易地变强壮，而这位举重运动员用几个月的时间执行一项十分复杂的训练计划也只能稍稍提高一点力量，因为他已经非常强壮了。如果你还不够强壮，那么变强壮会相对容易一些。这个少年每次训练之后取得的进步可能比这个运动员半年时间取得的进步都要大。你或许会觉得这很悲哀，或许觉得很奇妙，看你思考问题的角度了。

与无数的自然现象和社会现象一样，人类的运动表现符合收益递减原则（Principle of Diminishing Returns）。试着加速物质到光速、学习钢琴、打造一辆速度更快的汽车等，这些事情都是开始时比较容易，逐渐变得越来越困难，你需要投入越来越多的能量、时间或金钱才能接近极限，但不可能达到真正的极限。人类的运动表现不也是如此吗？一开始很容易，接近最终目标则很难——从来没有人的深蹲力量能够在 1 年内增长 200 磅（90.7 千克），否则每次比赛时世界纪录都会轻易被打破了。

这个道理显而易见，但大多数训练计划都忽视了这一点。我们学到的一直是让初级训练者测试各种项目的单次最大重量（1 Repetition Maximum，简称 1RM），但初级训练者不懂得要如何完成动作，也不懂得如何

才能做得正确，因此他们不能做得足够好，这样最终测出来的 1RM 并不具有实际意义。然后，基于这些糟糕的数据，健身专家会给初级训练者安排一个实际上更适合高级运动员的计划：初级训练者需要在大部分的时间里使用次大重量，并按照预先的设定加重，有时甚至会每月增加一次重量。这样的计划不能正确地匹配初级训练者在训练初期可以快速适应的能力，正是因为之前没有经历过这样的快速适应，所以他们在训练初期才有能力做到这一点。

更糟糕的是，随着时间的推移，初级训练者可能因此无法取得任何有意义的进步。按照上述方式训练，教练通常会建议，当你使用能够完成 4~5 组、每组 8~12 次重复的重量感觉更容易时，你就可以增加一点重量了。这种方式缺少任何能驱动进步的尝试。但如果你碰巧这样做取得了进步，只要不受伤，也不是不可以。

这种"传统智慧"在训练计划的制订中非常常见，甚至很多认证机构把其中的一些版本看作正确的、合适的。这些机构包括美国运动医学会（America College of Sports Medicine，简称 ACSM）、美国国家体能协会（National Strength and Conditioning Association，简称 NSCA）、理念健身（IDEA）、美国运动协会（The America Council on Exercise，简称 ACE）、美国田径与健身协会（Athletic and Fitness Association of America，简称 AFAA）、美国运动和体育训练协会（National Exercise and Sports Trainers Association，简称 NESTA）、美国体育与健身协会（American Sports and Fitness Association，简称 ASFA，除非你通过考

试，否则不收费！）、基督教青年会（Young Men's Christian Association，简称 YMCA）、库珀诊所（The Cooper Clinic）。因为这些计划是有依据的，也就是说有很多经过同行审查的运动科学文献支持你这么做。

但锻炼不是训练，我们制订训练计划的目的与他们不同，我们想要的是通过训练让人们变得更强壮，而他们的主要目的是培养私人教练和运动课程讲师。

理论方法

在我们的训练方法中，每个训练者的训练计划都必须根据他们当前在图 1-1 的曲线中所处的位置来制订。根据训练者从训练引起的体内平衡破坏中恢复的快慢不同，本书采用"初级""中级"和"高级"三个术语来描述训练者的等级。这三个术语并不是指训练者的力量水平或者绝对运动能力。这些术语对于不同的运动项目有着不同的应用意义，但在本书中特指图 1-1 模型中对训练者的划分。

由于初级训练者之前从未按照有规律地逐渐增长力量的计划训练过，所以他们举起的重量相对于其最终的力量和爆发力潜力来说要小得多。这里的初级训练者可能有过多年健身房健身的经历，每周去健身房且风雨无阻，但他们从来没有真正训练过。实际上，初级训练者在一次训练后只需要 48~72 小时就能完全恢复，他可以周一使用所谓的"大重量"，然后周三再次进行"大重量"训练。这些训练者远未达到其身体潜力的上限，他们的力量和神经效率尚未得到充分锻炼，因此他们无法使用足以影响其恢复速率的大重

量。实际上，他们使用的"大重量"并不真的很大。在力量和爆发力增强的同时，你的恢复能力也在提高。恢复能力和其他的身体参数一样是可以训练的，并且还是训练过程中极为重要的环节。但在现实的训练中，往往会出现不当的或者过量的训练刺激超越训练者当前恢复能力的情况。你要记住，想要进步，必须先恢复。

在这里，我们把*初级训练者*简单定义为：在下一次训练前能够从上一次训练所施加的刺激中恢复过来并足以产生适应状态的训练者。这就意味着在整个初级阶段，训练者每次都能够增加正式组的重量，从而在较短的时间内实现力量的快速增长。如果训练由一个懂得初级阶段的过程及其潜在效能的人好好安排的话，初级阶段会成为运动员训练生涯中力量和能力进步最快的阶段。

当力量的增长出现平台期时，初级阶段就结束了。平台期往往出现在训练的第三个月到第九个月，具体时间取决于每个人的基因天赋以及对影响恢复的环境因素的控制程度。初级阶段的训练计划基本上就是我们在《力量训练基础》中专门为自由重量训练设计的线性模型。

有一个重点需要好好理解——初级训练者适应于不活跃的状态（与重量训练相关），所以即使使用那些不是专门为了增强力量而设计的训练计划来完成基础杠铃动作也能获得力量的增长。比如，每次练习几组 20 次重复的杠铃动作同样能促进初级训练者的 1RM 的增长。一个之前整日久坐不动的初级训练者甚至骑单车都能增加其深蹲的 1RM。但对中级训练者和高级训练者来说，他们在力量、爆发力和增加肌肉量方面的提升都与

特定训练计划的合理运用密切相关。

初级训练者每次训练都会完成两件事：用全新的、更大的重量来"测试"自身的力量水平，并且这个测试重量会使身体在下次训练到来时变得更强壮。按照预定的组数和重复次数训练，每次比上次增加 10 磅（4.5 千克）重量，这既证明了上次的训练对促进力量增长是成功的，又促使身体适应这种刺激，在下次训练到来时变得更强壮。对绝大多数训练者来说，只要训练组织得当，他们会在初级阶段取得整个力量训练生涯中最快速、最有成效的力量进步。

当训练者取得快速且轻松的进步开始变得困难、每次训练取得进步变得越来越不容易时，初级阶段就接近尾声了。更小的重量增幅将被使用并会很快用尽，不论如何想方设法地恢复，进度都会停滞下来。

中级训练者则要解决一系列不同的问题。中级训练者开始使用更接近自身身体潜力的重量，他们的恢复能力受到外界刺激的影响也不同。恢复需要更长的时间——而这段时间内还要进行多次训练。从实际出发，使用"周计划"安排训练最为高效。中级训练者已经发展出了承受恢复周期更长的刺激的能力，同时，这个阶段打破身体平衡所需要的刺激已经开始超出先前阶段只须 48~72 小时恢复的能力。想要同时兼顾足够的刺激和充分的恢复，训练负荷必须在一个更长的时间周期内变化，以周为单位安排训练计划是种便利的做法。开始时，恢复所需要的实际时间可能少于 1 周，比如 5 天，到了中级训练阶段的末期，恢复时间可能会增加到 8~9 天。要点是该如何分配增加的训练量，从而在施加足够刺激的同时又能让恢复不那

么困难。在这个阶段训练成功的关键是，要平衡这两个重要却相互影响的要素——不断增长的刺激需求和相应增加的必要恢复时间。在一个单独的训练周期内，简单地按周规划一次或多次大重量训练有助于训练者随后的恢复，并且这样的规划与日历的日程安排相匹配。

相对初级训练者来说，中级训练者能从多样的训练动作中受益更多。这个阶段的运动员会通过学习新的动作模式来发展自己的技术，这样做的同时，他们也提高了自己获取新技术的能力。在这个阶段，训练者真正成了运动员，可以选择一项运动，做出一些会影响整个竞技生涯的决定。如果他们广泛地接触到了各种各样的训练方式和竞技运动的话，他们能够更有效地做出决定。

随着一系列难度逐渐增加的周计划的完成，你会遇到运动表现的平台期，这标志着中级训练阶段走到了终点。取决于个体对全年性渐进训练的耐受性和执行度，中级阶段短则 2 年，长的话可以持续 4 年，甚至更久。其实有 75% 甚至更多的训练者很可能永远用不到比中级计划更复杂的训练计划——请记住，训练者处于什么阶段并不取决于能够举起的重量或者训练的年限。基本上，所有的非杠铃项目的竞技运动员的力量训练可以一直采用中级训练计划。这些运动员的训练不会局限在举重室里，他们会更专注于专项竞技项目的训练。这会有效地延长中级训练阶段持续的时间，在这个过程中，即使是非常成功的运动员也可能永远无法榨干中级力量训练计划带给自己的好处。

杠铃项目的**高级训练者**，其训练强度已经接近于其最终的力量潜力了。这个级别的

训练所需要付出的时间和精力不是一般的训练者可以达到的，这类人是训练人群中的少数，几乎完全由竞技型的力量举和奥林匹克举重运动员构成。由于运动员的恢复能力是可以通过训练提高的，所以高级举重运动员所承受的训练负荷相当高。不过，由于在进阶到高级阶段的过程中身体已经产生了的适应状态，所以高级运动员产生足够的身体适应所需要的训练负荷也会相当高。这个级别的训练量和训练强度非常大，所以需要比使用中级训练负荷时更长的恢复时间。高级阶段的训练需要使用更复杂、更多变的方法，并在更长的时间周期内安排训练负荷和与恢复相关的参数。把二者结合起来，兼顾能够成功取得进步的训练负荷和身体恢复的周期往往需要一个月甚至几个月。比如，我们可以安排 1 周的大重量训练来打破体内平衡，而这周的训练后可能需要 3 周甚至更长的时间使用较小的重量训练才能使身体完全恢复并产生适应状态。这个阶段的进步曲线非常平缓（见图 1–1），以一种非常缓慢的速率逐渐接近身体的最终潜力，此时为了取得一点点的进步都需要付出极大的努力。同样因为这个原因，高级训练者使用的训练动作的数量通常也要少于中级训练者。因为高级训练者已经适应并专精于他们特定的竞技项目，不再需要新的动作模式和刺激类型了。

控制训练参数的复杂性适用于高级训练者。大多数训练者永远不会达到需要安排周期化的高级训练计划的级别，因为他们往往会在达到高级训练阶段之前主动结束自己的竞技生涯。

精英级运动员指的是那些已经达到所在运动项目中"精英"标准的运动员。按照这个定义，参加国家级或国际级比赛的中级运动员也可以获得"精英"称号。当偶尔出现一些富有进取心且极有天赋的运动员时就会出现这种情况。我们都见过这样的基因怪物，他们看起来没有像其他人那样付出那么多努力，却能在一项运动中迅速崛起。精英级运动员通常是高级运动员的一个特殊子集。精英级运动员是极少数天赋极佳、恰恰又充满争取成功的动力，并且无惧体力成本和社交成本而奋勇前进的人。他们由于自身的成功而一直从事某种运动，尽管在训练中得到了巨大的回报，但他们仍然致力于这个级别的训练。

之前的训练把运动员带到了十分接近自己身体极限的水平，想要取得额外的进步就需要更加复杂的训练计划，才能把尚未兑现的些许潜力一点点挖掘出来。这些运动员必须使用非常复杂的训练计划——刺激是高度可变的，但动作选择可能很简单——逼迫适应状态已经非常强的自己更靠近终极的运动表现。在这个级别，训练计划可能会持续几个月、1 年，甚至是奥运会的 4 年周期。这个级别的运动员使用的任何训练方法都是高度个性化的，也超出了本书的讨论范围。不论训练经历如何，能达到这个级别的运动员在所有训练者中的占比远低于 0.1%。

与初级训练者和中级训练者不同，高级训练者需要大量的高强度训练才能打破体内平衡，强制身体产生新的适应状态。这就意味着，进步所需的刺激会慢慢接近身体可以承受并能从中恢复的最大负荷。此外，对高级运动员来说，进步的窗口已经非常小了。一个能通过完成 10 组深蹲训练取得进步的高级运动员，如果完成 9 组可能不会取得任何进步，而做 11 组又可能导致"过度训练"。就是这样！

但是如果训练负荷没有增加，体内平衡就不会被打破，运动员也就无法取得运动表现和恢复能力的提高。如图 1–1 所示，增加训练负荷的方式取决于训练水平。初级训练者对训练的适应与中级、高级训练者大不相同，根据每个训练阶段的不同生理指标来制订各个阶段的训练计划极为重要。如果你不想在举重室里浪费时间的话，就不要把一个高级举重者的训练计划扔给一个新手。

有疑问？

如果真相真如我说的那样显而易见，为什么那些认证机构不认可这样的模式并相应地改变他们的教条呢？会不会是那些掌控着训练"传统智慧"的学术组织还没有研究过这个模式，因此没有将其发表在由守护"传统智慧"的同行进行评审的期刊上呢？

我们以更好的方式重新梳理下这个问题：为什么那么多每年培养大量体育教育学士，以及众多硕士和博士研究生的大学，却无法好好研究一个执行时间必须跨越多年、研究对象为学术部门无法接触到的、高度积极的、不愿意为此改变个人训练以比较不同方法优劣的竞技运动员群体的课题呢？

答案很显然：他们做不到。大学的研究机制限制太多，无法设计出一个能够有效观察、对比不同训练方法对运动员影响的研究方案。学术部门能接触到的研究对象就是他们的学生，而这些学生基本上都是初级训练者水平，新手效应会响应任何的训练，也就是任何训练计划或多或少都有效。学术部门

也能用老年人做研究对象，因为老年人有时间来配合研究。但学术部门很难找到竞技型的运动员，让他们改变自己的训练方式去迎合这些研究——由一些并不了解他们的运动专项和训练需求的人设计的研究方案。一个学期 3 个月，论文发表则是按年度的。硕士研究生一般会学习 2~3 年。他们必须发表论文来毕业，或者按照学位评审委员会主席的要求来写论文，而主席的工作是在管理层面前展现工作成效。负责研究设计和研究方法制定的人必须亲身体验过正确制订的训练计划才能设计出正确的问题。说出来你可能不会相信，在体育教育部门，满足这些条件的人凤毛麟角。体育教育部门的人要么忙于毕业，要么忙于争取终身职位，要么绞尽脑汁少教几堂课，要么想尽可能多发论文，要么已经到了退休年龄。这个评价听起来很刻薄，但并非指责这些人很邪恶。现实是，绝大多数的体育教育计划既不涉及训练概念，也不收集具体的训练数据，所以无法让研究者处理这些事情。

结果导致关于训练的文献存在极大的空白，无数由同行审阅的有关锻炼的文章反而充斥其中。因为锻炼的本质决定了体育教育部门更容易去研究它，训练则不行。只要目前的研究体系不改变，这个状况就不会得到改善。

以讲述锻炼为主的、经同行审阅通过的文献，形成了所谓的"有据可循的实践方式"——这个时髦的术语只能代表那些基于同行审阅的运动科学文献设计出来的锻炼方案，实际上根本不可能对真正的运动员训练提供什么帮助。通过研究少量普通群众的锻炼数据试图推论出适合运动员训练的结论，

这种做法从未见效，也不可能有效，即使所有由同行评审的期刊都认同它，也无法改变其无用的事实。

经验主义是一种认为知识来自直接的感官体验——即经验证据——的认识论的观点。有些人会把经验证据看作在正式的研究环境中通过控制实验获得的数据。他们往往是制造这种数据的人，他们会把实验数据的缺失看作知识的缺乏。形成鲜明对比的是，理性主义（Rationalism）是一种竞争认识论，将理性和逻辑分析看作充分检验知识和真理的手段。对一个擅长进行理性分析的人来说，缺乏实验数据不是一个无法逾越的障碍，因为他们可以从普遍性原则推断出事情的细节。

来自经验丰富之人的观察——这里就是指那些有数十年执教经验、执教过数以千计运动员的教练的观察——经常被运动科学领域的发行机构、学术机构视为逸事、传闻，甚至是无稽之谈。这是对经验的误解，经验绝对应该包括富有经验的、了解情况的教练的直接观察。来自实验研究的证据只是经验证据的一种，它们同样来自于观察，与教练在实践中观察运动员采用的方式是完全相同的。因此，教练通过观察取得的证据同样具有价值，尤其是考虑到实验研究的数据好坏也受到数据获取方法优劣的影响。

运动科学研究自身存在问题。研究对象的样本通常非常小，每个实验组经常不足 20 人。在这些人中，运动员就更少了，一般都是些未经训练的大学生。对他们来说，任何刺激都能促使其产生适应状态。这种糟糕的研究方法无法对比两种不同训练方法的效果，并把与训练相关的所有问题完全排除在外了。研究方法本身的问题往往非常大（比如用史密斯机做深蹲研究），完全忽略了所研究的动作模式中的量化指标（确切来讲，什么是深蹲，深蹲深度要多大，髋角是多少，它对肌肉动员会产生什么影响，要如何测量，等等），抑或是研究人员无法用标准化的语言与研究对象交流（诸如"这次要非常非常地用力！"这样的表述）。有时，因为研究对象都是学生，他们只能配合一学期的时间，导致研究周期过短，无法就研究问题获得任何有意义的数据。最重要的是，如果主导研究的人毫无经验，无法判断课题本身是否存在问题（诸如"是躺在水平长凳上还是平衡的瑞士球上能卧推的重量更大"），同时审查人员也毫无经验，搞不清问题是否具有研究价值，最终，经同行审阅的"有据可循"的研究会成为新的参考文献，使这种糟糕的状况进一步恶化。

对长期的杠铃运动生涯来说，完成多组、每组 5 次重复的训练方式是最有利于发展力量的组数和次数的组合——这是基于观察证据得出的结论，可以使你免受先前的观念以及双盲对照研究的经验偏见的影响。二者都有自身的局限性，但也都有可取之处。或许根本不存在所谓的理论中性观察，但在缺少其他数据的情况下，来自了解情况的教练的观察就是我们拥有的最好的数据，根据这些数据得出的结论要远比那些糟糕的运动研究得出的推论可靠。在缺乏实验数据的情况下（就像减重和大腿肥大研究以外的训练方法面临的悲惨困境那样），经验主义和理性主义结合可以产生最好的结果。

由于缺乏杠铃训练长期效应的相关研究数据，我们不得不依赖成百上千的、在错误中摸索方向、总结经验的教练和运动员的观察结果。因此，每个能制订出有效的杠铃训练计划的人都是理性主义者。如果你想制订一份有逻辑、有效且高效的（这就是理性）杠铃训练计划，就必须具备坚实的生理学、化学和物理学知识，因为我们已经知道所谓的"运动科学"缺乏制订训练计划所必需的

严格性和包容性。一个准备充分的教练要么有一个"过硬的"理学学位，要么有生物学、解剖学、生理学、物理学、化学或者心理学的背景。这些科目的教科书应当构成教练图书馆的基础，加上多年使用杠铃训练的实践经验、成千上万小时的执教经验，共同构成了其作为杠铃训练教练的能力。

2
适应性

训练是以身体被施加某种刺激，并从该刺激中恢复，然后适应这个刺激的过程为基础的，生命的进程因此得以在存在这种刺激的环境中延续。这是一个极为基本的生物学概念，对刺激的适应能力是定义生命的重要标准之一。理解这一点对想要富有成效地训练而不只是锻炼的教练和运动员来说至关重要。这样的理解始于汉斯·塞利（Hans Selye）博士。

在 1936 年 7 月 4 日，《自然》（*Nature*）杂志发表了一篇名为《由多种有害介质引发的综合征》（*A Syndrome Produced by Diverse Nocuous Agents*）的论文。该论文的前提是，一个生命体暴露在外部的压力源（刺激）中，之后会表现出一系列特定的短期反应和长期适应。在我们的讨论中，这个刺激就是举重。

一般适应综合征

塞利把锻炼看作一种"有害"或者有毒的压力源，在负荷过大或频率过高时甚至可能致死。他的理论来自于对应激动物的观察和对应激细胞的显微学观察。他的研究是在对人体代谢和骨骼肌收缩机制的细节完全不了解的情况下进行的，甚至在论文发表时这些还没有搞清楚。尽管支持自身论点的信息相对匮乏，但他的推论非常合理。现如今，我们对生理学机制的理解更为完整，从而可以更好地理解和应用塞利的理论。我们对急性期反应和后续的适应性反应的理解，既包含非常明确的时间过程，又加上了对应激后细胞事件的现代见解，这为塞利的先见之明增加了不少分量。

塞利提出，重复暴露在非致死程度的压力源下会使身体在随后再次暴露于同种刺激时产生耐受性，因为对特定刺激的适应具有对该刺激的针对性。这就为特异性这个概念提供了支持——训练刺激必须与训练希望达到的运动表现相关才能产生可以提高特定运动表现的适应状态。这个理论认为，身体会经历三个可能的阶段，前两个阶段是为了生存，第三个阶段则意味着身体无法承受或继续适应外界的刺激。

第 1 阶段：警觉或惊醒（Alarm or Shock）

警觉阶段是刺激出现之初身体的即时反应，期间会发生很多事情。塞利指出，第 1 阶段的一个重要特点就是"肌张力"（Muscular Tone）的快速丧失可持续 48 小时左右。现在我们知道，这个阶段发生的其他过程还包括炎症反应和急性期反应，并且这些效应都是针对导致其产生的特定刺激的（也就是说，手上被烫伤不会导致脸上起泡，10 英里长跑不会造成手部肌肉酸痛）。后两种反应的主要结果之一是，在压力源消退前，基本的细胞活动会受到抑制，以稳定细胞结构及其代谢水平。这是一个争取生存的过程，同样也可以作为有效训练刺激的标志。这个阶段也可能伴随有轻微的肌肉和骨骼的不适，这意味着体内平衡的打破和训练后肌肉内刺激其结构和功能改变的事件正在发生。训练者在这个阶段可能不会感受到酸痛或疼痛，他更可能的感受是"僵硬"或者"疲劳"。无论主观感受如何，这个阶段会出现短暂的运动表现下滑，虽然这种下滑在典型的 5 磅（2.3 千克）增幅的杠铃训练体系中很难察觉。运动表现的下滑在基于技巧和爆发力的训练中会更为明显，在最大力量的训练中则不易被觉察。

塞利没有料到，他的理论会成为健康个体制订训练计划的核心依据。如果他当时意识到了他的理论对运动员训练的重要性，那么基于机体当前的适应状态，第 1 阶段可能会得到更加深入的阐述。对于初级训练者，由于训练还未能提高其力量或训练承受度，因此初级训练者应使用比高级训练者更小的重量来打破体内平衡。随着训练者水平的提高（从初级到中级再到高级），刺激的大小或持续时间也需要随之增长才能促成第 1 阶段的出现。

第 2 阶段：适应或抵抗（Adaption or Resistance）

在第 2 阶段，身体通过调节基因活性、改变激素产量、增加结构性和代谢性蛋白质的合成来响应训练刺激，这些过程的累积效应就是我们所说的"恢复"。实际上，身体

会试图提高自己承受反复刺激的能力以确保生存。刺激效应会产生一系列针对刺激的反应，并从该刺激中得到特定的恢复。在训练环境中，当这个过程发生时，运动表现就会提高。塞利总结道：适应阶段通常出现在身体接受刺激后 2 天左右，并且如果周期性地施加同样的刺激，那么在 4 周或更短的时间内身体就会产生完全的适应状态。

我们现在明白，训练承受能力决定了一个人接近其最终身体潜力的程度，而适应状态的发生会根据每个人当前的训练承受水平的不同变化。一些距离最终身体潜力还很远的人（初级训练者）能够很快产生适应状态，这个过程会从受到刺激时开始，并在 24~72 小时完成。对这类人来说，不需要太大的刺激就足以打破其体内平衡，并且即使状况没有达到最优，也很容易在指定时间内得到恢复。在另一种极端情况中，一个高级训练者可能需要 1~3 个月，甚至更长时间，来适应一次足够大的、业已超过其高度发达的训练承受能力的、足以打破其体内平衡并促使进一步的适应状态出现的刺激。

很重要的一点是，这个系统处于动态的变化中，不同层面上有无数的事情可以作为压力源刺激适应过程的发生。适应状态也会出现在先前已经适应的刺激因素被移除的时候，所以，根据引发适应状态的事件不同，适应状态可以出现在各个"方向"。在这种情况下，刺激可以是任何能够引发适应状态的事件。

另一个很重要的点是，身体有理由也有能力根据外界情况来改变自身的准备状态：如果没有外界刺激的存在，持续保持高度的准备状态代价极其高昂。我们总是无法达到

我们的遗传潜力所赋予的强壮和快速，是因为周围的环境条件并不总是需要那样的状态，保持这样的状态需要调动大量宝贵的代谢资源，而这些资源在较低的准备程度下经济使用的话可以持续更长的时间。同理，在易变的环境中无法适应的基因就会被淘汰。准备程度的提高需要对刺激做出反应，从而使机体处于准备程度高于先前的状态中。形成高于先前基线的适应能力在生命的早期就已进化出来。

第 3 阶段：力竭（Exhaustion）

不论是强度、持续时间还是频率，如果作用于身体的刺激过大，身体就无法充分地适应，力竭就会出现。塞利提出，持续 1~3 个月的过度刺激可能会导致个体死亡。在 1936 年，用这种武断的估计来阐述理论没有什么问题，但基于我们对运用这项原则的现代理解，以及跑 3 小时马拉松也存在猝死案例的事实，我们认为，这个论点并不完全适用于训练。如果我们认同不适量的训练刺激会导致力竭，那么对不同的训练进步幅度来说这个刺激的大小也应不同。在现实中，主要是中高级训练者需要考虑这一点——初级训练者往往缺乏足够的力量和耐力，其训练强度和持续时间无法产生这种程度的刺激（不过没有经验的教练胡乱指导新手训练仍可能会导致力竭的情况出现）——也就是应当避免持续时间过久、强度过大的训练。底线是，没有人想要达到第 3 阶段，也就是所谓的"过度训练"阶段。

塞利的理论在训练中的实际应用如图 2-1 所示。在一般情况下，渐进性训练需要在身体产生了明显的适应状态后尽快增加训练负荷。一直使用最初的、身体已经适应的负荷无法打破体内平衡，因为适应状态已经存在了，重复使用相同的训练负荷无法带来持续的进步。如果你的目标是提高运动表现的话，使用一成不变的训练负荷是一种毫无效果（但却常见）的执教和训练方式。

能够在塞利的理论基础上理解锻炼和训练的区别十分重要。刺激-恢复-适应的过程是每个人都可用于自己的体育训练中来提高其运动表现的符合逻辑的过程。训练者只须持续地对身体施加与他希望提高的运动表现相关的、可以引发适应状态的刺激。根据定义，进步需要变化。因此，不断变化的刺激是有效训练的天然要素。

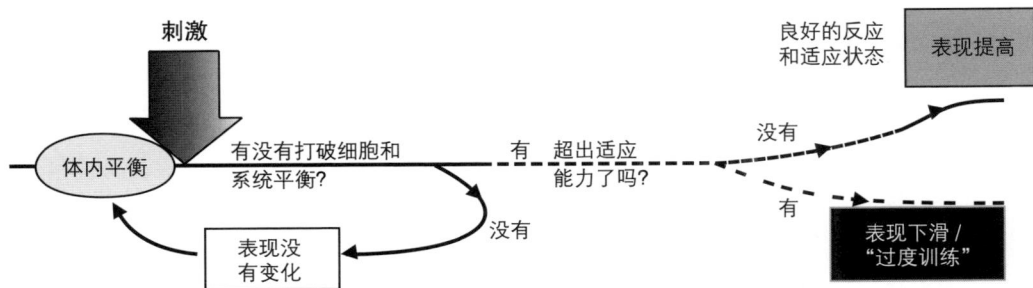

图 2-1 基于塞利的理论参数，身体在接受训练刺激后存在三种可能的发展路径。刺激太小无法打破体内平衡，也就不会产生什么改变；刺激过大虽然会打破体内平衡，但却超出了身体的适应能力，从而导致表现下滑；只有适量的刺激既能够打破体内平衡，同时又不会超出机体的适应能力，才能促成进步

这就意味着，在最基本的层面上，长跑训练和举重训练是完全不同的。这两项运动所需要的运动表现可以说是两个极端，为了获得达到冠军表现所需的适应状态，训练施加的刺激必须体现出这种不同。对这两种运动项目来说，有效的训练都要求施加与各自的项目对应的、渐进的刺激。举重选手无法通过长跑提高其举重能力，同样，长跑运动员强调力量训练也无法缩短长跑时间。相比耐力，力量是一种更为基础的适应，如果根据比赛日程合理安排力量训练，长跑运动员也会从中受益，但竞技型的举重运动员则没有必要在备赛计划中加入长跑训练。

如果一名举重选手想要变得更加强壮，那他必须做好计划；如果一名长跑运动员想要跑得更快，他也要做好计划。举重运动员通过计划举起更大重量的方式来变强壮，长跑运动员则通过计划在更短时间内跑更多里程的方式来提高速度。产生这两种适应的一般过程相当简单，尤其是对那些刚开始训练举重或长跑的训练者来说，如果采用一种可持续进步的方式，他们提高的空间很大，他们可以举起更大的重量、跑得更快。必须施加刺激，并从该刺激中恢复，由此产生的净效应就是可以提高运动表现的适应状态。但是人们往往会忽视，取得进步的过程是由长期逐渐增加的刺激-恢复-适应效应累积而来的，单次的训练本身并不是关键。随着时间的推移，累积的训练效应才会产生适应状态。如果没有控制好这一点，训练就会缺乏效率；如果完全不加控制，那我们所做的就不是训练，只是锻炼罢了。

在不同情况下，对于不同的人，刺激-恢复-适应循环的作用方式也不尽相同。初级训练者的终极身体潜力还完全没有开发，对他们来说，从一次力量训练中恢复并产生适应状态后，他就能够变得更加强壮。从这个点开始，只要没有因为不再施加刺激使得先前的适应状态消失，后续施加的刺激就能使这个过程再次发生，并产生进一步的适应状态。对已经经历过这个过程，累积了多年的适应状态，业已变得很强壮的运动员来说，这个过程的发生则要慢得多，并最终达到一种几乎无法继续获得适应状态的地步（见图 1-1）。从初级训练者的第一次训练到高级运动员为了增加 1 千克总成绩而倾尽全力，这个过程存在一个连续的范围，每个训练者都能在其中找到自己的位置，他们所处的位置决定了他们对刺激-恢复-适应过程的响应水平。

对初级训练者来说，单次训练就能打破肌肉和身体系统内的生理平衡。如果一次力量训练就可以打破体内平衡，根据打破的程度，可以详细推得一组结果。图 2-1 描述了这个模型。

对初级训练者来说，一次适度的对生理平衡的打破会导致短暂而轻微的运动表现下滑。下滑幅度很小是因为初级训练者的水平本身非常低，这个级别的小幅下滑很难测量到。这种下滑会在训练后立刻出现，表现为塞利模型的第 1 阶段。训练后的数小时至几天内，运动表现会恢复到正常水平，然后超越施加刺激之前的水平。这被称作超量恢复（Supercompensation），一种身体已经准备好了承受比其正在准备的以及已经成功经历的更强刺激状态的过程。此时，训练者已经成功完成了塞利模型中的第 2 阶段，适应了初始的训练负荷（见图 2-2 曲线 A）。

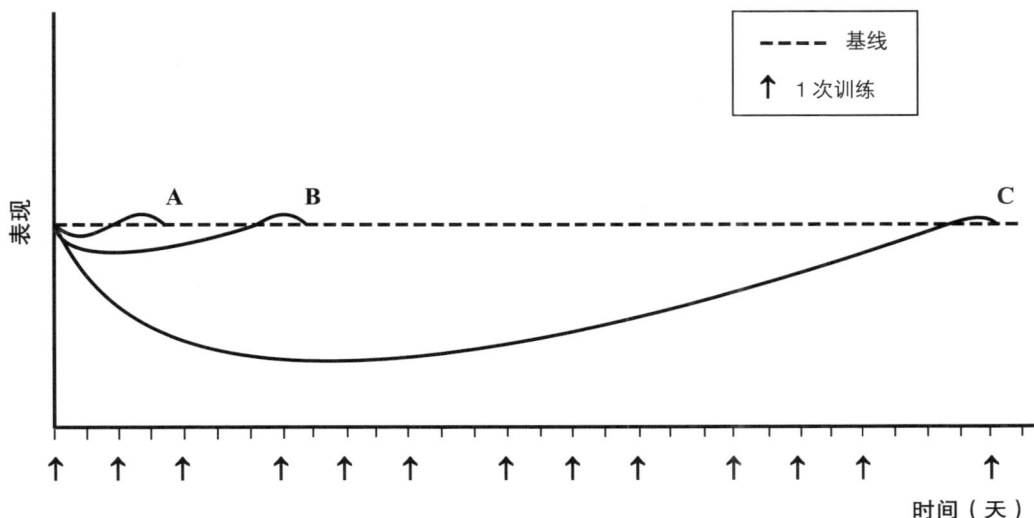

图 2-2　训练者从初级阶段到高级阶段的成长过程需要较长的刺激-恢复-适应周期。(A) 初级训练者能够通过一次训练获得足够的刺激，然后在 72 小时内超量恢复到基线之上。(B) 在 1 周的微周期内，中级训练者需要几次训练和更长的恢复时间才能引发超量恢复。(C) 高级训练者需要多次训练累计的刺激以及 1 个月甚至更长时间的恢复才能取得进步

你要明白，训练者并不是在训练过程中变强壮的，而是在训练后的恢复阶段变强壮的。那么，既然他现在变强了一些，符合逻辑的做法就是在下次训练时增加训练负荷，也就是采用简单的渐进性超负荷方式——有规律地逐渐增加最大训练重量。再次使用同样的训练负荷不会产生任何提高，因为训练者对这个负荷已经适应了。这时，增加一点训练负荷就能再次让训练者经历塞利第 1 阶段和第 2 阶段，使超负荷-适应循环在一个稍高一点的水平上重复。如果每次训练增加的负荷相同，那么我们就将其称为**线性增长计划**。

这样的训练安排能持续使用几个月，直至训练遇到平台期。这时，很可能需要以周为单位安排一系列的训练，每周专门安排 2~3 次训练以产生累积效应，形成较长的训练-恢复周期，才足以使训练者度过塞利模型中的前两个阶段，这代表着中级训练者的响应情况（见图 2-2 曲线 B）。根据训练者的目标的不同，其训练生涯的中级阶段可能会很长，也可能只有数年。

随着身体能够更好地对抗重量发力，接受刺激并从中恢复的能力也会越来越强。运动表现和恢复能力会随着渐进式训练的推进而增长，最终需要几周才足以打破体内平衡以刺激适应状态的产生，同时需要很长的时间从中恢复并产生超量恢复。高级训练者甚至需要 1 个月的时间才能度过第 1 阶段和第 2 阶段（见图 2-2 曲线 C）。

运动员的训练水平越高，理解刺激-恢复-适应模型就越重要，理解该模型平衡构成人体适应状态的两种对立要素的方法就越重要：（1）训练负荷必须足以打破体内平衡才能引发适应状态的产生，同时训练负荷不能过高，变成一种无法承受的刺激；（2）必

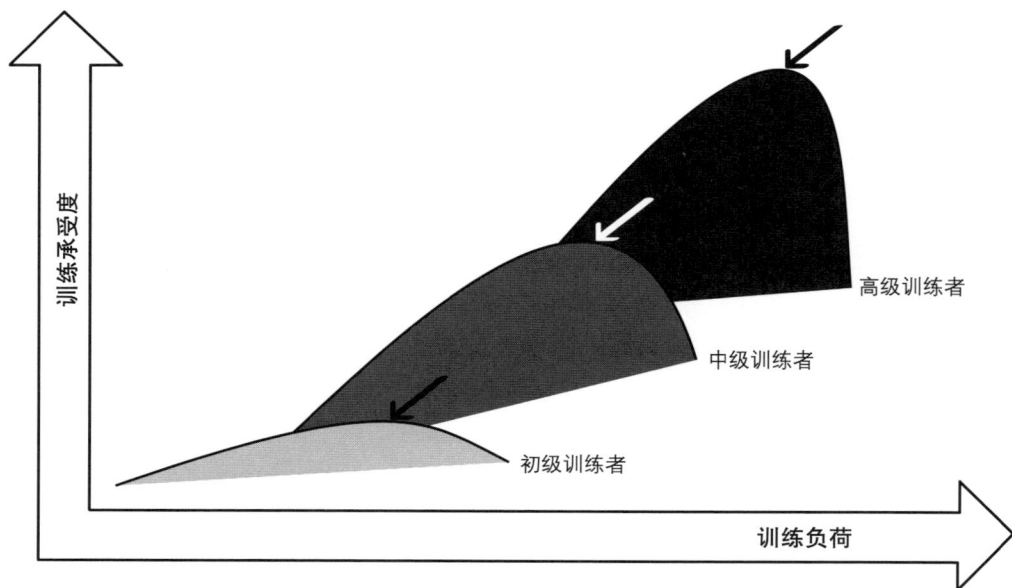

图 2-3　训练负荷与训练承受度的关系。不论处于哪个训练阶段，都存在一个训练负荷上限（以小箭头指示），超出这个界限就会导致过度训练，造成训练承受度和运动表现下降。注意，（1）训练承受度在训练生涯中会显著提高，承受度的增加源于训练负荷的渐进式增加。（2）随着训练生涯的推进，过度训练导致的承受度下降和运动表现的退步会表现得更快速、更突然（注意图中的曲线，在训练承受度达到峰值后，级别越高的训练者，其承受度的降幅越大）。虽然过度训练对每个阶段来说都是个问题，但在高级训练阶段防止过度训练尤为关键，因为在该阶段，一旦训练强度超过了训练者的承受度，其运动表现会急剧下降。相对而言，在初级训练阶段和中级训练阶段判断是否过度训练本身成了一个问题，因为过度训练导致的运动表现下滑的速率要慢得多，很容易被忽视或错误解读

须保证充分的恢复才能促使适应状态出现（见图 2-3）。高级运动员行走在刀刃上。对初级训练者来说，他们的面前是一条康庄大道，基本看不到什么刀口，行走起来很容易；对中级训练者来说，这条路要险恶一些，需要使用更复杂的方法；对高级训练者来说，想要在这锋利的刀刃上保持平衡而不受伤，他们需要非常仔细地控制训练计划的每一个变量。

解读过度训练

　　超负荷（Overload）这个概念是解读在力量训练中取得进步的关键。超负荷代表着打破体内平衡和引发适应状态所需的训练负荷。想要取得进步，必须使生理系统受到扰动，在力量训练中，这个扰动就是更大的重量、更大的训练量（由组数和重复次数确定），或者对中级训练者和高级训练者来说，可以是更短的组间休息时间。通过训练，将超负荷施加在生理系统上，以特定的方式打破体内平衡，这个过程被称为**超负荷活动**（Overload Event）。对初级训练者来说，每次训练都构成一次超负荷活动。对中高级训练者来说，在 1 周或更长的训练时间内，所有加码的要素共同构成了超负荷活动。

　　但如果身体无法从一次超负荷活动中得到恢复，超负荷就无法产生进步。缺乏充分

恢复的超负荷活动会引起过度训练。**微周期**（Microcycle）这个术语在传统上被定义为1周的训练，更好的定义方式是超负荷活动和从超负荷活动中恢复所需要的时间。这段时间会因训练者水平的不同而变化。对初级训练者来说，一个微周期就是两次训练之间的时间间隔。训练者水平越高，微周期就会越长，直到这个词对高级训练者失去意义，因为高级训练者这个过程所需要的时间一般被称为**小周期**（Mesocycle）。对我们来说，这些术语不够简明，缺乏实用性。

过度训练是任何训练计划的灾难。当训练刺激超过身体适应能力的上限时，训练者不仅会停滞不前，甚至可能退步。用我们讲过的术语描述就是，过度训练的运动员进入了塞利第3阶段。训练量或训练强度与身体恢复之间出现了失衡，从而导致训练者无法从刺激中恢复，超量恢复也不会发生。疲劳的影响很大，以至于恢复过程受到影响，甚至无法得到恢复，导致持续疲劳，其疲劳程度加剧。运动表现会一直保持初始超负荷后的低迷状态，并随着训练的继续进一步下降。最终的结果就是无法训练，无法表现出原有的水平。

在传统的运动科学文献中，运动刺激有三种可能的版本：（1）疲劳（Fatigue）；（2）超量训练（Overreach）；（3）过度训练（Overtrain）。每一种都与运动表现的下降相关，但只有一种是真正的问题。

疲劳

在生理学中，疲劳通常被定义为肌肉生成力量能力的下降。疲劳可以仅仅是身体活动后产生的简单和短暂的"疲惫感"——由

进入塞利第1阶段所必需的刺激形成的训练要素。在最基本的刺激-恢复过程中，初级阶段的疲劳应当经过48~72小时得到恢复。中级训练者的疲劳要素会在完成一个完整的训练周后出现。而对高级训练者来说，完全恢复至超量恢复状态可能会在疲劳仍存在的状况下出现，而且可能需要1个月甚至更久。对中高级训练者来说，每次训练开始时完全感觉不到疲劳并不现实，也不需要这样。如果一个训练者持续感受不到疲劳，那说明训练计划不够严格，无法引发体内平衡的扰动和适应状态的产生。

超量训练

超量训练是指一系列训练的累积效应使训练者出现了短期的运动表现下滑、感觉疲惫、心情郁闷、身体疼痛、睡眠质量不佳和其他各种需要2周以上才能恢复的情况。此时体内平衡的紊乱也会导致短期的睾酮水平降低、皮质醇水平升高等激素水平的变化。其实，这些也是产生积极的杠铃训练系统效应的部分要素。但这个定义有个明显的问题，即超量训练与过度训练的差别仅仅在于，前者可以通过大约2周的减量训练或休息得到恢复，而过度训练的恢复则需要更长时间——这种区分方式显然太过随意。

并且，对超量训练如此定义没有考虑到个体训练进步水平的差异以及由此带来的恢复能力的差异，对这些个体差异的忽视也是传统运动科学文献的典型问题。只要有一个设计得当的新手计划，初级训练者是不会经历超量训练的，因为他们只需要48~72个小时就能实现超量恢复。除非使用了远超建议的负荷，初级训练者是不会也不可能超量训

练的，因为初级训练者的标志性特点就是能够从负荷渐增的训练中迅速恢复，从而产生渐进的、稳定的进步，理解这一点非常重要。即便是在初级训练阶段后期使用简单线性计划进入平台期时，额外安排一次短期的减量训练通常也足以使运动员的恢复能力回归正常。中级训练者能够在1周的训练安排中恢复，因为中级训练者的典型特征就是能够响应短期累积的训练负荷。经历了很长时间的体内平衡的累积扰动之后，高级训练者需要4周或更长时间才能恢复并产生超量恢复，这比超量训练定义的2周时间要长，但这只是高级训练者正常的训练计划时间框架。因此，"超量训练"这个概念对力量训练并没有什么用处。

另外，将"超量训练"定义为一种负面的训练影响实在是莫名其妙。一名运动员必须"超量训练"才能产生足够的刺激来打破体内平衡，必须有意使用超过其已经适应的最大负荷的训练量才能引发超量恢复。抛弃"超量训练"，使用"超负荷"的表述要更贴切、更实用并易于理解，因为"超负荷"描述了所有训练者产生适应状态所需要的负荷和刺激，并且不需要考虑进步程度。所有的训练计划都应当包含超负荷阶段，因为这是实际运用塞利理论所要求的；我们应当把这些阶段理解为适应性的，而不是有害的；并且如果想要得到期望的效果，应当根据训练者的进步水平合理安排超负荷。判断超负荷的幅度并非易事，这需要极强的驾驭能力，对高级训练者来说这一点尤为重要，因为负荷过大或者恢复不足会导致运动表现快速下降甚至过度训练。

过度训练

过度训练是在缺乏充分恢复的情况下使用过高训练量或训练强度，或者兼具二者的累积结果，过度训练会消耗身体从训练刺激中恢复并产生适应状态的能力。判断过度训练的首要指标是，在进行了通常足以恢复的休息之后，运动表现仍然没有提高。尽管人们（美国运动医学会和美国奥林匹克委员会）普遍接受的定义认为，发生过度训练时需要不少于2周的休息才能恢复过来，但这显然与训练者的水平有关，不可能有一个硬性的、统一的标准来判定并避免过度训练的发生。尽管让初级训练者使用过大的训练负荷不可取，会使其立刻失去运动表现能力，但他们仍能很快恢复。虽然没有观察足够的时间，但教练所看到的症状就是过度训练的表现。尽管初级训练者也会出现过度训练，但由于初级训练者缺乏可以对比的训练史并且整体水平很低（如图2-3所示），其运动表现下滑的幅度难以察觉，所以初级训练者是否过度训练并不容易判断。和"超量训练"一样，中级训练者的过度训练适用于美国运动医学会和美国奥林匹克委员会的定义：使中级训练者无法在2周内恢复的训练则视为过度训练。但对高级训练者来说，因为其训练周期更长，这样的定义对他们已不再适用。不过，判断高级训练者是否过度训练相对容易，因为基于他们长期的训练史，其运动表现的下滑程度很容易看出来。

一个对所有训练阶段都适用的过度训练的定义需要找到能够合理量化各个阶段恢复时间的方法。**当运动表现在一个减重训练周期后仍无法恢复时，过度训练就发生了。**这个周期的长度取决于运动员的训练水平。比如，一个初级训练者每 48 小时训练 1 次，然后在一次训练中由于先前训练量过大导致状态非常差（这在热身阶段表现得很明显）。因为身体疼痛，他的动作幅度变小了，移动杠铃的速度明显变慢，增加重量后感觉更为吃力。这时，教练就应当阻止其继续训练，找出问题所在（比如，他在上次训练时趁着教练去另一个屋子指导别人的时候额外做了 5 个正式组），让他回家休息，直到 48 小时后开始下一次训练。训练者回归训练后，其热身状态显示他已经恢复了，现在能够完成本该上次完成的正式组训练了。这个过程说明，他之前过度训练，现在已经恢复了。可能因为他是一个初级训练者，不论是正常的超负荷还是过度训练，他都能快速得到恢复（初级训练者的特点），因为内在的机制是相同的。

如果一个致力于 4 周周期的高级训练者表现下降，低于预期水平，该运动员要么是进入了过度训练的周期，要么是当前的训练周期已经耗尽了他的恢复能力。这种情况下，需要多至 4 周的削减重量的训练来帮助恢复。无论是初级训练者还是高级训练者，当其被判定为过度训练后，为了尽快恢复体内平衡，都需要重复一个与正常训练周期等长的、大幅削减训练负荷的训练周期。高级训练者使用的训练周期一般较长，花几个月甚至更长时间去发现并纠正计划中的错误，这个代价他们承受不起。

过度训练也是初级训练者与高级运动员之间的显著差别之一。运动员水平越高，过度训练的代价就越大。初级训练者可能会因为错过一次训练或者因为某次训练目标没有达成而感觉不佳，但这只会持续几天，并且除了对下一次训练有些许影响之外不会造成任何后果。中级运动员已经投入了很多，到了选择自己的运动专项进行训练的时候，并在为成为竞技运动员而努力。高级运动员就是为了比赛而训练的人，他们已经为比赛投入了数千小时的训练、无数的金钱和汗水，并甘愿为此付出牺牲。精英级运动员可能有冠军头衔、赞助费、广告代言，每次比赛都可能决定他们退役后的生活水平。随着职业生涯的发展，失败的代价会越来越高，即使暂时的失败也可能带来严重的后果。

我们对过度训练过于重视了吗？根据美国奥林匹克委员会和美国运动医学会"对过度训练的共识"，每天都有 10% ~20% 的运动员会过度训练。如果这是真的（当然不太可能，因为大多数运动员的训练根本没有刻苦到过度训练的地步，美国奥林匹克委员会和美国运动运动医学会应当知道这些），这就是个问题了。

有多少教练能够承受，在比赛当天 20% 的队员表现低于日常水准？无论何时，如果有这么多运动员存在过度训练，都会严重影响团队的成功，对个人职业生涯来说也是如此。过度训练是运动员没有真正理解并在训练中正确运用刺激-恢复-适应理论的后果，也是没有对运动员的训练水平和进步进行正确评估的后果。

对非初级的训练者来说，过度训练的征兆一旦显现，症状会非常严重：表现明显下滑、睡眠质量差、慢性疼痛增多、情绪异常波动、慢性的心率升高、食欲不振、体重下降以及其他各种生理和心理异常（实际上，这与严重抑郁症的生理症状相同，抑郁症也是由长期的压力积累导致的）。不过，即使使用同样的计划，同样出现了过度训练，所有的训练者也不会表现出同样的症状。再强调一遍，教练的眼睛是判断运动员的表现变化和健康状态必不可少的。一旦确认了过度训练，采取补救措施刻不容缓，因为过度训练出现的时间越长，恢复所需的时间也会越长。很可能获得恢复需要付出的时间会 2 倍于造成过度训练的时间。时常会听到运动员因过度训练而错过了整个训练年的恐怖故事。因此，你必须全力以赴，识别和处理这种严重的情况。

影响恢复的因素

对过度训练的讨论往往非常狭隘，基本只讨论训练与恢复的时间比例。尽管它们确实是打破体内平衡和产生力量适应的两个控制因素，但是，恢复毕竟是一个受多因素影响的事件，它不是只受到训练间隔时间的影响。经常会在铁杆儿举重区和健身社区里听人讲"噢，根本不存在过度训练！"首先我很确定，过度训练是存在的，但这些人的态度表明他们意识到了，还有很多其他因素有助于恢复，因此避免过度训练是完全可能的。注意恢复期的饮食和休息的细节对避免过度训练至关重要。除非教练和训练者都理解并努力实现最优恢复，否则任何训练方法都无法产生最佳效果或避免过度训练。

除了训练和休息的时间比例，还有很多影响或促进恢复的因素，其中最重要的就是足量的睡眠和饮食——适量摄入蛋白质、热量、水和微量营养素。问题在于，这些因素都是由训练者——而不是教练——直接控制

的。一个优秀的教练会向训练者解释，这些事情为什么重要，并会定期强调它们的重要性，让训练者意识到，出色的运动员会把这些事情当作自身应尽的责任，而平庸的运动员则不会。如果运动员无法将自己该做的事情做好，即使用全宇宙最好的训练计划也会功亏一篑。任何训练计划的成功最终都取决于运动员的责任感。

睡眠

睡眠的重要性显而易见，但在身体需求和刺激增加的阶段，教练和训练者却经常会忽视睡眠的必要性。不论怎样强调睡眠对力量型运动员的意义都不为过——这可能是我们可以控制的最重要的合成代谢因素。虽然适用范围有限，但这一主题的科学文献支持以下观察。

（1）恢复期间缺乏充足的睡眠会导致竞争能力、决断能力以及对训练强度的承受度下降。

（2）缺乏充足的睡眠对情绪状态有负面影响，导致主观疲劳感增强、抑郁症状加重，甚至导致轻微的混乱。

（3）缺乏充足的睡眠会导致身体响应训练刺激、产生适应状态的生理能力下降。

睡眠期间会发生很多生理变化。其中，激素分泌可能是机体为了恢复做出的最重要的努力。睡眠期间，参与合成代谢（肌肉合成）的激素浓度升高，参与分解代谢（肌肉损耗）的激素浓度下降。一入睡睾酮水平就会开始升高，并在第一次快速眼动（Rapid Eye Movement，简称 REM）时达到峰值，且在醒来之前一直保持这个水平。这意味着，

睡眠模式一旦被干扰很可能会阻碍睾酮对恢复的促进作用。另一种合成代谢激素——生长激素，在睡眠时期也有其典型的分泌模式。在深度睡眠开始不久后，生长激素浓度开始升高，并在达到峰值后继续维持 1.5~3.5 小时。生长激素的一个主要功能就是抵消分解代谢激素皮质醇的负面作用。睡眠的中断或睡眠时间的缩短会减少这些重要的合成代谢激素的有益效果。

那么需要睡多久呢？美国军方曾经认为，每晚连续睡 4 个小时就足以维持生存和基本的战斗能力。但现在，我们意识到，我们需要更多的睡眠时间，建议每晚睡 7~8 个小时来保持"持续的运行状态"。妈妈会告诉我们，每天晚上睡 8 个小时有利于健康和心情舒畅。美国成年人一般每晚睡 6~7 个小时。一般的久坐不动的上班族并不强调身体的恢复能力。但妈妈们都知道，平均每晚 8 小时的睡眠有助于恢复，尤其是在非常严格的训练期间。毕竟，睡眠的目的就是调整身体进入恢复状态。睡眠时间越长，恢复质量就越高。

睡眠时间并不完全等同于躺在床上的时间。几乎没有人可以做到头沾枕头就睡着。晚上 11 点上床、早上 7 点起床或许无法保证 8 小时的睡眠。实际一点的做法是，额外增加一些时间来应对入睡的任何延迟，以此保证 8 小时的睡眠。

蛋白质

运动员到底需要多少蛋白质？最近，越来越多的研究已经阐明了力量训练运动员对蛋白质的需求。美国的每日建议摄入量（Recommended Daily Allowance，简称 RDA）认为，15 岁以上的男性和女性应当按照 0.8 克 / 千克 / 天的标准摄入蛋白质（即每天每千克体重摄入 0.8 克蛋白质）。RDA 的建议是基于一般人群的，而美国一般人群存在久坐的问题。认为久坐不动的人和正在通过训练计划系统性地增加身体刺激和适应状态的训练者对营养的需求相同是不合逻辑的。事实上，最近的研究表明，虽然久坐人群对蛋白质的需求不高，但他们也没有摄入足够的蛋白质。有详尽的资料证实，任何能够提高肌肉代谢速率的训练同样能够加速肌肉蛋白质的降解和转化速率。研究表明，阻力训练对肌肉蛋白质合成的刺激作用会持续到训练结束后，并且初级训练者的持续时间会比高级运动员更长一些。

肌肉蛋白质合成（MPS），即构建新的肌肉的过程，需要从饮食中摄取蛋白质及碳水化合物（碳水化合物通过协同作用促进这个过程）。有效的训练刺激不可避免地会导致肌肉蛋白质分解，因此肌肉从刺激中恢复并生长，主要是依靠肌肉蛋白质合成的速度超过肌肉蛋白质分解的速度。蛋白质的合成要超过蛋白质的降解，也就是合成代谢或构建过程必须超过分解代谢或降解过程。如果其他蛋白质合成（用来维持或修复损伤组织）所需的营养无法从饮食中充分获取，身体就会从自己的蛋白质储备中获取，而现存的肌肉量就是现成的蛋白质储备。在长期饥饿或慢性刺激状态中，肌肉减少是很正常的过程。身体实际上是在拆东墙补西墙以维持其功能。即使缺乏食源性蛋白质和碳水化合物，训练刺激仍然会以刺激的方式作用于身体。确保从饮食中摄入充足的蛋白质，训练者就获得了为身体合成新的蛋白质所必需的构建模块。如果做不到这一点，新的肌肉蛋白质合成过程就难以发生，这等同于削弱训练效果、浪费宝贵的精力。

那么，到底需要多少蛋白质来支撑训练呢？文献中推荐的参考范围很大，最高可达2.5 克 / 千克 / 天蛋白质。有些教练和训练者不喜欢精打细算，也不擅长磅和千克之间的换算。有一种简单的，也是被举重和力量训练圈子用了多年的方法，可以确保蛋白质的摄入，即每天每磅体重摄入 1 克蛋白质，这样一个 200 磅（90.7 千克）体重的运动员应当通过不同的饮食来源每天摄入 200 克蛋白质。这相当于 2.2 克 / 千克 / 天蛋白质的摄入，这个值虽然超出了普遍推荐的 1.2~1.8 克 / 千克 / 天蛋白质的摄入量，但仍低于文献建议的最高 2.5 克 / 千克 / 天蛋白质的摄入量，同时仍保持了足够高的摄入量，即使少吃一点也能满足完全恢复的需要。这种计算方法没有考虑瘦体重，其前提是身体构成已处于"正常"范围，因此体脂较高的人在计算蛋白质摄入量时应意识到并认真考虑这一点。

这种计算方式同样没有考虑低质量的蛋白质来源和其他热量摄入的影响。如果长期依靠大豆蛋白、大米蛋白、大麻蛋白、豆类蛋白以及其他非动物来源的蛋白质作为主要蛋白质来源的话，就需要摄入比建议量更多的蛋白质，因为这些蛋白质的氨基酸组成不够合理，支链氨基酸（BCAA），即亮氨酸、异亮氨酸和缬氨酸的含量较低。肌肉蛋白质合成也依赖于非蛋白质来源的热量摄入，因此，如果碳水化合物和脂肪的摄入水平较低的话，你需要摄入更多的蛋白质来支持肌肉蛋白质的合成。此外，在高质量的蛋白质食物搭配高质量的碳水化合物和脂肪的情况

下，你可以相应降低蛋白质的总摄入量。并且随着年龄的增长，训练者对蛋白质质量会越来越敏感，所以年长的训练者在制订训练计划时需要摄入更多蛋白质，或者摄入更优质的蛋白质，这一点很重要。

很重要的一点是，不管有些保健专家怎么说，没有绝对的证据支持"过量"蛋白质会损伤肾脏的正常排泄功能的说法。实际上，对没有活跃性肾脏疾病的人来说，不存在一个不安全的饮食蛋白质摄入水平。

蛋白质补剂非常有用，能帮助运动员摄取足量的蛋白质，填补饮食蛋白质的摄入量与建议摄入量之间的缺口。并且蛋白质饮料制作简单、饮用方便，有助于训练后的恢复。市面上现有的高质量乳清蛋白补剂，其支链氨基酸的含量和生物利用效率都高于牛肉，当然更是任何豆类蛋白质制品远不能及的。不过，我们吃饭并不只是为了获取支链氨基酸。牛肉以及一份精致的沙拉中还含有高质量乳清蛋白所不具有的其他营养成分。让补剂在训练饮食中居于主导地位听起来可能很诱人，在一些特殊情况下也可能有必要，但最好还是将补剂作为对饮食的补充。如果你需要摄入大量补剂的话，你最好检查一下其他饮食部分的质量如何。

热量

训练期间会消耗热量，这些热量多数来自身体的碳水化合物和脂肪储备，所以，针对训练后恢复的一个很明显的要求就是，增加热量摄入来填补训练的消耗。训练产生热量需求有两个原因：（1）任何形式的、任何训练量和训练强度的训练都会消耗一部分身体的能量储备，这些消耗的热量必须在下一

次活动之前予以补充；（2）强度足够的训练会打破体内平衡以及肌肉结构的完整性，从而产生对蛋白质和脂肪/碳水化合物的热量需求，以促进修复和恢复。

训练期间，肌肉倾向于首先使用糖原储备作为燃料，脂肪在阻力训练的过程中起到的供能作用很小。在肌肉的恢复过程中，碳水化合物仍是肌肉蛋白合成的最主要的能量来源。脂肪则成了除肌肉蛋白质合成之外的其他代谢过程的能量来源。在热量和蛋白质摄入足够的情况下，碳水化合物和脂肪的来源并不是非常重要。相比碳水化合物，脂肪需要更长的时间被分解和利用，但训练后身体代谢速率的升高会持续很长时间，在此期间高热量密度（等量的脂肪含有的热量比蛋白质高）的物质在体内缓慢代谢是有益的。除了充足的热量和蛋白质的摄入，饮食构成中还必须考虑维生素、必需脂肪酸和膳食纤维的需求。饮食质量必须在训练者条件允许的范围内保持尽可能高的水平。

训练日的热量总摄入大于热量总消耗非常重要。摄入和消耗持平在理论上可以维持体内平衡和既有力量水准，但无法支持最大限度的力量增长和肌肉量增长，而这才是力量训练的目的。从实际出发，取得进步需要明显的热量盈余，但每日消耗的热量几乎不可能精确地计算出来，因为变量太多了。训练负荷、睡眠、训练者的性别、饮食本身、训练者的年龄和生长状态等都会影响热量的消耗。如果只是补充日常活动和训练所消耗的热量，我们就无法为体内平衡的恢复和肌肉蛋白质合成产生的适应状态提供所需的额外能量。为了变得更强壮，传统文献建议额外摄入 200~400 千卡的热量。这对严肃对待力量训练的人来说严重不足，对体重过轻想要增加肌肉量的人来说更是远远不够。作者本人的经验是，每天能够保证身体恢复和力量增长的较为合理的热量摄入至少要比基准需求高出 1000 千卡。如果主要目标是增肌的话，你至少要保证每日的热量摄入比基准需求高出 2000 千卡，对代谢效率较低的人来说，数值还要更高一些。考虑到计算基础消耗基本不可能实现，最好的实践方法就是进食尽可能多的植物和动物来源的高质量蛋白质、碳水化合物和脂肪，然后根据摄入结果进行调整。对想要增重的年轻运动员来说，全脂牛奶永远是优质的补充。

脂肪酸

必需脂肪酸（Essential Fatty Acids，EFAs）是另一种影响身体恢复的物质。虽然有些圈子对膳食脂肪的偏见仍很流行，但脂肪是必需的营养物质，也是高效的热量来源。不存在必需碳水化合物，但存在几种必需脂肪酸——尽管身体可以以食物中的脂肪为原料合成多种脂类，但无法合成 ω-3 和 ω-6 脂肪酸这样的多不饱和脂肪酸。这两种脂肪酸对身体结构的完整性起着极为重要的作用，对免疫功能和视敏度至关重要，并且参与类花生酸（Eicosanoids）——能够调节炎症过程的前列腺素（Prostaglandins）的前体——的合成。其中，ω-3 脂肪酸对身体恢复最为重要：它能够支持合成代谢过程，辅助控制训练后的炎症和疼痛。并且 ω-3 脂肪酸在饮食中也较为匮乏。错误比例的 ω-6 脂肪酸摄入反而会加剧炎症过程。

必需脂肪酸摄入不足的情况在美国较为普遍，因为 ω-3 脂肪酸的主要来源——鱼类，从未成为美式饮食的重要组成部分。必需脂肪酸的长期严重匮乏会导致身体发育迟缓、皮肤干燥、腹泻、伤口愈合缓慢、感染率升高和贫血。亚临床匮乏不会产生通过观察就能得出诊断的症状。执行极端低脂饮食的人可能会突发急性临床缺乏症，症状在 2~3 周内就会明显显现。

其实，只要几克富含 ω-3 脂肪酸的油就够了。每天饱餐一顿富含脂肪的鱼，比如三文鱼，就可以解决问题。很多人发现，每天吃一些含有 ω-3 脂肪酸的鱼油补剂很有帮助，因为较高水平的必需脂肪酸摄入量对严苛的训练大有裨益。鳕鱼肝油是一种廉价的必需脂肪酸来源，同时富含维生素 A 和维生素 D。

水分

为了从繁重的训练中恢复，水分是必不可少的。毕竟，人体内几乎所有的生物化学过程都发生在水介质中。缺水会导致运动表现下滑，严重的话，会带来灾难性的后果。随着代谢率的升高，对水的需求也会增加。增加肌肉内的能量底物的储存（比如 ATP、磷酸肌酸和糖原）也会增加对细胞内水分的需求。水分充足的细胞才能进行合成代谢。事实上，一个细胞，尤其是多核肌肉细胞，其在缺水状态下合成蛋白质的速率会远低于充水状态下的速率。肌酸补剂促进骨骼肌增长的方式之一就是提高细胞含水量。那么，我们需要喝多少水才能帮助恢复、避免过度训练呢？

每个人身边都有医生、营养师、饮食学家、训练员、教练或者朋友"知道"你"绝对应该"按照"8×8"的方式喝水：每天 8 杯水，每杯 8 盎司（236.6 毫升）。这相当于每天喝 0.5 加仑或 1.9 升水。注意，标准的饮料易拉罐是 12 盎司（354.8 毫升）或 20 盎司（591.4 毫升）的，餐馆里的"小杯"一般是 16 盎司（473.1 毫升），所以这个建议并不是指常见的 8 "杯"。

但我们真的需要喝这么多水吗？"8×8"的建议并不是基于科学研究结论得出的，而是 1974 年由临床专业人员撰写的营养文本提出的主观看法，之后逐渐变成了牢不可破的临床教条和"传统智慧"。大部分研究数据指示的液体摄入量为每天 1.2~1.6 升（比 8×8 法中的 1.9 升要少），这已足够维持一个健康、温和锻炼的人对水的需求了。这些建议当然需要考虑不同的环境状况——6 月在佛罗里达州的人的饮水需求与 10 月在加拿大马尼托巴省（Manitoba）的人显然是不同的——所以在现实生活中，并没有绝对的摄入参考量。自从瓶装水工业诞生以来，很难想象谁的身体无法自发地调节其体内的水合状态。毕竟，人类社会很少会出现每天背着或拿着水时不时喝几口的习俗。因此，大多数时候，感觉口渴就自己补充点水可能是一种合适的维持身体健康和机体功能的方法。但这样的摄入量足以支持从高强度训练中恢复的需要吗？

每天 1.2~1.6 升水据说能够支持温和运动的生活方式，那么在这个基础上训练者还需要喝多少水呢？答案是：要多得多。活跃训练的人需要喝更多的水，才足以支持他们数量增加的代谢活跃组织、逐渐增加的训练负荷导致的更多热量消耗以及相对低效的散热系统。在饮水方面，没有一个统一的标准。一个很好的经验法则是，每消耗 1000

千卡热量就喝 1 升水。一天消耗 5000 千卡的话就需要喝 5 升水（或 1.3 加仑）。这个量看起来可能很大，但考虑到一个非常活跃的运动员每天训练数小时的需求，这个建议量还是合理的，并且如果在温度较高的环境中训练的话，这个量或许还不够。每天超过 5 升的饮水相当多了，所以你需要关注水的摄入。**过量饮水极其危险，由此导致的低钠血症（Hyponatremia）有潜在的致命风险，**但喝下可以达到毒性剂量的水需要刻意尝试，需要付出远远超过只为缓解口渴时的努力，一般人也不可能无意地喝下这么多水。然而，这种情况在一些民间组织的耐力赛事中偶有发生，由于活动中的每个休息站点都有饮水提供，过分热情却毫无经验的参赛者错误地听从了所谓的"专业人士"未经深思的建议，为了永远比脱水"更快一步"，在口渴之前就开始喝水。

最后一点需要考虑的是，使用何种液体形式完成补充。很多健康从业者会大胆声称，只有水和少数其他的"自然"饮料才算数。任何含有咖啡因、酒精甚至糖的饮料都不被他们当作合适的补水饮品。他们的原话是"你不会用软饮料来洗车，那为什么要用它们来补水？"这种荒谬的言论显示出他们对水分吸收机制缺乏了解。水分是从肠道内被吸收的，任何含水的饮品，甚至含水量高的食物，如果其提供的水分比用来代谢它的水分要多的话，都算作水分的摄入。水本身是最好的补水液体，毕竟，水就是水。如果基于正常补水条件下的实际考虑，水的吸收要比常见的商业饮料更快，但每种基于水的饮料（难道还有不是基于水的饮料？）都能帮助补水。一罐 20 盎司（591.4 毫升）的健怡可乐也能补水，虽然其中含有咖啡因和人工甜味剂；一罐含有高果糖玉米糖浆的普通可乐也能补水，即使里面含有咖啡因和糖。酒精饮料在人类历史上一直是一种非常高效的水合剂。在比较早的时代，啤酒和红酒是维持人们存活下去的主要补液，因为它们比当时未经净化的水更为安全，就像 18 世纪英国海军的格罗格酒（Grog）——由 1 份朗姆酒和 4 份水混合，再加一点青柠汁制成。我们并不是建议把软饮料、啤酒和红酒当作训练饮食中的固定组成，只是诚实地考虑美国生活的现实状况以及其对恢复的影响。抛开这些饮料的其他优缺点不谈，适当饮用的确可以补充水分。

维生素和矿物质

经常有人说，普通的美式饮食能够提供健康生活所需的全部维生素和矿物质，这种认识也总是把努力训练的人群包括进去。除非已经显示出了缺乏症状，否则几乎没有人会去测试机体的维生素和矿物质的水平。因此，不论是习惯久坐的人还是经常运动的人，几乎没有人能够确定他们摄入了足够的维生素和矿物质。

在美国，严重的维生素和矿物质缺乏的情况并不常见，但也不是不存在。轻度缺乏的情况则常见得多，比如，大部分美国女性存在长期缺铁和缺钙的情况，尽管程度并不严重，但症状确实存在。钙在神经和肌肉的生理功能、生长过程和运动表现中发挥多种重要作用，缺钙会使训练恢复受到限制。铁在氧运输和代谢功能中扮演重要角色，轻度缺铁会对身体训练后的恢复能力产生明显的负面影响。

维生素和矿物质在体内的生化反应中发挥中介物的作用。它们被称为"微量营养素",身体对其需求量的确很小,它们在食物中的自然含量也不同。为生活计,当然也是为了训练,为了获得所有的维生素和矿物质,我们需要食用多种食物。一般的美国孩子做不到这一点。如果父母有意识地为年轻运动员提供高质量、种类丰富的饮食的话,这或许就不是个问题。但美国的文化特色是便利和嗜好,通常人们只有少数一些食物供选择,并且为了便于储存和烹饪,它们还都经过了加工。这个加工过程一般会在某种程度上减少食物中的维生素和矿物质含量,会使饮食的质量变差,即使饮食中含有充足的热量和蛋白质。

结果是,尽管典型的运动员饮食中的维生素和矿物质含量不至于不足到出现症状的地步,但很可能达不到从严酷的训练中恢复身体所需的最佳含量。最近的研究表明,维生素补剂对延长习惯久坐的人的寿命没有任何作用,当然我们也不关心长寿,相比之下,我们更关心运动表现。毕竟,如果一个刻苦训练的运动员的热量、水分、蛋白质需求都提高了的话,那么摄入更多的维生素和矿物质也是理所当然的。美国人口的地域性、宗教、文化以及经济品位和习惯都很多样化,针对性的测试又非常昂贵,运动员或教练没有简单易行的方法来评估饮食中的维生素和矿物质含量。谢天谢地,也并不需要这样:营养补剂可以确保这些训练和恢复所需的要素得到安全、有效和经济的补充。

最好的方法既简单又便宜。包含所有常见维生素和矿物质的廉价的通用型复合片在杂货店和网上都有销售。多花些钱能让你买到品质更好、纯度更高、吸收更容易的产品。比尔·斯塔尔(Bill Starr)在他著名的《强者生存》(*The stongest shall survive*)一书中提出了"铲子方法":吃很多,身体会把不需要的部分排出来。维生素中毒是极其罕见的,尤其是对高强度训练的运动员来说,所以这个方法值得一试。

训练强度和训练量

周期化

50 年前,或许是受到了塞利理论的启发,人们意识到可以将该理论直接应用于运动员的训练,前苏联的运动生理学家因此提出了几种可以充分利用身体适应渐增负荷能力的训练方法。这种方法的根基叫作**周期化**(Periodization),常被归功于 20 世纪 60 年代、前苏联时期的列昂尼德·马特维耶夫(Leonid Matveyev)(苏式周期化的高级版本最早可以追溯到 20 世纪 40 年代和 50 年代的匈牙利)。到了 20 世纪 70 年代,卡尔·米勒(Carl Miller)将周期化训练的概念引入了美国举重界;1981 年,迈克·斯通(Mike Stone)以此为基础提出了一个提高运动表现的力量训练模型。从那时开始,不管什么运动项目,周期化成为成功制订训练计划的主要工具。

所有提高运动表现的训练的目的都应是使身体通过塞利刺激模型中的第 1 阶段和第 2 阶段,提供足够的训练刺激来引发身体的适应状态,同时避免第 3 阶段——力竭的发生。正确设计的训练计划会通过调节训练量和训练强度来控制身体承受的刺激,从而得到良好的结果。因此，量化训练量和训练强度非常重要。

训练量是训练者在一次或一组训练中举起的总重量，即

重复次数 × 单次举起的重量 = 训练量

下表是一个计算深蹲训练训练量的简单示例。

热身组			正式组			
45	95	135	185	185	185	重量
5	5	5	5	5	5	重复次数
225	475	675	925	925	925	每组的训练量
		1375				热身组的训练量
					2775	正式组的训练量
					4150	总训练量

在这次训练中，包括热身组在内，训练者深蹲的总重量是 4150 磅（1882.4 千克）。训练中每次动作重复都被计算在内，这样作为所施加的刺激的总训练量就可以被量化了。通常，只考虑正式组会更有用一些，因为打破体内平衡、引发第 1 阶段的是正式组，而非热身组。正如上面的表格所示，这样算下来训练量减少了很多。但如果训练者的热身组数非常多，则需要认真考虑其对总训练量的影响。

强度是在一次或一组训练中使用的平均重量相对于训练者 1RM 的百分比。

训练量 / 重复次数 = 使用的平均重量

使用的平均重量 /1RM × 100% = %训练强度的百分数

在上面的例子中，使用的平均重量是 4150 磅（1882.4 千克）/30 次，即 138.3 磅（62.7 千克）/ 次。如果训练者的 1RM 是

225 磅（102.1 千克），那么其训练强度就是 138.3/225 × 100% =61%。这就很容易看出来，将热身组计算在内对平均每次使用的重量和平均强度有多大的影响了，因此只用正式组计算训练强度就可以了。如果上面的例子只计算正式组的话，训练强度为 82%。

我们重新叙述一遍：训练强度是相对于 1RM 的百分比。1RM 的 80% 的训练强度大于 1RM 的 50%。这个概念很简单，但在科学、医学和流行文献中对于"训练强度"的定义有多种方式。有时候，训练强度等同于某个给定动作中的爆发力输出水平。训练者完成某次特定重复时像专注度一样抽象的事物（比如，"让我们专注下一次重复，提高强度！"）或者对练习的主观努力感受（比如，伯格的"自觉运动强度分级量表"），也会被用来定义强度。还有一种表述与疲劳相关：如果训练使肌肉疲劳，那么训练就是有强度的。这些概念都在文献中出现过，可能比较适合耐力训练这种训练刺激本质上依靠较小训练刺激产生的累积效应的运动。但对职业力量训练来说，这些定义都无一例外地不切实际，因为这些概念无法量化，而科学家和参与者都将量化特征看作关键要素。把强度定义为相对于 1RM 的百分比，这种做法或许看起来过于简单，但这正是其优势所在。

这是最实际、最有用的方法，对要给一大群人制订训练计划，需要一种客观地评估训练强度和训练进步方法的教练和训练员来说尤其如此。

训练重量相对于 1RM 的训练强度范围的简单计算如下。

深蹲强度	1RM（磅）	225
95%	225 × 0.95 =	214
90%	225 × 0.90 =	203
85%	225 × 0.85 =	191
80%	225 × 0.80 =	180
75%	225 × 0.75 =	169
70%	225 × 0.70 =	158

通常，根据训练者的不同水平，可以将训练划分为时间长度和负荷特征不同的几个阶段，以此来实现对周期化训练中的训练量和训练强度——身体承受的刺激程度——的控制。

解读有关过度训练的文献时，必须清楚，其中很多研究是基于有氧训练的。像举重这样的无氧训练导致的过度训练与有氧训练导致的过度训练有着很大差别，因为两者的刺激类型完全不同——力量训练者将有氧训练称为慢速长距离训练（Long Slow Distance，简称 LSD）。有氧和无氧训练对训练量和训练强度的不同定义方式会影响对过度训练的分析。比如，现代公路自行车选手可能每天都会在自行车训练上花费数小时，由此产生的训练量是巨大的。如果他们想练得更努力，他们可以增加里程、每天的训练时间或者训练天数，累积所谓的"垃圾里程"。他们也会按照最大摄氧量（VO2max）的某个可持续的百分比来骑行，如果用这种方法来衡量公路骑行运动的强度，那么每次训练的平均强度都会与先前差不多。需要指出的是，最大摄氧量会出现在肌肉达到 30% ~40% 最大收缩力量的时候。因此，强度（量化为绝对力量的百分比）在一般的自主训练的美国竞技自行车手的训练计划中并不是主要因素。因为调节的训练变量主要是训练量，公路自行车手往往更容易出现基于训练量的过度训练。但你必须清醒，自行车手的"训练量"与举重选手的"训练量"是两个完全不同的概念。按照我们的定义方式，骑行的训练量通常是在相对低得多的强度下进行的，但其涉及的重复次数则要比任何杠铃训练高上千倍。

因为力量训练计划需要兼顾对训练量和训练强度的控制，所以训练者有机会体验分别由两者引起的过度训练。极端的训练风格，比如最具代表性的"要么放弃，要么选择大重量"的方法，会导致基于训练强度的过度训练，而另一个极端，"练至力竭"法，可能会导致基于训练量的过度训练。因为大多数的训练计划都会涉及这两种变量，所以由二者共同导致的过度训练更为常见。

理解阻力训练中两种刺激下的恢复速率极为重要。由训练量引发的过度训练主要影响肌肉细胞的收缩组件和代谢系统，而由训练强度引发的过度训练主要影响神经系统的功能以及其与肌肉系统的交互作用。对训练有素的举重运动员来说，由训练强度引发的过度训练更容易恢复。当为力量型或者爆发力型比赛做准备时，随着训练强度的持续增加，训练量则会大幅削减，直到比赛临近。当为耐力型比赛做准备时，力量训练的训练量和训练强度都应提前几周进行削减，因为基于训练量的恢复需要较长的时间，会直接影响比赛成绩。

针对过度训练的最基本的处方，是让运动员投入时间恢复，同时削减训练负荷。处理过度训练的时间影响了教练和训练者的宝贵进步：削减负荷不会产生任何进步，甚至无法维持原有水平；完全停练则会不可避免地导致训练不足。既然过度训练的代价这么大，最好的方法还是防患于未然。正确制订适合运动员和运动项目的训练计划是关键。尽管执行妥当的简单线性训练计划能使运动员在早期取得极快的进步而不会引起过度训练，但是对水平更高的运动员来说，更为复杂的训练计划——周期化训练计划——是必不可少的。

3

力量：运动表现的基础

基本概念

任何关于提高人类身体潜力的讨论必须从力量谈起。对抗外界阻力发力的能力，本质上就是与环境有效互动的能力。除非你已经足够强壮，否则身体能力的提高总是与力量的提高相关。如果你已经足够强壮，你必定已经经历了变强壮的过程，或者你在基因天赋方面比大部分人都要幸运，那么你也已经知道力量为何如此重要了。我们先假设你还不够强壮，以便进行接下来的讨论。

力量

肌肉力量指的是，以肌肉附着在骨骼上并借助骨骼向外界传导肌肉收缩产生的力的能力为基础，肌肉对抗外界阻力发力的能力。骨骼是一个杠杆系统，它为肌肉收缩产生的力和我们想要用肌肉去移动的物体提供了连接。肌肉系统操作骨骼杠杆系统构成了我们身体存在的全部——这是我们身体存在的原因，是我们生活的最基础的元素。

"对抗外界阻力"这条规定很重要，这样必须将身体和身体移动的物体视为一个系统，因为二者的移动都是身体发力的结果。当你硬拉提起杠铃时，我们以杠铃离地时你克服的杠铃重量来衡量你的力量。但力的产生和使用都发生在骨骼杠杆系统内及对抗杠

铃的过程中。比如，力施加在脊柱的几个不同部位上，从而维持椎间关节的连续性来使脊柱保持刚性，并在髋部和起始这个动作的腿部之间高效地传递力量，从而移动杠铃。没有人会怀疑，保持每段椎骨处于正确的位置需要费力，但如此复杂的测量几乎不可能做到，所以不具有什么实际意义。因此，我们规定，我们需要衡量的是对抗外界阻力产生的力，这样的计算可行并且有意义。

在最广义的解读中，力量是能够移动重量的能力，与移动该重量所用的时间无关，就像大重量硬拉移动到锁定位置很慢那样。因此测量最大力量无须考虑移动重物到指定位置耗费的时间。尽管"力量举"这个名字取得不太合适，但它确实是以不计时间的方式，通过深蹲、卧推和硬拉来测试力量的。

力量举运动员移动重量的速度相对较慢。重量越大，其移动速度越慢，直至达到重量无法以任何速度移动的程度。因此，力量举是一种最大力量测试，而通过训练举起更大重量是力量训练的最基本的诉求。在相对不那么直接的力量运用中，比如一个橄榄球前锋在身体刚刚发生接触时试图推动对方球员，那么对方球员就是那个重物。一旦两人接触完全，动作就会完全停止，力量就会产生并试图弹开对手。当对方施加的力被压倒时，身体会从零开始加速，但相对于从边

线爆发启动时的速度来说仍然很慢。克服对方球员带来的阻力需要超群的实力——占据有利力学位置的同时保持住姿势的能力，以及比对方球员发出更大力量的能力。

肌肉作用于骨骼的力量有三种基本的表现形式。肌肉收缩的力是张力，可以描述为不管发力的源头在哪里，由绳索或线缆连接在另一物体上产生的"牵引力"。引起肌腹内侧缩短的收缩机制产生了肌肉收缩张力，它作用于肌肉两端并对抗肌肉在骨骼上的附着点。肌肉张力可以是：

向心（Concentric）：导致肌腹长度缩短的肌肉发力形式

离心（Eccentric）：导致肌腹长度增加的肌肉发力形式

等长（Isometric）：肌腹长度保持不变时的肌肉发力形式

大众更为熟悉向心收缩，比如肱二头肌弯举，但离心收缩和等长收缩则很少被考虑到。三种肌肉运动形式以复杂的方式共同构成了人体动作模式。力量是通过全部的三种张力形式表达出来的。

速率

速率是物体改变其空间位置的快慢，是矢量速度的标量形式，速度包含其描述的动作方向。移动一个物体或自己的身体通过给定距离所用的时间是大多数运动的重要组成要素。在杠铃训练中，我们并不刻意区分速度和速率，毕竟大家都知道杠铃该向哪个方向移动。对很多杠铃动作来说，速度是其正确完成的关键，尤其是奥林匹克举重及其变式；在抓举、翻举和挺举中，杠铃速度是至关重要的因素。在这三种动作中，杠铃的移

动速度必须足够快才能将其架在锁定位置，如果做不到这一点，动作就会失败。硬拉则与之相反，成功完成硬拉对速度没有要求。击败对方球员则需要依靠速度。当动作开始后，为了维持物体的速度，对抗其减缓的趋势，需要产生足够的力量并将其持续快速地传导给物体。

功率

功率输出是大部分运动的关键。功率是快速产生力、快速表达力量的能力。爆发力就是功率的表现形式（见图 3-1）。功率是单位时间内做功的多少，这里特指短时间内。功是施加在物体上的力与物体在该力作用下移动距离的乘积；一个易于理解的做功单位是英尺磅（Foot-Pound），即将 1 磅（0.45 千克）重的物体移动 1 英尺（30.5 厘米）所做的功。因此，功率的单位就是 1 英尺磅/秒——移动物体时做功的速率。如果肌肉可以迅速产生巨大的力量来移动重物，功率输出就很高。所有运动中有记录的最高峰值爆发力输出是抓举的第 2 阶段。功率可以被看作发力的速度，通常用测力板来测量。

另外，如果一个运动员今天训练爬 10 层楼梯比上周爬得快，那么他就以更快的速度将自己的体重移动了 10 层楼梯的距离。或者，如果一个运动员比上个月更快地完成了三轮 30 个引体向上和 400 米跑的训练，那么他就在更短的时间内更快地移动了自己的身体。这些都是功率的例子，无须增加动作本身的发力速度，只须减少做功之间的休息时间就可以提高功率。换句话说，累积努力的密度增加了——只是频率增加，单个组分的努力程度没有增加。提高发力速度和做

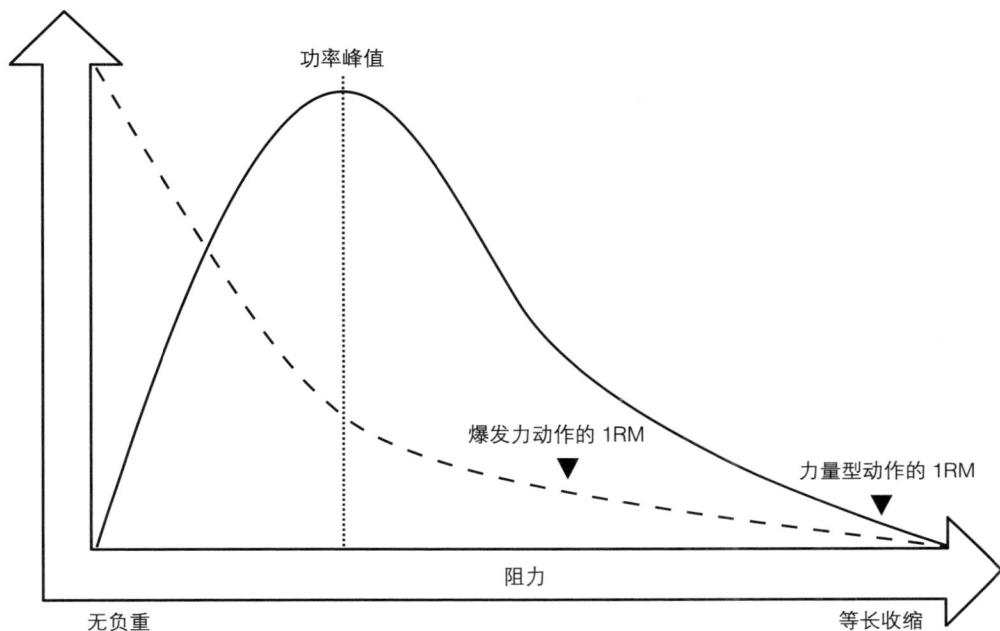

图 3-1 速度-功率关系图。虚线代表速度,实线代表功率输出。功率输出的峰值出现在最大等长收缩力的 30% 和最大移动速度的 30% 对应的位置,并对应于 1RM 的 50% ~80% 的重量,具体数值因动作不同而异

功速度需要不同的代谢适应状态,二者未必会重叠。对我们来说,功率是快速产生高水平的力的能力。一个成功的前锋从边线启动的速度非常快,足以快速加速自身碰到对方球员,并完全阻挡其前进的动量,进而将对方挤出原来的位置。他的功率效果——他的速度以及在此速度下移动身体产生的动量和他接下来快速发力对抗对手的能力——比那个过程中的其他任何方面都更能决定他在那个回合中的表现。

加速度是功率输出过程固有的。加速度是速度在单位时间内的变化量,即物体增加速度或降低速度(负加速度或**减速**)的速率。杠铃的加速是在其开始慢慢离开地面并升高时提升速度的过程。翻举和抓举都需要杠铃具备特定的**动量**(杠铃质量与其速度的

乘积),这样才能使杠铃在运动员停止发力后、到达锁定位置之前继续向上移动。当运动员的双脚离开地面、身体向接杠姿势过渡时,杠铃必须具备足够快的速度才能产生足够的动量将其提升到足够的高度,以保证运动员在杠铃速度归零并开始下落之前移动身体到杠铃下面将其接住。加速度造就了这个峰值速度,这需要在短时间内产生足够水平力量的能力——这是功率的定义。因此,加速杠铃的能力是功率的表达,翻举和抓举能力的提高体现了功率的提升。

这对每个运动员和教练都极为重要,因为功率输出的能力会直接影响所有运动的表现。所有的运动员,从初级训练者到高级运动员,从网球运动员到铅球运动员,都应当使用能够提高功率输出的训练计划。在其他

条件等同的情况下，爆发力略差的运动员永远无法击败一个更具爆发力的运动员。

请记下来，计算功率的方法是，将对抗重量所施加的力与移动重量的距离乘在一起，再除以这个过程花费的时间。即：

$$P = F \times D/T$$

注意算式分母中 T 值减小产生的影响。同样的重量，其移动速度越快，功率输出就越高。再来看看速度不变、增加移动重量 F 的效果——功率也提高了。增加移动距离 D 也可以增加功率输出，但在完成爆发力动作时，明显增加 D 会改变动作的本质。在完成翻举的时候，我们并不希望杠铃移动更长的距离，也不在乎多次重复累积的效果，我们想要的是用更快的速度或更大的重量完成一次翻举。

我们可以通过一组简单的计算来对比硬拉和翻举的功率输出。还是以那个强壮的美式橄榄球前锋为例。

体重 = 140 kg（308 lb）

个人最好硬拉成绩（1RM）= 300 kg（660 lb）

地板到锁定位置的距离 = 0.65 m

从启动到锁定的时间 = 4.0 s

要计算其硬拉的功率，要首先计算所做的功（力 × 重力常数 × 距离）：

功 = 300 kg × 9.8 m/s^2 × 0.65 m = 1911 N·m

接下来，计算总功率（功 / 时间）：

功率 = 1911 N·m/4.0 s = 477.75 W

为了便于对比两个人的功率差异，你还可以计算单位体重的功率，即相对功率（功率 / 体重）：

相对功率 = 477.75 W/140 kg = 3.41 W/kg

相对功率的测量可以反映运动员体重的影响。

接下来，我们计算力量翻的功率（从地板到肩膀）。

体重 = 140 kg（308 lb）

个人最好力量翻成绩（1RM）= 150 kg（330 lb）

地板到锁定位置的距离 = 1.27 m

从启动到锁定的时间 = 0.6 s

做功大小（力 × 重力常数 × 距离）：

功 = 150 kg × 9.8 m/s^2 × 1.27 m = 1867 N·m

总功率（功 / 时间）：

功率 = 1867 N·m / 0.6 s = 3111.5 W

相对功率（功率 / 体重）：

相对功率 = 3111.5 W/140 kg = 22.2 W/kg

两者的主要区别在于移动重量所用的时间。两者做的功几乎没有差别：硬拉做功 1911 N·m，力量翻做功 1867 N·m。力量翻速度更快，尽管其所用重量只有硬拉的一半、移动的距离也只是硬拉的 2 倍，但产生的功率却超过了硬拉的 6 倍（见图 3–2）。

但请记住一个简单的法则：能够硬拉 600 磅（272.2 千克）的人永远比只能硬拉 300 磅（136.1 千克）的人能够翻举更大的重量，永远。这一点常常被一些高级教练所忽视，他们更看重自己翻举的教学能力，而对硬拉的重要性缺乏理解。功率输出依赖于力量，而初级训练者力量增长很快，提高力量水平就能提高其功率输出。比如，对一个没有经验的孩子来说，提高硬拉成绩可以迅速提高其短跑成绩，这比在学习短跑机制上花费时间要高效得多。我们来回忆一下产生爆发力的生理机制——快速动员大量运动单元从静息状态进入收缩状态的能力——很不幸，这种能力很大程度上是由基因决定的，

图 3-2　硬拉和力量翻的对比。硬拉（上图）慢慢地将重物移动一段较短的距离，而力量翻（下图）则是以更快的速度将较轻的重量移动一段较长的距离。力量翻过程中产生的功率要大得多

训练者可以通过训练提高的幅度一般只有20%~25%，所以我们强调运动员发展力量的重要性，因为力量受到基因天赋的限制相对不那么明显。既然力量比爆发力训练的余地更大，且通过多年训练能够达到一个很高的水平，那么对需要快速表达力量的运动员来说，力量训练反而显得更为重要。

这也是奥林匹克举重运动员使用类固醇的原因。没有能提高技术的类固醇。类固醇能让你更加强壮，而增加的力量会表现为输出功率的提高。每当你批评有些国家的运动员通过用药来击败他国"清白"的运动员时，你确实会观察到服药的运动员显得更为强壮。使用类固醇的棒球运动员存在葬送整个职业生涯的风险，所以，与其投机取巧，还不如去做个有效的杠铃力量训练计划，这种方法还是合法的。

但某种程度上，功率输出还是需要能够快速发力的专项动作来加以提高的，即爆发力训练需要使用快速移动大重量的动作，比如奥林匹克举重动作——抓举、挺举及其各种变式。翻举和抓举无法缓慢完成——慢速翻举根本翻不上去，慢速抓举只不过是个以抓举动作起始的高拉。相对于运动员只是试图将杠铃拉起得更快来说，接住杠铃架在肩膀上或者将其举过头顶能够保持拉高过程中更快地加速。有经验的运动员对翻举和故意不接杠的翻举式高拉之间的差别非常熟悉。当你考虑通过"动态发力"硬拉来训练其启动功率时，必须牢记：翻举中的杠铃必须经过充分加速才能锁定——即使是最大重量的杠铃也经过了最大限度的加速，而快速硬拉则未必。你根本无从得知，因为即使是快速硬拉也不会失败，翻举则不同，要么接住杠铃，要么动作失败。

因此，翻举和抓举最适合训练爆发力，因为需要爆发力是这两种动作固有的特性，无须刻意考虑爆发力的使用，也就是说，能够完成一次翻举的动作模式本身包含了足够的、能够将其锁定到位的爆发力输出。更重要的是，这两个重要的杠铃动作本来就具备杠铃训练的主要优势：可以通过健身房的小杠铃片来循序增加杠铃重量。我们可以根据运动员的翻举重量精确地确定其爆发力水平，然后我们可以根据运动员的潜力和需求来逐渐增加训练重量。在爆发力可训练的范围内，这种可以精细增重的特性使得奥林匹克举重衍生出来的动作成为教练训练爆发力的最佳工具。

肌肉量

肌肉大小通常与力量大小联系在一起。但我们都见过那种徒有强壮外表的人。他们的肌肉极具欺骗性。这种看法的道理是：绝对力量会随着肌肉横截面面积的增大而增长。力量训练会不可避免地使肌肉变大，这也是大部分训练的目的，尤其是刚开始训练的时候。不管进行训练的目的是增强力量、爆发力还是肌肉量，肌肉生长都会发生。

高级竞技型健美运动员懂得，做5组、每组12次重复、组间休息时间尽可能短的孤立训练能够使目标肌群产生最佳的增肌效果。背后的生理原因我们稍后再做讨论。但健美训练是根据孤立肌群而不是动作模式来安排的。大部分健美运动员会孤立训练各个肌群，他们在系统动作模式下的协调表现能力是未经训练的，其各肌群力量的运动潜力尚未得到开发。因此，对发展运动可用的力量来说，基于孤立肌群的力量和体能训练计划远不及由主要的杠铃动作提供动作模式的训练计划。高重复次数、低强度的孤立肌群训练可以促进相应的肌群增大，但产生协调的力量和爆发力适应状态依赖于能够产生协调的力量和爆发力的动作以及作为一个整体协调运转的身体。很遗憾，很多力量和体能教练，甚至包括一些大学级别的和职业的教练，都忽略了这一点。

在一些大块头有优势的运动项目中，力量训练的增肌效果是运动员需要重点考虑的方面。比如美式橄榄球，之前 300 磅（136.1 千克）的前锋和 245 磅（111.1 千克）的后卫并不常见，而如今已与多年前大不一样。大多数的大重量投掷类运动员和大力士运动员块头都很大。道理很简单，块头往往与力量相关联，因为大体上讲，块头越大就越强壮。大块头在有激烈身体对抗的团队运动中也具有优势，比如在英式橄榄球和篮球运动中，甚至也体现在一些传统上更依赖耐力的项目，比如足球中，因为体重大的运动员更难被推动。

更大的肌肉同样意味着关节附近的杠杆效率更高。当膝关节、肘关节、髋关节和肩膀周围的肌肉更大时，动作会更容易完成，因为这时肌肉和关节的交叉角度会使关节杠杆系统的力学效率更高：肌腱与骨骼连接处的角度越小，拉力的效率就会越高。体积较大的股四头肌比体积小的股四头肌更高效，因为其横截面面积更大，并且体积大的股四头肌至少有一部分肌肉所处的位置有利于更有效地伸展膝关节。

进行力量训练，专门化不如综合化更有效率。对增肌来说亦然。内分泌系统以剂量依赖的方式响应刺激。大重量、多关节（有时也称为"结构性"）的杠铃动作比小幅度、单关节的孤立动作能更有效地刺激合成代谢激素的分泌，即使使用的训练强度和重复次数都一样。在没有使用化学药物辅助的训练中，相比那些用腿屈伸、蝴蝶机夹胸等孤立动作训练的运动员来说，系统、协调地训练身体的运动员通过完成深蹲、卧推这样的动作能够更有效地实现增肌。

训练的专项性

传统观念里，针对专项运动的力量和爆发力训练必须以最大限度地模拟其代谢需求的方式进行，需要在能量系统（ATP-CP、糖酵解、β-氧化，详见第 4 章）、运动涉及的主要肌群、对肌群的发力要求、动作速度、动作幅度以及肌肉收缩频率这些方面做到专门化。但就像考虑训练计划中的其他因素一样，这些要素也必须根据运动员的训练水平进行调节，同时要考虑到力量在该项运动中的贡献率。比如，马拉松及其他一切长距离耐力项目的运动员并不能从奥林匹克举重运动员那样的训练中获益。耐力型运动员提高运动表现需要的是针对有氧代谢能力的适应状态，高强度、低训练量的力量训练产生的适应状态是次要的。增加杠铃训练的重复次数不会将力量训练变成耐力训练，因为重复次数更多、强度更低的训练无论如何都不会提高有氧代谢能力。

耐力型运动员执行一个典型的初级训练计划就能获得力量增长的好处，因为绝大部分的耐力型运动员在力量方面仍是初级训练者的水平，而增强的力量能够减少耐力型运动员在耐力项目中用以维持重复性、低强度动作（通过累积形成耐力运动表现）所需的绝对力量的比重。而对在运动中完全处于无氧代谢状态的短跑运动员来说，他们需要更强的爆发力和功率输出，因而能够从高强度的力量和爆发力训练中直接受益。每个教练都应当熟知其所从事的运动项目的代谢需求：最长和最短的发力、发力的强度、发力之间的恢复时间、动作的持续时间以及典型的休息时长；还应当熟悉简单的力量增长带来的好处，因为缺乏足够的力量会限制其他所有运动参数的提高。

因此，训练专项性的概念有其局限性。力量的获得和使用非常一般化，花时间使用逐渐增加的重量即可发展。力量的发展是通过多关节、多肌群以较大的动作幅度移动大重量的训练方式获得的。实际上，不管运动员的训练水平如何，深蹲、推举、硬拉和卧推等基础力量动作和翻举、抓举等爆发力训练动作共同构成了真正对运动员有用的力量和体能训练计划的基础。正是因为这些动作是非专项性的，所以由其发展而来的力量和爆发力可用于任何运动项目。运动训练包含动作模式和代谢途径，以将这种一般性力量应用于极为专项的运动中。在举重室里，不需要也不必考虑精确地模仿运动项目的动作模式或代谢需求。

许多物理治疗师错误地理解了训练专项性的概念，这是因为他们曲解了力量及获得力量的过程对运动能力的价值。我曾亲眼见过一个理疗师为一个垒球投手制订了3磅（1.4千克）哑铃的单臂屈肘挥摆计划，以正常的节奏练习，一点儿也不能变。他认为既然哑铃比垒球要重一些，那么这样就能增强

投掷动作所需的力量。为了使力量和爆发力的训练具有专项性，很多人做得过于专项化了，动作模式和代谢途径也被考虑进去，导致根本无法取得力量和爆发力的增长。

简要来说，提高力量最好使用最有利于提高力量的动作——即以平衡的姿势站在地上、动用大量肌肉、完成较大动作幅度的基础杠铃动作，从而在平衡重量、控制重量和身体在空间所处位置的同时，通过使用大重量来发展产生大量力量的能力。试图使用比平时更大的重量去模拟专项运动的位置、姿势、站距和动作模式，不会使力量得到最高效的发展，因为虽然这些姿势是在比赛时展现力量的姿势，但却不是最好的发展力量的姿势，能最好地驾驭大重量的姿势都蕴藏在杠铃动作之中。此外，这么做也会对运动技巧的运用产生负面影响，因为使用比平时更大的重量完成投掷-摆动-推动动作，完成的速度、准确度均会降低。

动作专项性指的是运动的动作模式与力量训练使用的动作之间的相似程度。如果我们考虑三种与铅球投掷看似相似的动作——推举、上斜卧推和卧推——我们的第一印象可能会认为上斜卧推最具有专项性，因为它与铅球投掷时的起始发力和投掷角度最为相似。很多训练员和运动员都把上斜卧推当作一个重要的训练项目，但推举和卧推能够分别发展身体在垂直方向和水平方向发力的能力，完全覆盖了上斜卧推的训练部位。卧推能够使用最大的重量，从而能最高效地发展最大力量。三者中，推举是唯一一个有着投掷特征的动作——从地面起始，使用全身作为动作的发力部分。三种动作都很有用，教练必须根据每个运动员的需求来决定需要侧

重的动作。

再思考另一个例子：自行车手和深蹲。一个自行车手的膝关节从来不会弯曲超过90°，因此如果只考虑屈膝的专项性，那么大腿上表面高于与地面平行位置的部分幅度的深蹲对骑行更具有专项性，而全幅度深蹲则不具有专项性。实际上，不仅仅是自行车运动，很多项目的教练和训练员都这么认为，并建议他们的运动员只练习半深蹲。他们的问题在于错误地理解了训练动作及其与运动技巧的关系。说得更详细一点，在部分幅度的深蹲中，不会产生腘绳肌的有力收缩，只练习部分幅度深蹲的自行车手无法在膝关节周围平衡地发展力量，同时他们也忽视了蹬踏板时髋部伸展用到的肌群。

从更全面的角度分析，部分幅度的深蹲虽然表面上看起来更具专项性，但更一般化的全幅度深蹲对该运动更适用。这是理解运动项目力量训练的基础：全幅度深蹲对骑行和所有需要力量的运动都更适用，因为全幅度深蹲比部分幅度深蹲能够更高效地发展力量。专项运动的动作模式与深蹲的相似性不是深蹲被加入训练计划中的理由，深蹲发展力量的能力才是它被写进训练计划中的根本原因。运动场上超凡的动作技巧应当在运动场上练习，力量则最好在举重室里使用最好的力量训练动作来训练，深蹲就是其中最重要的力量训练动作。

最近，使用单侧动作主导训练的做法在"功能性训练专家"中掀起了一股浪潮。这不过是滥用训练专项性概念形成的另一版本罢了，同样是对力量、力量的发展和应用的严重曲解。分腿深蹲等由弓步衍生出来的动作用不稳定的部分作为支撑的基础，使用小

重量完成同侧/对侧动作，并试图用无法量化的单侧局部收缩来孤立"核心区"，它们有一个共同点：无法像杠铃动作那样有效地发展力量，因为它们无法使用基础杠铃动作所用的大重量。除了毫无训练经历的人在训练的最初几周外，使用小重量无法提高力量，弓步和平衡动作无法使用硬拉、推举和深蹲最终能够使用的大重量来训练。一个能硬拉500磅（226.8千克）重量的运动员，其"核心区"要比一个只能硬拉200磅（90.7千克）重量的运动员的更强壮，因为在提高硬拉的过程中，硬拉用到的所有肌肉都变得更为强壮。问一下你自己，5RM的杠铃硬拉和波士球单臂单腿壶铃硬拉哪个能使你变得更强壮。答案不言而喻。

代谢专一性是指为专项运动供能的能量底物与为训练活动供能的底物的相似程度，对已经有了力量基础的中高级运动员来说，这是更重要的考虑方面。比如，推铅球所用时间略长于1秒，用到了手与地面之间所有的肌肉，是靠肌肉中储存的ATP（三磷酸腺苷）来供能的（后面会详述），从来不会使肌肉达到疲劳状态。推铅球依赖于以协调的方式快速发力的能力，配合运动员千锤百炼的技巧，运动员每次只有非常短暂的尝试机会。具有铅球专项性特点的力量和爆发力训练也应以储存的ATP供能、使用与推铅球相一致的动作速度、用到手与地面之间的所有肌肉并快速发力，即使其动作模式与推铅球完全不同。高强度、单次的奥林匹克举重动作符合这些要求，而像中距离跑步或者完成100个俯卧撑/仰卧起坐/引体向上这样的靠碳水化合物或脂肪代谢供能、缺乏快速发力特点的动作则不适合。代谢准备必须与

目标匹配，必须与训练目的相关，而动作模式是将在举重室中通过一般性训练获得的力量专门表现在运动场上的方式。

高重复次数训练也许对需要持续发力的运动更为适用，但并不是个训练力量的好方法，并且对一个不是很强壮的运动员来说，力量同样是持续发力能力的限制因素。根据定义，高重复次数动作只能使用小重量，而小重量无法产生增加发力能力的适应状态，因为移动小重量不需要生成那么多力量。这看起来异常简单，甚至过分简单了，但这里不需要更复杂的分析。增强力量需要通过移动更大的重量来实现，而能够完成 20 次重复的重量不能称为大重量。考虑训练计划的专项性必须考虑到最基础的运动属性——力量是否能以最佳方式获得，以及其相对于运动员的训练水平的需求。

专项性程度存在一个范围。比如，完成 50 次俯卧撑、12~15 次小重量健美式卧推和 3 次大重量卧推的专项性程度是不同的。对铅球运动员来说，需要 60 秒完成的俯卧撑没有任何代谢专项性可言，15 次重复的卧推则要比大重量卧推更缺乏专项性。在考虑代谢时也要考虑训练-休息的比例。一个明显的例子就是一个橄榄球回合，一般包含 6~9 秒的高强度对抗，然后是 45 秒的极低强度运动和恢复。在举重室或跑道上以类似的时间分配方式训练，以及更好的休息能让运动员为场上的表现做好准备，杠铃训练中组间休息更长一些更有利于训练最大力量，同样有利于最大力量在运动场上的发挥。教练必须根据运动员的个体差异做出判断，来选择最佳的训练-休息比例，从而提高运动员的表现。

新手对任何专项性的需求都很低，因为一个未经训练的人距其最终运动表现的潜力上限还很远。对这个阶段的训练者来说，任何形式的训练都能提高其运动表现，设计得当的渐进式杠铃训练能在短期内显著提高其运动表现。相反，一个精英级运动员已经十分接近其身体力量和运动表现的潜力上限了，必须使用针对其项目的、高度专项的计划来训练。能够直接帮助维持运动专业技能的训练同样需要，但其本身并不足够（见图 3-3）。绝对专项性——只训练专项本身——对绝大多数运动员来说远远不够，尤其是当你的竞争者都在举重室里挥汗如雨时。理解这一点很重要。除了一小部分基因天赋极佳的人（不幸的是，这些人经常被挑出来代表普通大众），对其他人来说，运动技巧是通过反复训练运动项目来提高的，但更高水平的技巧展现需要提高其他对训练有显著影响的身体参数——比如力量。训练永远不应达到 100% 的专项性，因为这样无法改变训练的刺激本质，来促进适应状态的持续产生。

比如挺举，当你训练达到某一点后就会无法产生新的适应状态了。在你的技术达到最佳水平之后，继续使用最大的挺举重量重复训练已经无法打破体内平衡了。这是因为在使用最大挺举重量时，很多因素——技巧、生理因素、爆发力和最大力量会阻碍进步。当然，其中最易受到其他动作影响实现增长的就是最大力量。出于这个原因，即使是最需要专项化训练的精英级运动员，也有必要练习可以带来超负荷的低专项化动作。深蹲、各种大重量拉力动作、推举、过顶支撑等一般性的力量动作都能进行超负荷训练，同时足以满足挺举对发力的专项性需

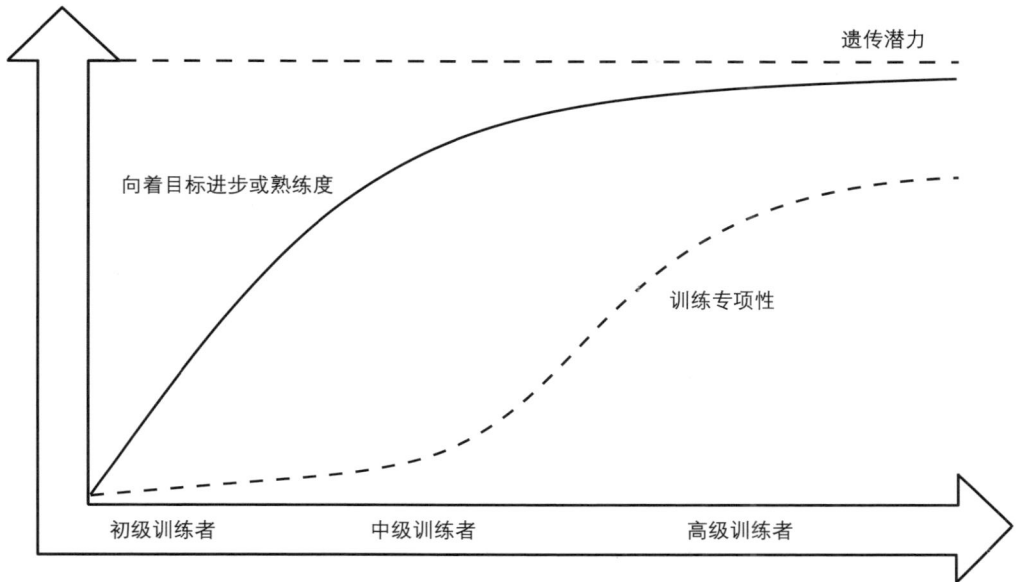

图 3-3 专项训练的目的是帮助你尽可能地接近比赛目标。随着训练者的表现越来越接近其潜力上限，训练刺激也必须更加接近目标的物理本质。新手可以通过一般化的训练取得显著的进步，而高级运动员必须使用更为特定的方法，虽然绝对的专项性训练并不高效

求。因此，通过深蹲和硬拉增长的力量完全
能够应用在挺举中。

4

适应背后的生理学

肌肉收缩：动作的基础

要理解如何训练身体、提高运动表现，必须首先了解身体运动时是如何运转的。肌肉是完成动作的基本生理单元。肌肉的结构控制着其功能，训练既能改变其结构，也能改变其功能。熟知与肌肉相关的基本生理学原理和实现最佳表现的训练方式是有效设计训练计划所必需的。

肌肉结构

肌肉系统最大的结构单元是肌肉本身，肌肉通过被称为肌腱的结缔组织附着在骨骼的至少两个点上。肌肉收缩会在骨骼的附着点之间形成张力。这个张力控制着骨骼杠杆系统，放大了肌肉有限的收缩能力。肌肉骨骼系统通过利用力学优势来使我们的身体与环境相互作用——使我们能跑得快、掷得远、爆发式地举起重物。

每块肌肉都相互独立，被一层薄薄的结缔组织隔离开，这种结缔组织被称为筋膜。每块肌肉都是由成千上万个独立的肌细胞组成的，这些细胞也被称为肌纤维。这些细胞呈束状排列，每束之间都有结缔组织将其分隔开。构成肌束的肌细胞包含数百个肌原纤维——一种具有收缩功能的细胞器。这些结构彼此叠加形成了基本的收缩单元——肌

节。肌节由蛋白质链构成，这些蛋白质链相互作用产生了整条肌纤维的收缩。一块肌肉中所有的收缩肌纤维共同产生了完成动作所需的强大收缩力。肌细胞同样含有正常代谢功能所需的细胞器：细胞膜、细胞质（在肌细胞中被称为肌质）、细胞核、线粒体、核糖体、内质网等。这些细胞器对肌肉功能有重要作用，同时能够对训练产生适应。

由于每个肌节的结构性排列，肌细胞中的肌原纤维都有着标志性的条纹状外观（见图 4-1）。肌动蛋白和肌球蛋白这两种主要的收缩蛋白以细丝/粗丝的重叠模式排列。还有几种蛋白质与肌动蛋白的细丝有关。其中，肌钙蛋白和原肌球蛋白是肌肉收缩调节机制的主要组成部分，具体细节超出了本书的讨论范围。

有几种不同的肌纤维。肌纤维通常被分为"快肌纤维"和"慢肌纤维"，但这种分类无法真正反映不同类型肌纤维之间的差异度。通过肌纤维的主要代谢活动方式来分类要更好一些，也就是脂肪酸代谢/β–氧化与糖酵解代谢。表 4-1 从解剖学和代谢属性上阐述了肌纤维之间的差别。这些属性决定了一块由不同肌纤维按照不同比例构成的肌肉是如何运作并响应训练的。力量训练能够显著改变肌肉的结构和代谢方式，进而改变其功能。

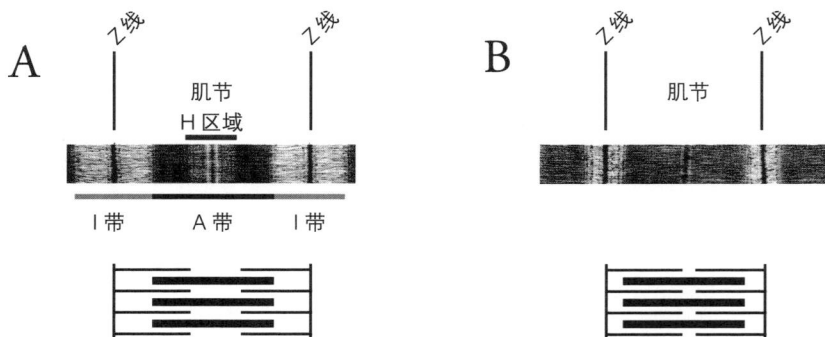

图 4-1　肌节的结构（A）。Z 线构成了每条肌节的边缘，肌节有序地重复串联组成肌原纤维。注意，在放松状态的肌节中，含有肌动蛋白的细丝和含有肌球蛋白的粗丝只有部分重叠，从而在电子显微镜下产生可区分的 I 带和 A 带。赫胥黎的肌丝滑动理论认为，通过消耗 ATP 导致肌动蛋白和肌球蛋白发生短暂的相互作用，牵引粗丝和细丝彼此拉近，使得肌节末端的 Z 线彼此靠近（B）

肌肉功能

　　肌肉由若干功能单元构成，其中最大的功能单元就是整块肌肉本身。一块肌肉收缩时会牵引其两端连接的骨骼彼此靠近，从而围绕骨骼之间的关节形成运动。提高这种宏观的移动能力是最终目的，而肌肉组织中产生小规模运动的微观成分实际上才是必须在训练中产生适应状态的元素。

　　肌原纤维中的肌动蛋白和肌球蛋白（这两者通常被合称为"收缩蛋白"）是产生肌肉收缩的两种主要蛋白质。当肌动蛋白和肌球蛋白彼此连接在一起时，肌球蛋白分子会产生形变，牵引肌原纤维（包含此肌球蛋白的）的末端向中线靠近。当存在足量的肌球蛋白和肌动蛋白的相互作用时，就会产生足以使整块肌肉缩短的力，但肌肉缩短的程度受到肌节结构的限制，大约只能缩短 25%。为了弥补这一点，关节与肌肉附着点之间的距离相对于其到骨头另一端的距离来说很短，这种距离差产生了杠杆效应，从而使我们能够将不大的肌肉长度变化放大为围绕关

节的大半径运动。

　　肌球蛋白结构改变所需的能量来自于 ATP——一种不同代谢途径通用的高能化合物。ATP 是生命的动力，负责细胞内几乎所有的化学能量的传输。同样，ATP 也是将化学能转换为动能的基础——产生动能是肌肉组织的基本功能。ATP 在生物化学中的重要性如何强调都不为过。

　　一般认为，肌肉能够生成的潜在力量与其横截面面积成正比。这意味着，肌肉越粗大，能产生的力量就越大。这是因为所有的肌纤维基本上都是从肌腹的某一区域起始，一直延伸到另一端的，所以随着肌纤维中能够收缩的肌丝的增加，肌肉的整体直径也会相应增加。在其他条件相同的情况下，使肌肉更强壮的唯一方法就是构建体积更大、含有更多收缩蛋白的肌肉。但实际上其他条件很难完全相同，并且很多因素都与肌肉功能相关。一个与肌肉功能直接相关的因素就是 ATP 的可用性，以及肌肉内利用和再生 ATP 的效率。ATP 浓度偏低，抑或是合成或利用 ATP 的能力低下都会削弱肌肉的功能。训练

能够提高肌肉储存和合成 ATP 的能力。

正如上文所说，肌纤维有几种不同的类型，每一种都有不同的、与 ATP 利用相关的特征性代谢属性（见表 4-1）。

I 型肌纤维被称为慢速氧化肌纤维或"慢肌纤维"，意思是这种肌纤维主要依赖有氧代谢，其相关代谢途径比无氧代谢过程更耗时。这种肌纤维体积小，能产生的力较小，相比其他类型的肌纤维增大体积的潜力也更小。但慢肌纤维极其耐疲劳，因为慢肌纤维优先依赖能够代谢储备丰富的能量底物——脂肪酸的酶。这些能够分解脂肪酸的酶，其作用依赖于氧气的参与。I 型肌纤维是最先被动员、最后得到放松的肌纤维，它参与一切需要低强度、长时间收缩的运动，比如站立、保持坐姿和行走。

II 型肌纤维比 I 型肌纤维更依赖于葡萄糖分解产生的能量，即糖酵解过程，而 I 型肌纤维则更依赖于有氧代谢过程。IIB 型肌纤维被称为快速糖酵解肌纤维或"快肌纤维"，意思是这种肌纤维主要使用糖酵解过程——葡萄糖分解形成的 ATP，该过程不需要氧气的参与，在细胞内发生得更快。IIA 型肌纤维介于 I 型肌纤维和 IIB 型肌纤维之间，根据训练刺激的不同，其功能可在两种目标之间摇摆。IIA 型肌纤维和 IIB 型肌纤维的体积比 I 型肌纤维大得多，也有更大的增长潜力，能够更快速地代谢 ATP，但耐疲劳性较差。

训练能够改变所有肌纤维的表现。力量训练产生的适应状态能够使大纤维产生更多的收缩力，耐力训练产生的代谢适应状态能够更有效地利用氧化机制，从而使肌肉在较低强度上更耐疲劳。不过，同时训练肌纤维以提高其发力能力和抗疲劳能力两种属性，不如将其分开训练效果更好。

表 4-1 肌纤维类型及其性质。I 型肌纤维（"慢肌纤维"）与另外两种 II 型肌纤维在化学、结构和功能上存在不同：IIA 型肌纤维为快速氧化肌纤维，IIB 型肌纤维为快速糖酵解纤维。虽然常见的肌纤维分类法不止这一种，但这种分类最适合讨论力量和爆发力的适应问题

特征	I 型	IIA 型	IIB 型
收缩速度	慢	快	非常快
纤维直径	小	中等	大
运动神经元大小	小	大	非常大
耐疲劳度	高	中等	低
参与活动类型	有氧	长时间无氧	短时间无氧
产生力/爆发力的能力	低	高	非常高
线粒体密度	高	高	低
毛细血管密度	高	中等	低
有氧代谢能力	高	中等	低
无氧代谢能力	低	中等	高
主要能源	甘油三酯	磷酸肌酸/糖原	磷酸肌酸/糖原

能量代谢：为肌肉供能

能源

肌肉收缩，以及所有的细胞内活动都是由 ATP 供给能量的。我们的身体通过分解食物释放的能量来生产 ATP。我们吃下的所有食物——碳水化合物、脂肪、蛋白质——都可以作为 ATP 的能量来源（脂肪和蛋白质在功率型运动的供能中不那么重要，因为碳水化合物是被优先选择的能量物质，同时主导此类活动的 IIB 型肌纤维会专门利用碳水化合物供能）。食物在体内分解后，会通过一系列的生化反应，产生 ATP 这种不可或缺的分子。在本书的讨论范围内，ATP 的产生主要有三种形式：（1）通过磷酸肌酸再生或循环利用先前储存的 ATP；（2）通过非氧依赖性葡萄糖代谢途径（糖酵解）；（3）利用脂肪酸和糖酵解的代谢终产物进行氧依赖性代谢。我们习惯上把前两种 ATP 生成机制称为"无氧代谢"，把第三种机制称为"有氧代谢"。不同途径生成 ATP 的速率不同，产生 ATP 的总量也不同。

能量利用

ATP 储备是肌肉收缩时的能量来源。在肌肉收缩时，ATP 失去三个磷酸基团中的一个，变成 ADP（二磷酸腺苷），释放储存在分子中的能量使肌肉完成收缩。只需几秒钟，ATP 储备就会耗尽，通过从 CP（磷酸肌酸）转移高能磷酸根到 ADP 中，使得 ADP 通过再循环形成 ATP。因此，磷酸肌酸是为 ATP 补充能量的载体。

ATP 通过这种双组分机制被利用、再合成，为短跑和力量训练这样的高强度、短时间运动（10~12 秒）供能。如果运动持续时间超过 ATP 储备可以维持的时间，用来替代刚刚消耗的 ATP 的那些 ATP 必须立即为运动供能。这些持续时间稍久一些的活动所需 ATP 的来源是：（1）如果运动持续时间只有几分钟，能量来自糖酵解代谢产生的ATP；（2）如果运动持续时间非常久，能量来自脂肪酸和糖酵解产物氧化产生的 ATP。不过，肌肉收缩使用的所有 ATP 分子都来自于这个储备的 ATP 池，然后靠其他步骤产生的能量来完成这些 ATP 分子的再生。

肌肉中的能量储存形式是肌糖原（一种葡萄糖形式的储备），是由葡萄糖分子聚合形成的长支链分子。持续时间在 12 秒至数分钟的剧烈运动，比如较长距离的冲刺、高重复次数的力量训练等，需要将糖原分子分解为葡萄糖，这个过程被称为糖原分解。这个过程产生的葡萄糖分子会在糖酵解代谢中进一步分解。糖原分解过程以及糖酵解过程产生的 ATP 可以为接下来的剧烈运动提供能量。

除了 ATP，糖酵解过程的终产物还有丙酮酸和乳酸。这些葡萄糖分解的产物可以进入氧化代谢途径产生更多的 ATP。乳酸能够释放到细胞外，被其他细胞摄入，用作氧化代谢的燃料，或者被肝脏、肾脏摄入，作为前体重新合成葡萄糖。在能量需求极高的状况下，释放到血液中的乳酸会超过其被摄取的量，导致血液中的乳酸水平升高。

通过氧化代谢产生 ATP 的过程对进行力量和功率型训练的人来说不那么重要。慢跑、行走或长距离骑行等低强度、持续数分钟到数小时的规律性重复运动则依赖于脂肪

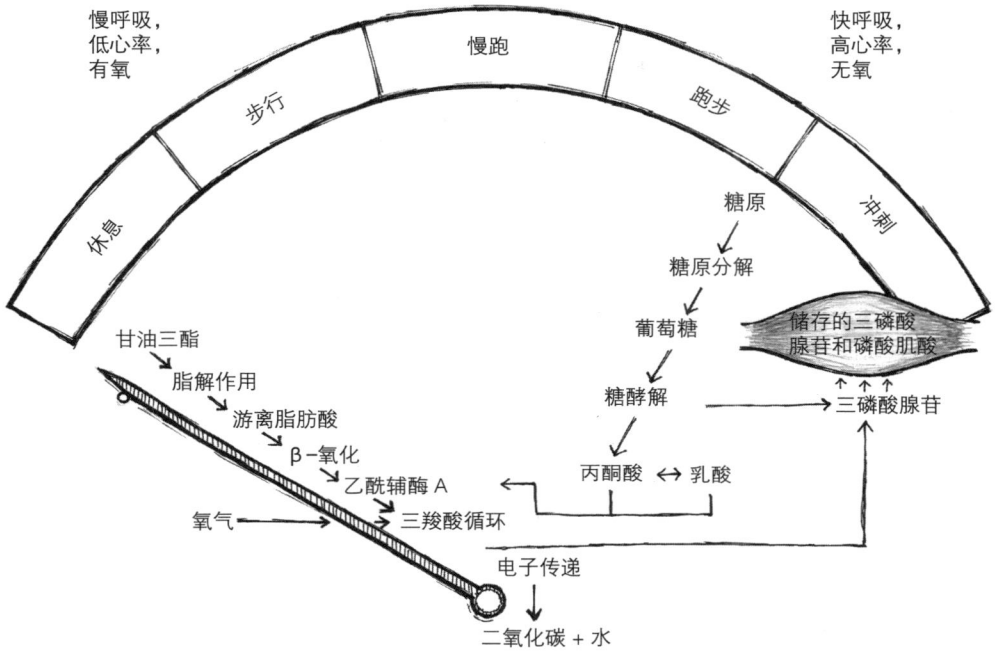

图 4-2 代谢速率计。我们的训练强度和持续时间直接影响了身体主要用于为训练活动供能的新陈代谢途径。所有的身体活动都处于一种连续的状态中，从休息状态到最高强度的训练。所有的活动都由已经存在于肌肉中的 ATP 供能，所有的生物能量活动都是用来补充这些储备的。低强度训练取决于心肺输送氧气和肌肉摄取氧气的能力，以及使身体通过有氧途径把脂肪酸当作底物随时提供能量的能力。这种有氧过程发生在肌细胞线粒体中。当活动强度和对能量的需求提高时，对 ATP 的需求的增长会超出有氧代谢的能力。重量训练和其他形式的高强度训练中存在一个连续的、以厌氧底物产能的无氧阶段。上图展示了能量底物与不同类型的运动中用到的新陈代谢途径的关系。除了短时间的最高强度的活动，其他活动都会用到一种以上的代谢途径，所以上图代表了强度渐增的活动中的情况（《力量训练基础》第 3 版，马克·瑞比托，2011）

酸和糖酵解的终产物通过三羧酸循环和电子传递链（ETC）的氧化代谢途径产生的能量。在进入三羧酸循环之前，脂肪酸通过 β-氧化过程形成乙酰辅酶 A（Acetyl-CoA）。丙酮酸和乳酸也会转化为乙酰辅酶 A 然后进入这个系统。β-氧化和氧化磷酸化两个过程都发生在线粒体内。大量的 ATP 都是通过氧化代谢过程产生的。这个过程需要氧气的参与。

但因为一组力量训练花费的时间明显不足 1 分钟，且强度很高，需要在短时间内产生大量的 ATP，所以氧化代谢不是力量训练的组成要素。即使氧化代谢还是会参与这个过程（所有产生 ATP 的过程都有参与），它对一个大重量训练组的贡献也十分有限，因为它需要的时间更久，产生 ATP 的速度较慢。图 4-2 是能量供应的概况。

训练产生的肌肉适应状态

力量训练会引发多种肌肉结构和功能的变化。如果训练计划安排得当、动作执行正确，训练导致的变化能够增强肌肉力量和功率输出；如果训练计划很糟或者执行不当，训练者就无法取得提高，其运动表现甚至可能会下滑。图 4-3 阐述了人体对每组不同重复次数的训练计划的响应状况。

在不同重复次数产生的训练效果方面，存在两种不同的理解。有的人依靠实践经验，有的人则认为解读研究文献就够了，只要是由权威人士解读的，少一点也不要紧。实际上，有些文献指出，所有的重复次数安排都会带来同等的力量、爆发力、肌肉量和耐力的增长，也就是说，使用 3RM 和 20RM 分别完成 1 组训练产生的结果是相同的。这明显与真正了解运动员运动表现的从业者的观察不符。这样的看法忽视了最基本的代谢专项性原则，这个原则也完全适用于跑步和骑行。40 米短跑和 800 米跑是完全不同的两种事件。跑 1 英里（1.61 千米）和跑 26.2 英里（42.16 千米）也是两码事。冲刺 1 千米与 100 千米公路赛也截然不同。训练这些项目需要某种程度的专项性，没有任何运动

生理学家会认为所有的跑法效果都是一样的。一组 3RM 的深蹲只须几秒，完全依赖于 ATP-CP（三磷酸腺苷-磷酸肌酸）系统，而一组 20RM 的深蹲需要 60~120 秒，对应的代谢过程是糖酵解，为什么会有人认为这两者产生的效果一样呢？数十年的基础研究都支持图 4-3 中的重复次数安排的有效性，同时提供了对生理学基本概念的深刻理解。这些数据也得到了超过 1 个世纪的实践应用的支持。不能正确运用这些知识的话就是在浪费时间，无法设计出有效的训练计划。

与力量训练关系最密切的结果之一就是肌肉体积的增长。蛋白质合成增加与蛋白质分解减少增加了肌细胞内的蛋白质积累，产生了使整块肌肉体积增加的肌肥大现象。理论上讲，有两种基本的肌肥大类型。在肌纤维肥大中，肌动蛋白、肌球蛋白和其他相关蛋白会在细胞原有的基础上增加。细胞内含有更多的收缩元件意味着更多的肌动蛋白 /

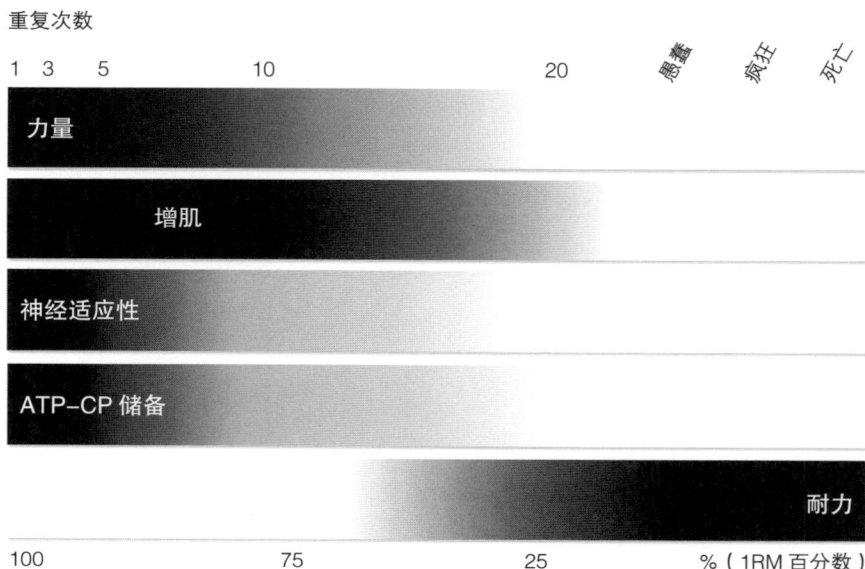

图 4-3 重复次数的连续排布。不同的重复次数安排会产生不同的解剖学和生理学上的适应状态

肌球蛋白发生相互作用，从而产生更多的力量。这种肌肥大通常是由低重复次数、高强度的训练产生的。这种肌肥大增加的肌肉量有限，但单位肌肉区域产生的力量增长要多于第二种肌肥大方式——肌质肥大。肌质肥大比肌纤维肥大存在更明显的细胞质和代谢底物积累。低强度、大训练量的训练也会产生明显的肌纤维肥大效应，但不及高强度、低训练量的训练效果明显。对初级训练者来说，两种肌肥大会同时发生，因为在尚未适应的肌肉里，同样的刺激会引发两种不同的适应状态。

健美式训练使用训练量极大、强度很低的组数和重复次数安排，使得肌肉内的代谢底物储备减少——随后会增加。细胞内增加的糖原以及高能磷酸化合物（肌酸补剂背后的原理）会使细胞储水。脂肪滴的少许积累、与这些细胞活动相关的酶和收缩蛋白的适量增加，这些效应综合在一起导致细胞体积增大。然而，这样的训练缺乏明显的产生力量的组件，这就是为什么有些人的肌肉量少于那些从健美训练中得到巨大肌肉量的人，但力量却要更大。

负责 ATP 合成的酶的浓度也会因为训练得到提高。20 世纪 70 年代，有许多研究人员各自独立阐述了上文讨论的三种 ATP 合成途径中相关的催化酶浓度升高的发现。最令人感兴趣的是，催化 ADP 和磷酸肌酸重新合成 ATP 的酶以及糖酵解代谢途径的酶的浓度都因为力量训练得到了提高。酶浓度升高的幅度与训练的时长、频率和强度有关。能够引发酶浓度升高的训练计划通过更高效地合成和利用 ATP 来提高运动表现。

储存在细胞中的能量也会对力量训练做出响应。经过长期的训练后，细胞中的 ATP 和 CP 储备可以提高约 20%，从而使肌肉在收缩时有更多立即可用的能量。ATP 和 CP 储备的增加与功率输出的提高相关。糖原储备也会因为长期训练而增加，从而增加了可快速使用的能量，并有助于增肌。

可量化的肌肉收缩特性，比如功率输出、最大力量、发力速度等，可以通过训练得到明显提高。不同的肌纤维对 ATP 利用的方式不同，因此这些改变很可能与力量训练对肌纤维类型构成的影响有关。在过去几十年里，人们普遍认为肌纤维类型的转变不可能发生，但最近的研究发现，肌纤维会因响应不同的运动类型而发生转变。此外，即使没有肌纤维类型的转变，有着慢肌纤维属性的肌纤维会在力量训练后显示出更多的快肌纤维的性质。4~6 周的阻力训练显示出了慢肌纤维数量的减少。另外一件很有趣的事情是，肌细胞内 ATP 和 CP 的浓度与肌肉的肌纤维构成有关；如果肌肉中 ATP 和 CP 缺乏的时间较久，快肌纤维会向慢肌纤维转变。同理，与大重量训练相关的 ATP-CP 储备的升高也可能会驱动反方向的过程，即慢肌纤维向快肌纤维的转变。

神经-肌肉整合：刺激肌肉移动

结构与功能

虽然肌纤维是肌肉收缩的基本单元，但若没有复杂的神经系统的连接，协调的运动也无法完成。中枢神经系统通过运动神经元与肌纤维相连，这些神经元大小不一，其支配的肌纤维数量也因肌纤维类型和肌肉功能的不同而不同。支配慢肌纤维的运动神经元较小，支配快肌纤维的运动神经元较大。至于神经传导的速度和数量，可以将 I 型肌纤维的运动神经元想象成吸管，将 II 型肌纤维的运动神经元想象成消防软管。

单个神经元支配的肌纤维数量取决于肌肉及其功能。负责大幅度运动的大块肌肉，比如大腿股直肌，其中的运动神经元与肌纤维的比率就比较低，也就是一个运动神经元可以支配大量的肌纤维，最多可支配高达 1000 条肌纤维（1：1000）。而负责细微动作的肌肉，比如某些眼部肌肉，其运动神经元与肌纤维的比率可能会相当高，接近 1：10。运动单元这个术语指的是一个运动神经元及受其支配的所有肌纤维，神经肌肉系统则指的是全身所有肌肉和神经的功能性集合。肌纤维"点火"（受到神经刺激开始收缩）是在运动单元内作为一个群体进行的，每条肌纤维从不会单独行动，因此运动单元是神经肌肉系统的基本功能单位。大重量、高速度的训练能提高运动单元的动员能力，即肌肉收缩生成力量时被激活的运动单元的数量。肌肉中运动单元的动员比例越高，产生的力量就越大，在较短时间内得到动员的运动单元的数量越多，产生的功率输出就越大。动员更多运动单元收缩的能力以及动员运动单元更快速收缩的能力是有效力量训练的标志之一。神经肌肉效率的提高是力量和功率在肌肉量没有增加的情况下得到提高的主要原因之一。虽然肌肉通常会随着力量的增长而增加，因为由训练刺激产生的适应状态包含了增肌和提高神经肌肉效率两个方面。这也是初级训练者在训练开始后不久肌肉量和力量都得到迅速增长的原因。

一个运动神经元支配的肌纤维数量代表着这个运动单元在收缩时能够产生的最大力量。运动单元含有的肌纤维越多，能够产生的力量就越大。一个活跃的运动神经元能刺激受其支配的所有肌纤维收缩。一块肌肉产生的力量会根据得到动员的运动单元数量的不同而变化。如果一块肌肉包含的所有运动单元同时得到了动员——这种情况只有在运动员尝试完成 1RM 的训练时才会发生——就会产生最大力量。

根据肌肉收缩时每个运动单元所需的刺激性阈值的不同，运动单元的动员也有特定的顺序。不管运动强度如何，低阈值的慢肌纤维的运动单元都会最先被动员。这些运动单元参与维持日常坐立的正常姿态，当身体脱离静息状态时它们就会开始动员。行走会增加低阈值运动单元的动员，因为推动身体向前行进的同时也需要维持姿态。一般观点认为，涉及姿势维持和行走的肌肉——比如小腿肌肉和竖脊肌——含有较高比例的慢肌纤维，事实也的确如此。在进行低强度有氧类型的运动时，慢肌纤维的运动单元会被优先动员，并随着运动强度的增加，高阈值的快肌纤维运动单元开始收缩。在高强度的运动中，低阈值的肌纤维能够持续被动员，但与高阈值的肌纤维相比，它们在净力量产生方面的贡献可以忽略不计。如果训练的目标是高功率输出，那么必须提高高阈值的快肌纤维运动单元的动员能力，并据此制订训练计划。

神经适应性

人体的最大悲剧之一就是神经系统的顽

固性，这种顽固性不仅表现在神经损伤、出现疾病时的自愈能力方面，还表现在适应为提高运动表现施加的刺激方面。我们提高神经系统效率的能力生来就受到限制。比如，立定垂直跳（Standing Vertical Jump，简称SVJ）是衡量神经肌肉效率的黄金标准，其价值在于垂直起跳能力很难训练，因此它是一个测试爆发力基因天赋的好方法。但如果训练立定垂直跳，我们就完全失去了使用它的意义。对男性来说，36英寸（91.4厘米）代表极高的水平，平均水平大约是22英寸（55.9厘米）。一个垂直跳只有10英寸（25.4厘米）的人不论如何刻苦训练，他最多只能提高25%左右。这是因为他用于控制神经肌肉效率的神经的适应性不好，或者产生适应的速度太慢。神经是人体内最为特化的组织之一。神经系统效率与其他受限于基因背景的爆发力影响因素（比如不同类型肌纤维的比例、受人体工学控制的杠杆的排列、身高、性别以及其他因素）一样，很显然，基因天赋决定了哪些人能登上人类运动表现的巅峰。

一个人仍然有可能通过提高技术水平和运动单元的动员能力来提高神经肌肉系统的效率，但运动表现的这些方面必须训练。随着运动表现的提高，力量和爆发力的增长越来越直接依赖于肌肉量的增加，而不是神经功能的增强，因为在技术水平和神经肌肉效率遭遇平台期后，肌肉仍有很大的增长空间。不论是初级训练者还是精英级运动员，最基本的训练目标都应当是使其运动中需要用到的肌肉能够更充分地、协调地、有效地动员运动单元。

激素：生理适应性的媒介

激素是由腺体产生的化合物，是细胞、器官和整个身体绝大部分生理功能的调节剂。激素被系统地分泌到全身，其特定作用会在含有特定激素受体的组织中表现出来。每种激素系统都能够对外界刺激做出响应，因为身体会利用这些系统应对刺激，并产生对后续刺激的适应状态。因此，激素是塞利适应理论中适应机制必不可少的组成部分。每种激素对特定的靶组织有一种或几种特定作用（见图4-2）。健身杂志中充斥着关于激素的文章和广告，教给你如何通过锻炼、饮食和补剂来调节激素水平，使你增长更多肌肉，变得更强壮、更有爆发力。可想而知，这些广告没有一个靠谱的。

激素功能

激素对机体生理活动的影响有两种基本方式。首先，激素能够改变特定物质的合成速率。比如，增加收缩蛋白合成或增加酶的合成。再者，激素能够改变细胞膜的通透性。细胞膜是一层选择性屏障，只容许特定分子通过，其他分子会被挡在外面。激素带来的细胞膜通透性的改变会从很多方面影响到细胞功能。这些方面都很重要，因为细胞外的物质通常对细胞内部环境的改变来说是必不可少的。

训练计划的构成（训练频率、训练时长、动作选择、组数、每组重复次数和组间休息时间）会影响体内激素的产生。有效的训练计划设计能够充分利用体内激素对这些变化的响应。

激素适应性

人们对激素特异性运动生理学领域有相当多的研究。一般来说，运动会对很多激素系统产生影响，接下来我们会介绍几种与力量训练相关的、对肌肉结构和功能有着直接影响的激素（见表4-2）。

睾酮。这种激素在合成代谢——蛋白质合成和组织生长——方面扮演着重要角色，因此成为多年来科学和大众关注的焦点。睾酮也与神经肌肉效率、骨骼生长、代谢速率、糖原储备、红细胞生成和矿物质平衡有关。睾酮水平提高会产生有益的影响，但目前任何形式的运动或训练提升睾酮水平的实验证据十分有限。

研究人员对力量训练这样的强度高、持续时间短的训练做了大量的研究，结果包含了训练期间睾酮水平升高、降低以及没有任何变化等各种情况。各种研究结论缺乏一致性、不能形成一种清晰的模式，可能是因为阻力训练本质上相对复杂。各种研究方案中使用的训练量、训练负荷、训练强度、休息间隔以及训练用到的总肌肉量等变量变化很大。每种变量都会与其他因素相互作用，从而影响训练刺激的性质以及由此产生的响应。研究方案的制订和结论的解读会因为睾酮水平的昼夜波动而更加困难，这种波动令睾酮变化更难被引出、观察和解读，尤其是在被选择用于分析的时间点很少的时候。

皮质醇。与睾酮相反，皮质醇的净效应是促进分解代谢——皮质醇通过清除受损的组织并引导其进入排泄通道的方式起到抗炎作用，从而为新组织的合成清理出空间。作为分解代谢激素，皮质醇会抵消睾酮、生长激素、胰岛素样生长因子-1（IGF-1）及其同工型的机械生长因子（MGF）等合成代谢激素的作用。

皮质醇还可能通过干扰细胞中蛋白质合成的机制来抑制蛋白质合成，可能这样它就不必将刚合成的组织清理掉了。艰苦训练带来的身体刺激，以及人际关系问题，睡眠不足、失眠、疾病引起的心理问题，亲人过世，或者诸如失业、计划变更、甚至休假这样的生活方式的简单改变等心理刺激都可以导致皮质醇的分泌。

当身体受到刺激时，不论速率如何，皮

表4-2 与训练相关的激素

激素	功能和特性
睾酮	促进肌肉生长和男性性征发育；促进合成代谢；提高代谢速率
皮质醇	受到刺激后升高；促进分解代谢；长期皮质醇水平升高与表现下滑相关
生长激素	促进所有类型组织的发育和生长；保持结缔组织完整性
胰岛素	将葡萄糖运输到细胞内；促进合成代谢
胰高血糖素	促使葡萄糖释放到血液中；促进分解代谢
胰岛素样生长因子-1	介导生长因子的作用；促进合成代谢
肾上腺素	动员糖原；增加肌肉血流量；增强心脏收缩力度

质醇水平都会上升，因为皮质醇的作用就是清除受损的组织，而施加了足够的刺激、使身体产生适应状态的训练会导致组织受损。正常的皮质醇分泌会促进蛋白质分解，促使蛋白质向碳水化合物转变，并通过促进脂肪的利用来储存葡萄糖。在更高的层面上，皮质醇引发高血糖，抑制免疫功能，让人产生疲劳感，并且可能是产生与严重过度训练相关的临床抑郁症的诱因之一。

你要明白，足以刺激身体产生适应状态的训练必然会提高皮质醇水平。超负荷活动是足以打破体内平衡的训练刺激。不论何时，不论何人，不论他的训练水平如何，超负荷活动都会提升皮质醇水平，但在产生这个超负荷活动的训练结束之后，皮质醇会很快恢复到本底水平。初级训练者通过简单的新手训练产生超负荷活动水平的皮质醇（见第 6 章），在他进行下一次训练之前，皮质醇会及时回落到本底水平。中级举重训练者主要通过周一的训练量来促进皮质醇水平的升高，周五的高强度训练会使皮质醇水平再升高一些（见第 7 章），但在经历两次体内平衡的扰动之后，皮质醇水平会在相应训练结束后的几个小时内恢复到本底水平。一个高级举重训练者可能需要积累几周的训练量才能产生达到超负荷活动水准的刺激（见第 8 章）。在这三种情况中，皮质醇水平的升高都标志着刺激足以干扰体内平衡并产生适应状态。

训练引发的皮质醇水平的升高很短暂，长期高水平的皮质醇可能是几次训练的叠加效应造成的。这些训练每次都没有为皮质醇恢复至本底水平留出足够的时间，再加上过度训练产生的不良心理因素（比如临近比赛

时的焦虑、失败的影响等），都使得长期升高的皮质醇水平成为过度训练的罪魁祸首。

生长激素（GH）。人类生长激素是一种肽类激素（由氨基酸构成，不同于类固醇），具有多种生理作用：促进骨骼生长、软骨生长、细胞复制和细胞内蛋白质沉降。它还能刺激免疫系统，促进肝脏内的糖异生作用（Gluconeogenesis），促进利用脂肪的代谢。因此，生长激素水平会在禁食和热量摄入长期不足的情况下升高。它的合成代谢作用主要体现在生长发育期间的儿童和青少年身上，在成年人身上的作用主要是维持结缔组织的完整性。在使用多关节动作完成大训练量训练后，生长激素水平会提高 8~10 倍。它在伤病后结缔组织的修复中发挥一定作用，因此生长激素水平的升高有助于身体从大重量训练中得到系统的恢复。

训练刺激在生长激素分泌过程中的作用还不清楚。生长激素水平与禁食和低血糖水平之间的关系可能在先前的研究中引起了因果关系的混乱。在身体面临热量摄入不足的环境压力时，生长激素水平会升高（与艰苦训练产生的快速效应类似），但升高的生长激素更可能是用来管理代谢物质的利用，而不是促进成年个体的生长。目前，还没有证据表明，生长激素能够促进成年人瘦体重的增长，肢端肥大症（Acromegaly）患者由于生长激素分泌过量导致骨骼、内脏器官质量增加，却不具备比常人更高水平的肌肉量，这个现象也符合这一观点。

胰岛素。胰岛素是一种能够高度促进合成代谢的肽类激素，能够调节细胞膜的通透性，将葡萄糖和其他物质运输至细胞内。这个功能对训练后的身体恢复至关重要，因为

必须补充耗尽的葡萄糖和氨基酸才能开始全面的恢复过程。动物研究发现，在没有胰岛素的情况下增肌仍然可以发生，说明有其他机制在起作用，但胰岛素仍然是最强效、最充足并且最容易调控的合成代谢激素。

胰岛素样生长因子-1。这是另一种肽类激素，其结构与胰岛素类似。胰岛素样生长因子-1 对儿童和成年人都具有极强的促进合成代谢的作用。肝脏响应生长激素的刺激分泌胰岛素样生长因子-1，生长激素水平偏低以及蛋白质和热量的摄入不足会抑制其释放。它可作用于几乎所有的身体细胞，是强效的细胞生长和 DNA 合成的调节剂，胰岛素样生长因子-1 的功能主要通过其重要代谢物——机械生长因子（MGF）来实现。机械生长因子是大重量训练后胰岛素样生长因子-1 在循环系统中的主要存在形式，它对骨骼肌肌肥大的促进作用可能源于它对细胞核增殖的影响。

肾上腺素／去甲肾上腺素。这些儿茶酚胺作为神经递质和激素在整个人体的生理过程中发挥着广泛的作用，主要负责我们熟知的"逃跑或战斗"反应（"Flight-or-Fight" Response）。肾上腺素和去甲肾上腺素是内分泌激素，由位于肾脏顶部的肾上腺产生，并直接分泌至血液中。作为神经递质，去甲肾上腺素被直接释放到交感神经末梢。在许多其他事件中，交感神经末梢受到的直接刺激和释放到血液中的肾上腺素／去甲肾上腺素的共同作用会引起心脏每分钟泵血量的增加，并促进糖原分解。在剧烈的训练中，肾上腺素浓度能够升高十几倍。通过快速为训练中的肌肉供血并提供可快速利用的能源（糖原／葡萄糖/ATP）来帮助身体应对剧烈

运动。不过，训练导致的肾上腺素水平的升高很短暂，在训练结束后 6 分钟内肾上腺素就会回落到本底水平。

对运动员来说，最主要的是身体通过特定的激素响应顺序来应对训练刺激。这些响应正如塞利理论所预测的那样，源于身体的一般性刺激-响应-适应机制。如果教练能够设计合理的训练计划，运动员也能坚持执行计划，并保证充分的休息和营养供给，身体对训练的响应就会达到最佳——主要是通过激素的作用机制——从而提高运动表现。教练可以尝试使用能够引发并利用短期激素响应以及激素介导的长期适应状态的训练方法。然而，几乎所有教练仍然只能像过去一样自己摸索如何做。对一般的教练来说，血液检测很难用到，也不那么有用，因此他必须依靠自己对运动员的观察，并结合他所了解的该有或不该有的激素响应的表现做判断。每个运动员对刺激的响应各不相同，年龄、性别和恢复状态的差别会使激素的响应情况差别很大。因此，教练必须做出有理有据的猜测来调整训练计划，引发提高表现所需的激素水平的变化。

心血管注意事项

在举起大重量时，会有几件对心血管系统产生刺激的事情发生。其中之一就是收缩的肌肉会压迫血管，从而增大血液流动的阻力。血流阻力增加会导致血压急剧升高。有记录表明，血压可以升高至正常值的 4 倍。这个刺激会给心脏带来巨大的负荷，心脏必须泵动得更加有力才能补偿这一点，使血液流动到身体的各个部位，而不只是进入正在

收缩和做功的肌肉。

长期力量训练的结果就是，心脏为了适应这种刺激，左心室的肌肉壁厚度会增加。心脏肌肉量的增加使得即使运动期间血压临时升高，心脏也能高效地输送血液。

心肺适应性

心肺适应性有时会与有氧或耐力适应性混为一谈。有氧/耐力适应性与氧依赖代谢效率直接相关，虽然耐力训练也会造成心肺适应性，但这与力量训练形成的心肺适应并不一样。确切地讲，心肺适应性会影响将富氧血液高效地输送到正在使用的肌肉中的能力。有氧/耐力适应性影响的是在长时间、低强度的运动中产生 ATP 的氧依赖代谢途径。最大耗氧量是测量这个能力的指标。更有效的有氧代谢能力对力量或功率输出没有作用，不管是直接的还是间接的作用。参加以有氧运动为核心的学术训练计划的运动科学家通常会说，所有运动员都有必要进行有氧训练，却忽视了很多研究都表明，有氧训练实际上会阻碍最大力量和爆发力的发展及表现。

在权衡这些论点时，你应当记住下面四点。第一，心肺"健康"主要是个健康问题，是医疗团体对一般大众表达的关注；竞技运动员不属于需要担心心脏病发作的群体（事实上，精英级运动员关注的并不是健康，而是胜利）。心肺能力低于平均水平的人实际上更容易得高血压和心血管疾病，高血压和心血管疾病当然都对运动表现不利。竞技运动员已经做出了与一般大众不同的选择。那些不存在心肺问题却进行有氧训练的人最好还是把时间花在磨炼技术、更全面地恢复或

者兴趣爱好上。

第二，尽管更高效的组间或训练日之间的恢复、为正在使用的肌肉输送氧气和营养、将代谢废物快速清除以促进恢复都需要一定程度的心肺能力，但力量训练本身通过产生特定的刺激就能提供这样的适应机制，并不需要额外借助跑步机来完成。并且，事实表明，只做无氧训练也可以将有氧代谢能力提高到平均水平之上，从而再次证明了刺激-恢复-适应模式的适用性。训练刺激本身已经能够产生足以获得良好的力量和爆发力表现所需的适应状态，从而否定了力量、功率型运动员的训练计划需要包含有氧训练的论点。

第三，即使需要提高最大耗氧量，长距离慢速型耐力训练也不如强度更高的训练方法高效。一次持续几分钟的高强度糖酵解型训练会使用完整的动作幅度，并调动全身的大量肌肉参与其中，这个过程会产生明显的血氧去饱和以及随之而来的非常高的心率和呼吸速率的响应，这种方法比无法产生血氧去饱和的长距离慢速耐力运动能够更好地促进最大摄氧量的提高。

第四，关于力量型和功率型项目运动员使用耐力训练的研究明确表明，耐力训练会阻碍力量型和功率型项目运动员所有目标参数的提高。同时进行有氧训练和无氧训练，或者二者的间隔较近时，前者会阻碍后者的提高。此外，当二者同时进行时，有氧和无氧运动能力的提高都会明显被削弱。两种适应性会争夺代谢资源，并且无法同时取得很高水平。先前讨论过，较弱的耐力项目运动员会从力量训练中受益。但反过来说则不成立：早在 20 世纪 80 年代大家就已经知道，

耐力训练计划会导致垂直跳严重退步，所有设计严谨的研究得到的结论都是耐力训练会削弱功率输出，不论其是短期的还是长期的。对运动项目同时需要无氧型和有氧／耐力型代谢的运动员来说，两种训练至少间隔1小时可以减少耐力训练带来的负面影响。实践经验告诉我们，如果运动员或教练需要，可以把有氧训练包含在低训练量、低强度的训练中，但这么做并不会对力量训练或时间控制有什么助益。这样的结果是，很多天赋异禀、才华横溢的运动员在其领域获得了成功，但并非得益于耐力训练，耐力训练不仅不必要，甚至可能适得其反。

心肺能力和有氧运动能力的区别也非常重要。任何做过20RM深蹲组的人都知道其对心肺能力的要求。高强度的糖酵解导致的血氧饱和度下降能够比传统的低强度有氧训练更有效地干扰氧气输送和利用的平衡状态。这或许就是传统的力量训练计划可以使最大耗氧量得到中等程度提高，高强度的糖酵解运动能够促使其大幅提高的原因：如果你想要提高呼吸能力，那么就要在训练时更用力地呼吸。

身体潜力

当前，体育运动中到处都在流传"基因"这个术语。运动员是否拥有在某项运动中表现优异所必需的活跃基因型是对其遗传潜力的不错的定义。简单来说，运动员是否具有适合于目标项目的一组基因？并且受到环境的影响，人体的生长发育是如何影响基因型表达的？

基因天赋与运动员的表现极为相关。虽然所有人都拥有相同的基因库，但每个人拥有的基因以及基因的活跃表达程度却存在巨大差别。这些差别导致了运动天赋的差别。并且，不管你是否喜欢，规则就是DNA决定RNA，RNA决定蛋白质，蛋白质决定功能。现实是，遗传潜力最终影响着每个人的表现，是每个人身体潜力的重要组成部分。

基因型——生命体的基因天赋——最终控制着表型的上限——生命体在环境中的客观表达。基因没有编码的性状不会表现出来。但要理解，这并不意味着每一个基因都会表达，只是说不存在的不会表达。更重要的是，基因性状的表达首先依赖于它存在于基因型中，进而依赖于生命体所处的环境状况来决定基因是否会在其生长发育的过程中表达。很有可能个体遗传了能够垂直跳38英寸（96.5厘米）的所有基因性状，却同时患上了脊髓灰质炎。在这样不幸的例子中，基因型无法表达为表型。一个人可能遗传到了极高的基因天赋，却像一匹一直都被关在马厩里的冠军赛马一样终此一生。高于平均水准的基因型如果想要表达为表型，环境状况必须允许且有利于其表达。

相反，一个人可能有着与驴子媲美的天赋。驴子是有着可爱性格和帅气脸庞的美丽动物，有些驴子很棒，但不论你如何喂养、如何训练、如何威逼利诱，它们都不会跑得快（这里就不具体讨论赛马和驴子的喂养问题了）。平均水平的垂直跳高度——衡量爆发力遗传水平的黄金标准，对21~30岁的男性来说大约是22英寸（55.9厘米）。这就意味着有近一半的人跳不到这个高度，而且有一部分人跳的高度会比这个标准低得多。一个只能跳7英寸（17.8厘米）的21~30岁的男性可能会成为一个出色的高尔夫球手，但永远不可能成为一个出色的爆发力项目的运动员。

并不是所有的运动员都是爆发力型的运动员。精英级的马拉松表现和精英级的奥林匹克举重表现一样都高度依赖身体潜力。肌纤维类型的分配、身材、最大耗氧量、耐受疼痛的心理倾向、处理长期重复性动作的能力以及在吃足够多的食物保证恢复的同时还能维持较低体重的能力，等等，这些例子都与一个成功的马拉松运动员同时具备强大的基因型和最佳表现型的特征类似。很多力量举运动员并不具有特别出色的爆发力，但他们的表现依然出众，因为力量随着时间的推移发展的潜力很大。不同的运动项目显然需要不同类型的身体潜力。

因此，运动员的终极身体潜力是由其基因天赋以及运动员优化基因表达的能力决定的。当基因型实现最佳表达所需的条件都满足时，终极的身体潜力就会出现。这些条件包括良好的力量训练辅导、调节能力、运动专业知识和完美的饮食、休息和恢复能力等最佳恢复条件，以及日常生活中没有干扰这些最佳条件实现的因素。

偶尔会出现拥有极佳的基因背景、强烈的取胜欲望、最优的指导和恢复条件、良好的训练反应以及进步速度超出预期的运动员。他们例外——这些稀有的个体能让平庸的教练看起来也十分出色。但大多数教练和训练员都要应对各种类型的运动员，天赋好的、天赋不好的，对环境的控制程度不同，因此对自身潜力的控制也不同的运动员。只有那些在运动领域工作的最高水平的教练才能享受到与很多天赋出众的运动员共事的奢

侈。大多数教练则必须学会应对普通的运动员，毕竟这种运动员是任何普通队伍或客户中的大多数，同时必须珍惜与偶尔出现的天赋怪兽共事的稀有机会。

教练无法改变一个人的"遗传潜力"，但他们可以通过恰当的计划来充分利用每个训练者的基因天赋和环境因素，使他们能最大限度地发挥身体潜力——如果这种潜力得到了正确评估和认识的话。如果遗传潜力能够被正确评估并加以训练，运动员就能取得更快的进步，最终达到更高的表现水平。每个人都通过同样的机制、以同样的方式响应训练，只是进步速度和最终能达到的高度不同。这也是为什么训练和执教的一般性原则是可以提炼出来的。但这也意味着，个性化的训练是必要的，你必须了解你的运动员——他们的长处、弱点以及身体潜力。

身体天赋极佳的人不一定能获得最好的训练效果，因为成功来得太容易。职业道德的缺乏有时候是出色的天赋导致的。天赋导致自大，自大导致训练不当，这类人有时反而会被那些天赋平平却接受了科学指导、努力进取的运动员击败。

运动准备状态也往往能反映出人类的状态。人类生来就是要活动的。我们从需要每天进行剧烈身体活动的环境中进化至今，即使是身体潜力较低的人群，这些努力赢来的基因型仍然藏在我们的身体之中。当代社会惯于久坐的生活方式使得与身体运动表现相关的基因失去了活力，这些基因曾经关乎生死存亡，而且现在依然对基因型的正确、健康表达至关重要。这些基因仍然在，只是因为身体没有受到足够的刺激，不需要它们活跃表达来创造生理适应，所以这些基因什么

都没有做。惯于久坐的人的心肺、肌肉、骨骼、神经和大脑的运转远低于它们在进化中曾经达到的水平，也远低于其现在所能达到的最佳状态。

不进则退：停止训练

当运动员停止力量训练时，其力量水平会出现一定的退步。力量训练比耐力训练形成的身体适应状态要持久得多。力量下滑的速度比最大耗氧量要慢得多，原因在于这两种适应状态本质上的不同。力量训练的适应状态包含了肌肉质量结构、神经肌肉系统和骨骼结构的改变。这些改变需要耗费很多时间，同样失去这些变化也要花时间。事实上，一个人在执行有效的杠铃训练计划变得强壮后，不论停止训练的时间多久，一旦回归训练，他都能比当初作为初级训练者刚开始训练时更强势、更快地响应训练。

与此相反，耐力训练产生的适应状态则要短暂得多，来得快去得也快。你可能会注意到，只要间隔没有超过四五天，第二次跑3英里（4.8千米）会比第一次容易得多。这是因为依赖于最大耗氧量的运动产生的适应状态发生在细胞现有的代谢机制内。想要比上次跑得更快、更久，我们并不需要长出新的组织，我们只需要"调整"一下体内现有的化学物质。

耐力表现依赖于将氧气和底物有效地运送到正在使用的肌肉中、对氧气和底物的高效利用以及将代谢废物从肌肉中运送出去的能力。精英级耐力型运动员的心血管系统会发生结构性改变，失去与相关表现无关的肌肉组织，并发生线粒体数量增多等组织变化。但对想要保持综合能力更强的身体素质的运动员来说，可以在其余能力不大幅下滑的情况下提高耐力。出于一般目的的耐力适应状态，也就是每周完成2次3英里（4.8千米）跑的能力，能够在很短的时间内获得并维持，因为这样的适应状态不需要广泛的结构性变化，可以在现有的基础上进行。

为了在非运动专项的场景下适应运动表现，理解两种适应状态的差别极端重要。比如，战场上士兵必须依靠自己的身体准备情况存活下去。人们普遍认为，力量是一项比能够在30分钟内跑5英里（8.0千米）更有价值的能力，因为现在作战部队都已经机械化了。因为有了专门的机械，所以士兵不必再通过走路或跑步投入战斗。如果有限的耐力能力很必要——有些人会争辩说，在部署战斗前几周内就能将其发展起来，而力量适应状态则更有价值，它需要花费数月甚至数年才能获得，对战斗准备的作用要比耐力更为重要，并且在迫不得已无法训练时，力量适应状态可以比跑步能力维持得更久，况且你在战场上也不需要跑。固执地坚持为准备战斗而围绕耐力做基础训练，是一个不幸的时代错误，需要尽快重新评估。

在最后一次超负荷-超量恢复后，训练者产生力量的能力会缓慢下降。之前训练的时间越久，完全消除训练影响所需的时间就越长，但每个人都会经历停训后力量衰退的情况。这种力量衰退与我们所了解的刺激-适应反应完美契合。在这种情况下，刺激因素就是缺乏活动，相应的适应状态就是停止训练。

如果一个运动员在停训几个月后重新开始训练，他应当从比停训前的水平低一级的阶段开始（详见第 6 章、第 7 章和第 8 章）。比如，一个中级训练者停训 6 个月后，他应当用初级训练计划重新开始。他需要一直使用这个计划，直至重新达到先前的力量水平，然后开始用与停训前一致的计划继续训练。由于"肌肉记忆"的存在，这个进程会比第一次完成时快得多。持久的神经肌肉适应状态和增加的肌肉细胞核数量会使重建过程进展迅速。肌肉重建速度快的原因是，停训使耗尽的糖原储备和细胞质的重新补充速度加快。换句话说，先前训练建立起来的代谢机制和有所下滑但能很快完成补充的底物水平是个体能够在较短时间内重新获得先前的肌肉量及其功能的原因。

更长时间的停训则需要使用不同的策略。如果一个高级运动员或精英级运动员"退役"一两年后决定复出，重新开始训练并参加比赛，那么他最好使用初级训练计划开始训练，而不是简单地降一级使用中级训练计划。此时运动员的水准已经大幅退化，与其身体潜力和先前的能力相差甚远，短期的、简单的渐进式训练能够更快、更安全地帮助其恢复原有的运动能力。简单的线性进步遇到平台期后，运动员使用中级训练计划训练一小段时间更为有益，然后，当进步再次停滞，或者教练认为他已经做好准备时，他可以重新开始使用高级训练计划。根据运动员的天赋、运动项目和停训时间的不同，整个过程可能需要 3 个月到 1 年的时间，但不论怎样，这个过程花费的时间都只有最初达到这个水平所投入的时间的一小部分。

即使是时间较短的停训，即使运动员训练有素，从停训状态恢复训练时也必须小心处理，这一点非常重要。雄心壮志很有用，但贪婪就很危险了。我们很开心看到你回归训练，但要记住：你的身体已经走形了，你需要做些功课，否则你会受伤，并且可能会伤得很严重。

一个运动员即使之前只是中级水平，他也已建立起了远比没有训练过的人要高效的神经肌肉系统，他仍可以动员很高比例的运动单元，但这些运动单元可能还没有做好应对艰苦训练的准备，此时很容易出现问题。也就是说，运动员的神经肌肉系统允许肌肉产生比目前状况所允许的更多的力量。实际上，这意味着训练者的前几次训练如果不加克制的话，他们的身体会非常、非常酸痛。运动员或教练如果忽视了这个事实就会置身于危险之中。酸痛的极端情况，可以导致失去运动功能、身体残疾甚至横纹肌溶解（由机械、物理或化学伤病导致的肌肉分解，肌肉分解的产物在血液中积累会导致急性肾衰竭）等情况的发生。因此，从停训后恢复训练时，教练和训练者必须克制进行极限训练的冲动。在上文建议的简单渐进式训练中，我们可以快速重建力学和代谢的适应状态，让肌肉状态重新匹配停训后仍未失去的神经状态。但这需要时间。耐心无价。

5

训练计划基础

根据运动项目、目标、运动员和教练的不同，力量训练计划会有很大的变化。但所有力量训练都是基于几种基本要素展开的。在过去的一百多年里，数百万聪明人在变得强壮的过程中积累了大量的经验，哪些方法适用，哪些则不然，这些要素就是由他们的经验总结而来。

重复次数

有组织的训练计划都基于"最大重复次数"（Repetition Maximum，RM 或 Max）或个人纪录（Personal Record，PR），指的是一个人完成特定重复次数的动作时所用的最大重量。

1RM = 只能完成 1 次动作的最大重量

10RM = 能够完成 1 组 10 次重复动作的最大重量

根据定义，1RM 被定义为最大重量，那么所有低于最大重量的测试重量都属于次大重量（Submaximum）。5RM 一般可达到 1RM 的 85% ~90%，因此是次大重量。能够完成 5 次重复的最大重量相对来说已经很重了，但相对于 1RM 来说，它仍是次大重量。

没有哪种单次组的训练计划能够实现所有的训练目标（见图 5–1）。每组的重复次数很重要，因为不同的重复次数会产生不同的适应状态。这是训练计划中极为重要的一个原则，但这一原则常常被那些缺乏相关知识背景的人所忽视，即使是具备专业背景的人也会误读。

力量是产生力的能力：产生很大的力量需要大重量的刺激，而产生最大力量需要刺激达到 1RM。因此，使用 1RM 的 90% ~100%，通过单次、2 次重复和 3 次重复构成的训练组完成的训练包含了最高水平的发力过程，适合打造最大力量。事实上，如果我们想要尽可能地动员 100% 的运动单元收

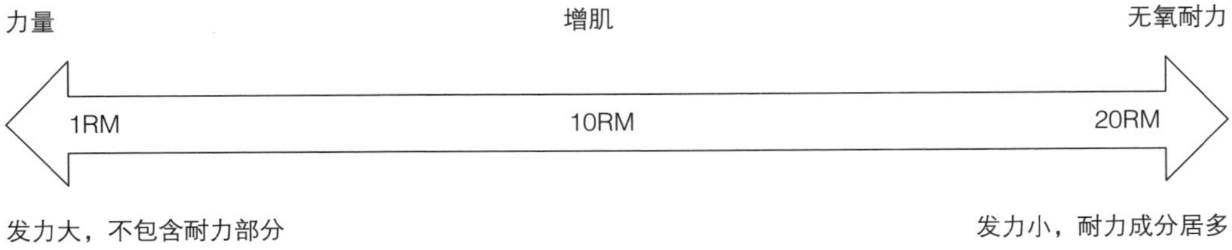

力量	增肌	无氧耐力
1RM	10RM	20RM

发力大，不包含耐力部分　　　　　　　　　　　　　　　　　　发力小，耐力成分居多

图 5–1　重复次数和训练效果的关系。不同的重复次数有着不同的训练效果，训练者的重复次数安排和目标相匹配十分重要

缩，我们必须完成 1RM 的训练，因为除此之外没有其他方法能够动员尽可能多的运动单元收缩。

增肌训练通常需要使用较多的重复次数（8~12 次）和较小的重量（1RM 的 65%~80%），同时限制组间休息时间，从而使下一组训练在肌肉疲劳和血流受限的状态下进行，产生所谓的"泵感"。如果训练组的时间较长，输送血液至肌肉的血管被膨胀的肌肉挤压、闭合，形成阻塞，就会阻挡分解产物被及时移除，从而延长其在阻塞组织中的作用时间，进而增强阻塞区域生长和修复因子的信号。

然而，任何训练者所经历的最快的增肌时期发生在初级训练的最初阶段——通过每组 5 次重复的训练尽可能地使身体变强壮，同时使肌肉变大。力量和肌腹横截面面积成正比，肌肉产生更多收缩力量的方式是长出更多的肌原纤维，使肌肉变得更大，因此，更强壮的肌肉体积也更大。对新手来说，想要实现这个目标，每组 12 次重复不如每组 5 次重复的训练见效更快、更有效，因此，在这种特定又很常见的情况中，3 组、每组 5 次重复的训练产生的增肌效果要优于那些已经度过了这个阶段的高级健美运动员所使用的计划。我们会看到，每组安排 5 次重复非常实用。

功率，这种尽可能快速地产生最大力量的能力，能够通过使用 1RM 的 50%~75% 的重量，以最快的速度完成很少重复次数（每组 1~3 次重复）的方式提高。当以最快速度完成每次重复时，快速动员尽可能多的运动单元进入收缩状态就体现了爆发力训练的一个要点。爆发力的另一要点，所需的力

量，则需要使用更大的重量来训练，当负重被加速的时候，力量就会转换成爆发力，从而体现出动作的爆发力特征。翻举、抓举等动作具有加速杠铃的固有模式特征，是发展爆发力最好的动作。刻意加速的动作，比如"动态发力"硬拉，其发展爆发力的效果则不那么有效，因为硬拉不同于翻举，加速杠铃并不是其动作模式所固有的部分。

1RM 的 50%~75% 的重量允许大多数人在完成每次重复动作时发展最大爆发力，这个范围与大部分人的翻举重量占到硬拉 1RM 的百分比相同并不是巧合。所需的重量要足够大，你必须用力才能加速它，同时这个重量也要足够小，使速度在功率输出还足够高的时候达到峰值。

传统观念会把"耐力"与长时间、低强度联系在一起，但是在一些持续时间长又包含连续高强度发力的功率型运动中（比如美式橄榄球、篮球、足球和曲棍球某些位置的球员），耐力表现是能够多次、连续地通过无氧代谢形式发力的能力。这种无氧类型的耐力取决于力量。对已经很强壮的运动员来说，最好的准备方式是增加低重复次数的训练组，这样的训练方式更接近运动的代谢需求。对这两种耐力的误解常常使人们在训练中增加每组的重复次数，并将低强度型耐力误认为是运动场上真正发生的情况。多组冲刺跑是个很好的选择，比如完成 40 次的 20 米冲刺训练，而不是用较慢的速度去跑完整的 800 米。

尽管耐力往往与长距离慢速运动和有氧运动联系在一起，但我们要理解，耐力有多种类型。长距离慢速运动是耐力运动，但耐力的内涵远不止此。局部肌肉耐力，即肌肉

忍受由 30 秒到几分钟的剧烈运动产生的酸痛的能力，可以通过力量训练得到非常有效地提高。高重复次数组的目的就在于此。并且通过增加耐力项目运动员的最大力量，有可能通过减少肌肉次大收缩的相对努力程度来有效延长达到疲劳的时间（使疲劳的出现延后）。超过 15 次重复的高次数组可以帮助这种运动员有效提高疼痛耐受能力和疲劳状态下肌肉的收缩能力，在不同的训练日中交替使用较大重量完成每组 5 次重复的训练则用来增强最大力量。尽管这两种重复次数安排都无法直接提高有氧代谢的任何方面，但二者的确都能提高耐力表现。

每组 20 次以上的重复能够明显提高肌肉耐力，但因为使用的重量较小，所以无法带来大幅的力量进步，这对任何以提高爆发力或力量为目标的运动员来说显然不是最优方案。即使是对那些必须长时间重复高功率输出的运动员来说，爆发力训练仍是其首要任务，高重复次数组无法实现这个目标。完成多个低重复次数组的优势在于，能够以与比赛中代谢情况完全相同的方式来训练力量和爆发力。

最后总结一下，数十年来，每组 5 次重复被证明是最实用的力量训练重复次数。力量训练教练无论是训练初级训练者还是世界级的运动员都会使用每组 5 次重复的训练有多种原因。这样安排允许使用足够大的重量以产生有效的力量刺激，同时避免了使用重量接近 1RM 时的受伤风险。这种安排比每组单次的训练更适合一般性的训练目的，因为更多的重复次数有助于磨炼技巧。足够多的重复次数使教练得以在学员完成训练组的过程中为其提供有效的指导，学员也可以纠

正错误并完全融入动作模式中，从而实时地提高技巧。当以这种安排完成 3~5 个训练组时，累积的训练量和训练负荷足以有效地刺激耐力和肌肉的增长。基于这些原因，成功的运动员和训练者会在整个运动生涯都使用每组 5 次重复的训练安排。

组数

大多数国家运动和认证机构都会推荐每个动作完成 1~3 组（重复组），不管其运动目标是什么。这是锻炼的方法，而不是训练的方法。这种方法通常被接受是因为它比完全不运动要好，并且对之前从不运动的人来说，进步仍然可以发生，但如果使用为产生明确的结果和实现明确的训练目标设计的组数，效果会更好。完成 1~3 组、每组 8~12 次重复的训练对一个普通健身会员来说或许足以实现其运动目标了，或者对大重量的杠铃训练完成后的辅助动作来说也足够了。但对想要提高力量和爆发力的运动员来说却远远不够。

与训练的其他方面一样，组数必须有助于产生适应状态所需的代谢效应。因为刺激是累积的，所以 1 组训练无法产生多组训练的刺激效果。如果产生适应状态只需要 1 组训练的话，要么是该运动员训练时间不久，要么是他一直没有正确训练，因为运动员适应训练量的能力本身也是生理适应的一个方面。随着运动员的训练水平越来越高，想要打破体内平衡需要更多的刺激。不管难度多大、持续多久或者重量多大，1 组训练都不足以刺激一个已经具备一定适应状态的运动员产生新的力量适应。当运动员度过初级阶

段后，他就会到达累积刺激才能产生适应状态的阶段，并且不是只需要一次训练完成多组，而是每次训练都要完成多组。此外，训练的复杂性也必须与这种状态匹配。这就需要安排比 1 组力竭式训练、1 组 20 次重复的训练或者其他类型的单组训练更复杂的训练计划。

多组训练需要充分利用训练者的时间。对提高运动表现至关重要的基础动作应当完成多组。根据训练者水平的不同，组数可以少至初级训练者的 3 组，多至高级运动员的十几组。正如上文提到的，对美式橄榄球或者拳击等需要长时间处于竞争刺激下的运动来说，多组训练通过累积训练量可以促进耐力的提高。

说到组数，需要把热身组和正式组区分开来，前者使用较小的重量为随后使用较大重量做准备，后者是真正实现训练目标的。热身组的作用是为接下来的训练做好组织和运动通路（Motor Pathway）准备。因此，热身组不应训练到力竭或干扰正式组的程度，热身组的目的是帮助正式组，而不是代替正式组。安排得当的话，不需要把热身组算作正式训练的一部分，因为热身组使用的重量足够小，如果没有后续的正式组，热身组是无法产生适应状态的。

正式组是在每次训练中产生训练效果的大重量训练组，产生适应状态的刺激就是由其提供的。正式组可以是渐进的——每组增加 5 磅（2.3 千克）或 10 磅（4.5 千克）重量，直到完成所有组，也可以是"等重组"，即所有组使用相同的重量。如果不确定运动员使用某种负荷的能力，渐进组是一种不错的探索方式。比如，停训 1 周后恢复训练、

受伤或病愈后的训练可能都需要每组的强度小幅递增。一个能够使用 315 磅（142.9 千克）重量完成 5 × 5（5 组，每组 5 次重复）训练的运动员（等重组）也可以每组分别使用 285 磅（129.3 千克）、295 磅（133.8 千克）、305 磅（138.3 千克）、315 磅（142.9 千克）和 325 磅（147.4 千克）的重量完成 5 × 5 的训练（渐进组）。等重组是一种累积高质量总训练量的极佳方法，因为每组重复使用相同的重量能在训练者达到极限时产生更高的平均负荷。

组间休息

组间休息时间是训练中的一项重要变量。很多运动机构建议组间休息 30 秒到 2 分钟。但如果训练的目标是增长力量，那么超过 2 分钟的组间休息时间不仅是可以的，而且是必要的。无氧运动后的部分恢复发生得很快，但完全恢复是不会在几分钟内发生的，具体情况取决于多种个人因素，比如训练组的强度、训练者的疲劳度和营养状况、训练者的年龄、训练环境的温度以及伤病状况等。根据负荷的不同，竞技型的力量或爆发力运动员通常会组间休息 10 分钟甚至更久。相比之下，如果你只关注增肌效果，那么通常的组间休息时间只有 45 秒或者更短。如果训练目的是增强肌肉耐力和体能的话，通常休息时间极短，如果安排的话，也只会安排在不同动作之间。

考虑组间休息在训练组之间的安排同样重要。热身组的作用是为正式组做准备，你要牢牢记住这一点。重量最小的热身组不足以产生任何疲劳，为下一组加载配重片的时

间就足以休息了。随着重量越来越大，热身组组间的休息时间也要相应延长。记住：热身组是为了帮助正式组，而不是干扰它们。如果热身组后要完成 3 个大重量的正式组，那么以最快的速度完成 15 组从开始到只比正式组的重量少 5 磅（2.3 千克）的热身组会适得其反，因为这样的热身组让你十分疲劳，会影响到正式组的训练强度。

训练频率

美国运动医学会建议为提高"肌肉健康"每周训练 2 次。很多运动机构制订了每周训练 3 次的计划，而绝大多数精英级举重运动员每周训练 6 天，每天训练多次。为什么会有这种差别？首先，美国运动医学的指导是针对久坐的、完全没有训练适应状态的普通美国大众的最低层次的建议，并不适合训练多年的运动员。明智的运动员应当无视针对普通大众的运动建议。其次，教科书的建议几乎总是忽略对个体差异的考虑，包括运动能力、训练水平、训练目标以及所有其他会影响从频繁的训练中恢复的因素。最后，精英级运动员已经高度适应了训练，他们不仅能够承受更高的训练负荷，而且需要比初级训练者和中级训练者更高的训练负荷才能充分打破体内平衡，产生进一步的适应状态。这种级别的训练所需的刺激是无法通过每周 3 次的训练达到的，必须均匀地分配在一周的时间内。这就需要比每周 3 次训练更高的频率，有些运动员甚至需要每天训练多次。具体细节我们会在接下来的章节里深入讨论。

每周训练次数太少无法给身体施加充分的刺激，也不会产生积极的适应状态。"分部位"训练是随便练着玩的人和健美运动员常用的训练组织方式，即每天训练不同的身体部位或"肌群"，直到把全身练一遍。如果每周只安排 1 次"胸部"训练，即使每周有多个训练日，"胸部"也无法得到足以形成超负荷的训练，从而无法产生最佳适应状态。肱三头肌则与之形成了鲜明对照。作为最受欢迎的胸部训练动作，卧推训练往往包含肱三头肌；"肩膀"也参与了推举；"手臂"有专门的训练日；并且对大部分人来说"背部"一般是指背阔肌，这样他们又会做很多的背阔肌下拉或反手引体向上。如此一来，肱三头肌就有可能每周训练了 4 次甚至更多。这是个不合理安排训练的典型例子，它同时包含了不足量的和过量的训练频率。

还有一点需要记住，训练的伤病率不会随着力量训练频率的提高而升高。不过，如果每周做 5 次以上的有氧训练，伤病率则会很高。如此高频率的有氧训练计划包含了成千上万个小幅度的、相同且重复的动作，它们与力量训练有着本质的差别，即使力量训练的频率也很高。最终结果就是，耐力训练因为动作的高度重复性导致其受伤频率高于力量训练。

动作选择

长期计划中和每次训练使用的动作组合会直接影响进步。最重要的事情是选择对训练目标有直接作用的动作。对初级训练者来说，力量是要优先考虑的，因为对任何还不是很强壮的运动员来说，力量是提高其运动表现最有效的方法。力量以一般性的形式作用于任何运动，初级训练者不需要特别安排专项训练，因为力量的增长适用于任何运动项目。

力量及其衍生的爆发力可以通过少数几种本质上非常一般化的动作得到发展——深蹲、推举、硬拉、卧推、力量翻和力量抓是最好的训练力量和爆发力的动作。提高的力量和爆发力适用于一切对其有需要的运动，而与其具体的获得方式无关，因为力量和爆发力是通过对比赛技巧勤加练习后反过来运用于比赛的。力量的有效提高是通过使用能够最有效提高力量的特定动作实现的。力量训练动作不需要看起来跟运动专项很像，因为这不是发展力量最有效的方式。

理解力量和爆发力对运动表现的基础作用十分关键：力量和爆发力是通过最有利于发展力量和爆发力的方式获得的，而不是通过运动场上二者的运用方式获得的。发展力量和爆发力最普遍的特征就是通过力量和爆发力训练获得，然后将其应用于运动专项的实践中。比如，深蹲是打造整体力量的最佳方式。因此，我们需要通过调动最大量的肌肉、使用最大的动作幅度、产生最强深蹲力量的方式来深蹲，因为这就是最有利于训练深蹲、产生最强力量的方式。我们不能去模仿运动专项的姿势或站距训练深蹲，比如美式橄榄球的动作，因为这样的深蹲意味着低效，会使深蹲发展最大力量的能力大打折扣。一个能够以完整动作幅度以及与这个动作幅度最为匹配的站距深蹲 550 磅（249.5 千克）重量的前锋，与一个模拟其在边线的站距、使用 650 磅（294.8 千克）重量完成四分之一深蹲的前锋，哪个更强壮呢？这个问题很重要，但答案并不那么显而易见，所以请谨慎作答。提示：一个能够全深蹲 550 磅（249.5 千克）重量的人在完成四分之一深蹲时可以使用多大的重量呢？他们以任意站距或任意低于四分之一深蹲的深度能够深蹲的重量又是多少呢？

基本上任何能够有效提高运动表现的训练计划都会包含下列为数不多的几种举重室动作：深蹲、推举、硬拉、卧推、翻举或力量翻、挺举、抓举或力量抓、正手或反手引体向上。任何级别的运动员有效发展力量和爆发力都极少会用到其他动作（如果需要的话）。初级训练者和高级运动员使用的动作是相同的，因为这些动作的模式是训练者提高力量和爆发力、变得更强壮所必需的。其训练计划的区别在于训练负荷、训练强度、训练频率和休息时间等变量的变化。

这对运动员的力量和体能有着深刻的影响。与"功能训练"圈子流行的说法相反，运动员训练力量和爆发力所要控制的变量是训练负荷、训练强度、训练频率和休息时间，而不是训练使用的动作种类或数量。力量和爆发力训练的目的是使你的运动表现更强劲、更具爆发力。选择七八种动作及其变式，并随着时间的推移逐渐增加训练强度和训练量是最有效的计划组织方式。使用 30 种不同的动作则无法获得同样的效果，这么多动作不能保证足够的训练频率来显著强化力量和爆发力，更重要的是，缺乏充足的肌肉量和神经肌肉资源建立起可以产生系统性适应状态的刺激。能够满足运动员变得更强壮、更具爆发力的需求的杠铃动作只有那么几种，这些动作是必须训练的，而其他动作只适合锻炼。

选择动作还要考虑每种动作或每类动作

每周应当做几次。这应当取决于训练者的训练级别。初级训练者每周可以训练 3 次，每次训练分别完成深蹲、推举或卧推、硬拉或力量翻，另外再加入引体向上，每种动作每周训练 1 次即可。初级训练者并不能从更高频率的训练中获益，这些内容我们会在第 6 章详细讨论。

随着初级训练阶段的完成，坚实的力量基础业已建立起来，对其他方面的考虑就开始变得重要了。这时，训练者需要开始考虑未来的训练方向了。竞技奥林匹克举重、力量举，或者力量和爆发力基础使其可以胜任的其他运动项目是促使其继续训练的不同原因。他的训练方法取决于他的训练将面向哪个方向。奥林匹克举重运动员通常要比力量举选手训练更频繁，每周可以达到 5~6 天，因为动作技术更具挑战性，需要多加练习（并且奥林匹克举重动作也不像训练最大力量的动作那样容易让人疲劳），同时还有变得更强壮的需求。力量举选手一般每周训练 3~4 天，并且参加比赛的运动员必须将其力量训练纳入到由团队活动决定的时间表中。

通常情况下，运动员级别越高，训练就需要越频繁，但这一规则并不适用于所有情况。水平极高的力量举运动员，他们因为有多年的训练经验、很少的伤病、高水平的力量，所以每周训练 2 次可能已经足够了。这对其他运动项目的竞技运动员或许并不适用，一般更常见的是，高级的开放式竞技选手在年近 30 岁时仍保持高频率的训练以继续产生适应状态。

每次训练应当包含 3~5 种动作，并将重点放在基础动作上，把辅助动作放在训练的最后。运动员很少需要更多的动作，但如果环境允许，将 6 种动作分配到一天的 2 次训练中会比一次完成这些动作更有效。几乎没有教练和运动员能一直在健身房里泡着，所以如果需要完成 6 种动作且必须一次完成的话，试着做得高效一些，你可以在前一个动作的组间休息时为下一个动作热身，或者重新审视一下你的训练计划。

动作变式

改变训练计划中的动作总数和每次训练使用的动作是很常见的，这取决于每次训练的安排、训练周期的设计以及训练者的级别。对初级训练者来说，有效的训练必须简短、基础、强度高并能保证快速进步。动作的选择要能够以最有效的方式实现训练计划的特定目标。这意味着要使用深蹲、硬拉、推举、卧推和力量翻这样的动作幅度较大的多关节动作，除非因为伤病导致其中某个动作无法完成。再次强调，有效的训练是通过使用可以训练的动作来实现的，并不是所有的动作都符合这个要求。

原因简单明了：深蹲、推举、硬拉、卧推和奥林匹克举重动作能够同时练到全身的肌肉，并能使用足够大的重量来产生高水平的刺激和后续的适应状态。将身体分为不同部位，然后分开训练这些部位的方法缺乏让事情发生变化的特质。能一次性施加于某个部位的刺激永远无法与全身作为一个系统被施加的刺激相比。通过自然选择积累的基因型，以及随后表达的表型，人类的全身已经习惯了作为一个整体来运行。

"协同效应"这个术语指的是一个系统内多个元素共同作用产生的效果要比每个元

素各自产生的效果简单加合起来更好的现象。各个部位以各自解剖学和生物力学上预先设定的角色、在杠杆和运动单元组成的复杂系统里共同作用产生的累积效果就是对协同效应的诠释。同样也是对协调的定义。肌肉骨骼系统中不同部位的正常功能无法通过孤立并将其排除在系统之外的方式加以刺激，因为这些部位的功能很大一部分涉及与其他部位的协同关系。

因此，使用多关节的杠铃动作、调动大量肌肉协同工作是有效的力量训练计划的基础。这些动作都是常见的人类动作，只不过施加了可以逐渐增加重量的杠铃负荷而已。随着重量的增加，正确执行动作就会显得越发重要。因此，有效的力量训练需要教练同时是一个优秀的动作技巧老师，也需要运动员通过学习变得更好。随着训练者从初级阶段过渡到中级阶段，训练计划包含的动作数量也要随之增加。因为训练者已经获得了必要的力量和技术，现在可以承受更多的动作模式变化并从中直接受益。

但是，有效的力量训练计划永远不会沦落到单纯为了变化和有趣而不断轮换动作的地步。有效的力量训练的变量永远是训练负荷、训练量、训练强度和休息时间；为了变化而变化是锻炼，而非训练。力量训练的进步意味着发力能力逐渐增强，这需要使用能够带来这种进步的动作。深蹲、推举、硬拉、卧推和奥林匹克举重等基础动作能够一直使用多年，并能逐渐增加重量，但辅助动作则不能。

当把变化错误地引入到计划制订中时，辅助动作通常是罪魁祸首。辅助动作使用的肌肉量较少，动力链更短，或者只是基础动作的变式——只能以低效的方式举起同样的重量，或者使用部分动作幅度举起更大的重量。在《力量训练基础》中，这些动作被界定为辅助动作，比如架上硬拉、直腿硬拉、罗马尼亚硬拉、窄距卧推、箱式深蹲等基础动作的变式，或者补充动作，以基础动作无法完成的方式锻炼一组肌群，比如引体向上、山羊挺身等。辅助动作通过完成主项动作幅度中的某段特定部分可以有效地强化动作中的薄弱环节。

架上硬拉、部分卧推、架上锁定推举等可以使用更大重量完成基础动作的部分幅度的动作，并能与其一起获得提高，只要训练这些动作，就能驱动进步。但这些动作无法替代基础动作，因为它们没有使用完整的动作幅度。对高级训练者来说，这些动作可以用来驱动基础动作取得持续的进步。

半深蹲是一个例外，并且可能是所有举重室里最常见的错误。因为使用了更小的动作幅度，半深蹲可以使用更大的重量，但却无法动员在全幅度深蹲底部起作用的后链元素——内收肌、外旋肌以及满负荷状态的腘绳肌——因为调动这些肌肉所用到的膝盖向前/后背垂直技术和解剖学告诉我们，这些肌肉的收缩依赖于完整的动作幅度。大腿上表面低于与地面平行的深度、坐在箱子上的停顿深蹲对高级训练者来说是一种非常有用的变式，但半深蹲永远不应出现在一个运动员的训练中。记住，一个能够全深蹲550磅（249.5千克）的前锋永远比一个负重650磅（294.8千克）、只能完成四分之一深蹲的前锋更为强壮。

初级训练者应当在基础动作上取得尽可能长久的进步。当通过基础动作取得进步变得很困难的时候，再加入这些辅助动作引入变化。对初级训练者的训练计划来说，过早使用辅助动作替换基础动作会很快、也很容易导致进步停滞。

那种无法帮助你在力量和爆发力方面取得长期进步的动作更令人分心。牧师凳弯举、腿伸展等单肌群孤立动作利用杠杆力臂长度的改变围绕孤立的目标关节产生阻力。在运动中，任何肌肉或肌群都无法单独发挥作用，因此孤立训练对力量和神经肌肉功能完全没有意义。相比之下，基础杠铃动作的特点却是沿着身体与地面之间的平衡中心，即脚中心（对卧推来说就是靠在卧推凳上的肩胛骨）垂直移动杠铃。这种平衡的动作模式是典型的人类控制负重的方式——将外部负荷保持在靠近平衡中心的位置要比将其施加在单关节上形成较长的力臂更为安全。

此外，所有的基础杠铃动作都可以通过 1RM 测试来进行评估。这并不代表你应该去测试每种项目的 1RM，只是说可以这样做。初级训练者每次训练后都能变得更强壮，所以每次训练都会产生新的理论上的 1RM，因此，初级训练者测试 1RM 毫无意义，中级训练者也是一样，因为他们每周都在变得更强壮。相比之下，辅助动作很难有效地测试 1RM。想象一下，完成 1RM 的牧师凳弯举或哑铃飞鸟，或者 1RM 的罗马尼亚硬拉是个什么样子（有时间可以试试，很难精确量化），你应该就能明白了。

因此，增加动作的变化应当限制在使用对训练目标有帮助的动作范围内。在初级训练阶段的后期和中级训练阶段，一个最终会进阶到高级训练阶段的运动员会决定自己的职业生涯，选择一项为之训练和比赛的运动项目。这时候，运动员需要做很多抉择，强项和短处、能力和兴趣、时间和经济状况的限制、家庭和朋友的支持等都需要考虑。做出选择需要对训练及其在所选择的项目中的运用进行尝试，需要比初级训练者所需要或能承受的更多种类的动作。中级训练者的技术发展与其力量、爆发力和恢复能力的进展一样快。此时，运动员的学习能力达到了顶峰，并能从新的动作模式和新的刺激类型中获益。这也是将奥林匹克举重动作引入到常规计划中的时机，这些动作符合有效练习的标准，学习这些动作能够磨炼运动员的运动技巧，挑战运动员使用更多力量和爆发力在空间内高效移动杠铃的能力。对任何运动项目来说，它们都是准备工作的重要补充，而不仅限于竞技奥林匹克举重项目。

高级运动员已经掌握了中级运动员在学习的内容，他们已经将其竞技生涯发展到了专门从事某项运动的地步。这些运动员使用的动作更少，因为他们明确地知道，哪些因素与比赛胜利相关以及如何调节自己高度发达的刺激-适应机制。精英级运动员是成功的竞技者，也是其所从事项目的专家，他们已经在职业道路上走了很远，已经十分接近其潜力的上限。他们所用的计划可能只包含四五种动作，但每种动作都能专门发展其已经高度适应的肌肉、神经肌肉连接和心理能力的关键方面。

对高级运动员来说，力量训练计划的制订可能在运动代谢需求方面变得更为专业化。大部分运动项目中的多数运动员永远都不会需要超过中级水平的训练复杂度，因为他们无法在训练的一年中为力量训练投入足够的时间来攫取中级训练阶段每周累积的超负荷活动的潜力。高级举重运动员指的是力量举或奥林匹克举重选手。但大力士、投掷类项目、高地比赛和一些橄榄球运动员的训练计划也能达到高级阶段，这取决于他们在举重室里得到了怎样的指导。如果运动项目需要全身短时间、高功率输出的爆发力，那么训练计划必须能够使运动员在场上或举重室里产生这样的适应状态。如果运动项目要求在较长时间内多次产生爆发力（每次持续数秒），那么不论是力量训练计划还是场上训练使用的动作，或者二者兼有，都必须对ATP-CP供能系统的能力产生足够的挑战，才能为这个要求做好准备。如果运动项目需要较长时间的接近无氧阈值强度下的肌肉耐力，训练计划必须能够以可控的、有计划的方式产生糖酵解代谢刺激。所有这些需求都与运动员的力量水平息息相关，因此在进行更细致的训练准备之前，运动员应当首先具备足够的力量。

在运动员度过初级训练阶段并变得非常强壮之前，动作的多样性和代谢的专项性是毫不相关的。"非常强壮"对不同项目的运动员有不同的含义。一个体重300磅（136.1千克）的橄榄球前锋如果不能完成5次600磅（272.2千克）的深蹲就不能称为"非常强壮"，而一个体重135磅（61.2千克）的马拉松运动员能完成5次185磅（83.9千克）的深蹲就算"非常强壮"了。记住，力量是爆发力和大多数运动表现的基础，在你只能完成5次225磅（102.1千克）的深蹲时，虽然去进行一个"橄榄球专项"计划很诱人，但对场上表现来说，这样过早地尝试专项是在浪费时间，并且代价高昂。一个只能完成5次225磅（102.1千克）深蹲的前锋不论尝试多少次都无法击败一个可以完成5次600磅（272.2千克）深蹲的前锋，不论前者的专项性准备有多么充分。记住：变强壮是任何需要爆发力参与的运动项目最好的一般性准备，事实上，由于力量的一般性特征，所以它就是你能为你的运动项目所做的最重要的事。

向训练计划里添加新动作不仅仅是为了新颖。比如，对一个奥林匹克举重运动员来说，大腿上表面低于与地面平行位置的停顿深蹲和前深蹲会是合理的深蹲变式。腿举则不合理，因为这个动作缺乏功能性——功能性是指一个动作锻炼肌肉神经系统的方式与其产生的适应状态在该动作之外的运用方式相同。再强调一下，这并不代表动作应当去精确模仿运动中使用的动作模式，但必须与运用适应状态的条件相同，比如骑单车和游泳，它们对短跑来说就不具有功能性。腿举无法为那些用脚完成的运动提供生物力学特异性：任何能够被称为"功能性"的力量训练动作都有一个重要特点——在你做这个动作时可能会摔倒，但你必须确保自己不会摔倒。动作的平衡性，加上能够使用大重量，是动作选择中功能性的关键标准。

如果一个中级训练者需要在训练周内额外加入一个中等重量或小重量的训练日，或者决定将大重量推举训练减少至每周2次，第三次换成一个变式，那么将基础动作的握距或站距改变一下作为变式使用或许不错。这就是"变式"的含义——能够实现与基础动作相同的目的只是方式有些不同的替换动作，谨慎地选择变式仍能使训练保持高质量。或者，也可以通过使用1RM的80%的负荷完成标准动作的形式来实现这个目的，这样既能强化技巧，又能允许从之前的大训练量或高强度训练中主动恢复。

对初级训练者来说，每周三练且每个训练日都应该是大重量训练日才能满足线性进步的需要。到达中级阶段后，有必要加入更多的变式，需要在训练周内安排小重量和中等重量的训练日。开始时，应当把新的动作加到小重量和中等重量的训练日中，因为肌肉神经系统对这些动作的新鲜感可以通过低强度训练产生有益的适应状态。这样，小重量训练日就可以既产生明显的训练刺激，同时允许从上次的大重量训练中得到恢复。

记住一个要点，使用任何新的动作都能很快地加重，这很像发生在初级训练者身上的一般性反应。神经肌肉效率的适应性和动作的协调性是早期快速进步的原因。当加入新动作时，先花时间培养动作模式有助于提高效率，抵制诱惑，避免前几次训练就尝试极限重量，因为这种贪婪会导致很多伤病。

动作顺序

训练中最重要的动作应当最先进行。初级训练者最主要的考虑是基础力量，这意味着应当把深蹲安排在第一位。在两种发力肌群类似的动作中间插入使用其他肌群发力的动作有利于肌肉的恢复。通常会在深蹲和硬拉之间安排卧推或推举，这样的休息间隔可以保证两种下半身动作都能处于最好的训练状态。初级训练者可以在完成深蹲后安排卧推或推举，使下半身得到一定休息后再做力量翻，因为初级训练者力量翻的熟练度还不足，少许疲劳会对其产生负面影响。其他辅助动作应当安排在基础动作之后进行，但只有水平更高一些的初级训练者在时间和体力允许的情况下才能使用，刚开始训练的新手不需要辅助动作，即使是对水平更高一些的初级训练者来说，在训练中加入辅助动作也不那么重要。

随着训练者水平的提高，其他因素会使情况变得复杂。

如果训练的主要目标是爆发力，就像奥林匹克举重选手和投掷项目的运动员那样，训练重点就会转移到爆发力动作并要首先将其完成，深蹲则要安排到训练的最后。一个通用的规则是，动作完成得越快，动作就需要做得越精确，因为做动作时能够进行姿势调整的时间减少了；而动作要求越精确，在无疲劳状态下完成动作的重要性就越高。对中高级运动员来说，抓举、翻举、挺举以及相关的动作应该安排在训练开始时，之后再做慢速的力量训练动作。

动作精确度可以控制运动单元的动员模式，并对动作的执行和技巧的磨炼有着直接影响，而疲劳会削弱动作完成的精确度。因此，高度依赖于执行技巧的动作应当安排在训练的开始，在高效发力对动作执行的贡献被疲劳削弱之前完成。抓举受限于运动员沿一条尽可能竖直的路径加速杠铃的能力。如果运动员的力量因为疲劳而被削弱，他的爆发力也会被削弱，正确运用力量的能力就会干扰技术动作的实现。正确的技巧依赖于在正确的时间，以正确的姿势将最大爆发力传递至杠铃杆的能力，这些因素会受到最大发力能力的影响，而疲劳则是影响最大发力能力的根源（见图5-2）。

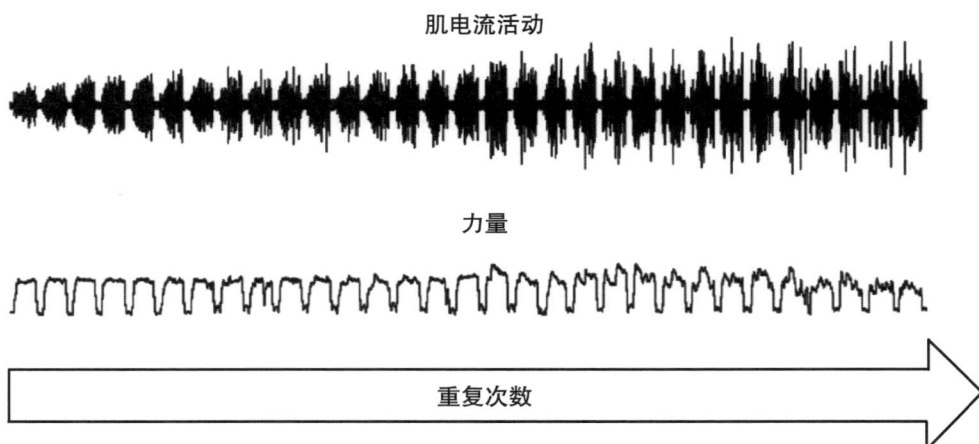

图 5-2　高重复次数组的肌电图（EMG）与力量生成的关系图。重复次数越多，肌肉就会越疲劳，神经控制能力也会随之下滑，肌电图的振幅变大可以证明这一点。一组高重复次数的训练会产生这种效应（如图所示），多组累积训练也会产生这样的结果

动作速度

普通大众、很多私人训练员、一些教练甚至部分运动科学家都固执地认为，重量训练动作必须慢速完成。在力量训练中刻意使用慢动作反映了他们对高效的功率输出型运动的性质、做功过程和力量训练的安全性缺乏了解。

慢节奏会增加"张力时间"（肌肉保持收缩状态的时间），因此被认为能够增加肌肉做功的量，带来更多的肌肉增长。想要理解这个，有必要审视一下功率输出的生理学过程。

功率即力量的快速表达，是对抗阻力爆发力量的能力（见第 3 章）。高功率输出依赖于快速动员最大量的运动单元产生其所需要的巨大力量。功率输出的提高需要提高动员大量运动单元的效率以及这些运动单元同步收缩的速度。

对那些兴趣集中在增肌上的人来说，同时动员大量的运动单元做功更重要的意义在于有更多的肌肉组织参与了发力过程。随着那些"高阈值"的运动单元（即只有在受到最高水平的刺激后才能被动员的、产生最大力量的运动单元）被动员来产生更大的力量，功率输出也相应提高，更多的肌纤维参与到做功中。这会使用更多的 ATP，必须依靠活跃的代谢恢复过程来补充。研究发现，相比同时动员更多运动单元完成快速重复，在较长时间的张力状态下完成慢速重复实际上代谢需求更小。这是因为在慢速动作中，只有低阈值的运动单元被动员并产生疲劳。

肌肉持续收缩或高重复次数（8~12 次重复或更多）训练造成的运动单元疲劳的确会产生"灼烧感"，很多私教将这种感受看作高质量刺激的标志。但事实是，快速动作能够比慢速动作动员更多的运动单元，锻炼更多的肌肉。不论是专注于增肌还是爆发力训练，速度越快产生的效果越好。

除了动作背后的生理学原理，强调使用

固定器械锻炼的商业广告可能是力量训练中大量错误信息的源头。由于结构的原因，固定器械在使用中有许多局限性，其中一个原因就是，如果那些配重片下落太快的话可能会摔坏。在环球牌（Universal）和诺德士牌（Nautilus）器械被发明后的几十年里，这种局限性导致了"阻力训练需要慢节奏才能产生最佳效果"的谣言（比如"动作的上升部分需要 2 秒，下落过程需要 4 秒"这样的说法）。这只是方便器械管理罢了，与力量训练的效果无关。这一传统认知实际上是从健身房延长器械使用寿命、营造安静的商业环境的需求中发展而来的。

就像开车一样，假设动作越快越危险的话，那么我们也需要将安全性考虑在内。毕竟，"宁等三分，不抢一秒"。但就像开车一样，安全性主要取决于训练者的能力。运动员使用杠铃训练的经验越丰富，在高速完成动作时的效率和安全性就会越高。对新手来说，快速深蹲会比较危险，但对高级运动员来说，快速深蹲就是一种非常有效的爆发力动作。如果技术运用正确，所有的多关节动作都可以以增强爆发力输出的方式进行。不论速度如何，正确的技术运用是保障安全的前提。对爆发力训练来说，高速动作是必需的。很显然，这并不表示爆发力训练本质上是危险的。如果这种危险是训练所固有的，那么所有进行爆发力训练的运动员都会受伤。真正危险的是错误的技术运用，而无关训练使用的速度，或使用多大的重量。过硬的技术提高安全性，每个举重室都应强调这一点。

正确的动作速度是由想要达到的动作效果和动作模式决定的，而不是由随意的强度或安全概念决定的。奥林匹克举重动作及其变式是无法缓慢完成的，慢速的翻举根本不是翻举。实际上，如果没有拉力在中段形成的加速过程使杠铃产生了足够的动量，是无法使其向上移动足够的距离来移动身体、完成接杠的，翻举也就无法完成。另一方面，一些单关节动作是无法既快速又准确地完成的。严格的杠铃弯举无法在整个动作幅度内保持高速。事实上，有观点认为，动作执行速度越慢，其对运动训练的价值就越低。同时，重量越接近 1RM，其移动速度就越慢。这对任何动作来说都适用，不论动作的性质如何——大重量抓举从地面启动的速度会比小重量要慢，尽管重量仍需要充分的加速才能在顶部锁定。受最大力量限制的动作，在使用的重量达到 1RM 时动作速度会接近于 0，并且总是比 1RM 重量的爆发力动作要慢。影响动作速度的因素有很多，争执哪种方法最好没有意义，除了这一条——为了能够在运动中更好地使用力量，对力量动作的训练来说，快总比慢好。

热身

热身是训练的必要组成部分，但你并不需要做得很夸张，不要没完没了地在健身房摇胳膊、跳来跳去、扭腰、炫耀动作熟练度，最后却力竭了。再强调一遍，热身要适合你的训练内容，如果你的训练内容是力量训练，那么热身就应当使你的身体为力量训练做好准备。准备工作应包括肌肉和神经肌肉两个方面：要能够提高肌肉和相关组织的温度，使其更为灵活、不易受伤；要能提高肌肉的收缩能力，同时练习动作模式，这样才能熟练地、舒服地、熟极而流地完成正式组的训练。

以 3~5 分钟的单车，或者最好使用 C2 划船机（Concept 2 Rower）起始热身。其他有氧练习，比如跑步机或椭圆机练习，则不那么有效，因为这些练习动作幅度较小，调动的肌肉较少。3~5 分钟逐渐增加强度的简短热身，能够提升体温并让身体做好训练的准备。然后直接开始第一项杠铃训练。先用空杆完成完整动作幅度的动作，尽可能多做几组，熟悉完整的动作幅度（对有伤的运动员或者老年人来说可能需要多达 5 组），然后在接下来 3~5 组内均匀增加负荷，直到训练者为正式组做好准备。在正式组结束后，下一个动作的正式组开始之前重复从空杆开始热身的过程。

度过初级训练阶段的最初几周后，热身组的最后几组可以逐渐减少到 1~2 次重复，为接下来的正式组节省体力。但初级训练者最初的几次训练还是需要在所有的热身组完成足够的重复次数以熟悉运动通路，待技术足够熟练后才可以削减重复次数。

运动员应当正确理解热身的作用：是为正式组做准备，而不能干扰正式组。如果热身组最后一组重量过大，比如，非常接近正式组的重量，那热身带来的是疲惫而不是准备。热身的价值在于使身体为完成正式组训练做好准备，但热身本身不会给你带来任何提高。如果你的卧推正式组是 295 × 5 × 3，那么 290 × 5 就不适合做最后一组热身组。如果 295 磅（133.8 千克）是个大到足以刺激身体产生适应状态的负荷，那么 290 磅（131.5 千克）的热身就会降低你成功完成正式组的 15 次重复的可能性，因为这无异于

在正式组之前已经完成了一组大重量训练。同理，如果一个训练者希望完成 295 × 5 × 3 的训练，290 × 5 就不会促进力量的增长，因为 295 磅（133.8 千克）重量产生的适应状态是 290 磅（131.5 千克）重量不可能达到的。

拉伸

柔韧性一般被定义为能够围绕关节完成完整动作幅度的能力。或许更实用的定义可以将其视为肌肉限制关节将其伸展超过其静息长度，从而影响围绕关节的动作幅度的能力。放松肌肉的能力是柔韧性的重要组成部分；放松肌肉的终极形式就是全身麻醉。拉伸通过增强肌肉的拉长能力来提高柔韧性，而不应被认为是作用于关节的结缔组织。传统上，拉伸都是作为训练前、比赛前的准备活动被安排的。运动前拉伸被认为能够使关节为完成完整的动作幅度做好准备，从而提高表现、降低伤病风险。在宣扬如何正确拉伸的书籍和海报上，人们已经花费了无数金钱，运动前必须拉伸几乎已经成了运动专家之间的共识。但先别急……

科学和医学文献为我们提供了新的视角。能得到的大部分数据都显示，训练前拉伸既不能降低伤病频率，也无法有效提高柔韧性，否定了拉伸被"赋予"的这两种好处。还有研究指出，延迟性酸痛（Delayed-Onset Muscle Soreness，简称 DOMS）后进行拉伸无法减少酸痛感，并且过于猛烈的拉伸还会明显增加酸痛。延迟性酸痛是一个炎症反应过程，而全世界所有的拉伸方法都不可能消除炎症。更重要的是，关于垂直跳和跳远的

研究提供了证据，证明运动前拉伸实际上会降低功率输出。其他研究还指出，拉伸会降低功率输出的论点对其他爆发力项目同样适用，比如举重。

如果训练前拉伸无法提高柔韧性，那要怎样做才可以呢？答案是适当的热身。事实上，人体在负重状态下完成最大幅度的动作能够为拮抗肌提供拉伸刺激，尤其是那些特别紧张的肌肉。（主动肌围绕关节产生动作，拮抗肌则抵制或延缓该动作的发生。）很多研究都证明，完整动作幅度的力量训练能够提高柔韧性。经验表明，髋关节和膝关节的柔韧性通常可以提高 40% 以上。这是因为正确的姿势要求关节完成完整的动作幅度，并且如果能保持正确的姿势，那么在每次重复的底部（或顶部），重量都会使身体处于一种适当拉伸的状态，使拮抗肌每完成一次动作都能受到拉伸刺激。

显然，这需要良好的姿势和高水平的指导。在正确执行的情况下，负重的拉伸效果要优于传统的无负重拉伸，因为在重量的帮助下完整的动作幅度更容易达到。更重要的是（尤其是对腘绳肌来说），脊柱承重时能够实现最佳背部姿势——即腰椎充分伸展的姿势——需要保持腘绳肌处于充分伸展的状态，脊柱在负重状态下更易于做出正确姿势，因为负重为竖脊肌提供了阻力促使其收缩，从而保持适当的腰椎曲度。常常见到运动员会在下背部拱起的状态下拉伸腘绳肌，这样做毫无效果。

如果需要做传统的拉伸，应当将其放在训练之后，这时肌肉足够温暖，拉伸也不会影响运动表现。在目前的几种常用的拉伸方法中，除了完整动作幅度的力量训练自带的主动拉伸之外，真正需要做的只有 1 种，即静态拉伸（Static Stretch）。将关节拉伸到一个轻微不适的位置，然后保持这个姿势 30 秒以上。重复 2~3 次以达到最佳效果。腘绳肌这种各个年龄段的人都需要额外注意的重点区域应当在每次训练结束后都进行拉伸。如果柔韧性严重不足并且直接影响到进步的话，增加动作幅度最快的方法是在一位经验丰富的理疗师指导下使用主动放松疗法（Active Release Therapy），或者进行筋膜放松。手动调节肌腹部位紧张的肌筋膜成分能够立竿见影地从根本上解决问题，一次理疗要比几个月的拉伸带给你更多的改善。

有些较年长的人可能也想成为运动员，要注意年长者的关节囊内常常会出现骨质改变，这种症状在肩膀部位尤其常见。如果拉伸和按摩无法立刻有效增加动作幅度的话，这种情况可能是无法纠正的，明智的做法是绕开它训练。强行试图纠正无法修复的问题会使患有关节炎的肩膀严重受伤。

但更关键的问题可能是：运动员需要何种程度的柔韧性？如果在训练和运动中，所有动作都能在负重以及技术执行到位的情况下达到完整的动作幅度，那么该运动员的柔韧性已经足够了。如同初期建立柔韧性那样，在训练中保持完整的动作幅度以及正确的技术动作足以维持柔韧性，试图进一步提高柔韧性只不过是在浪费时间。

训练日志

严肃对待训练的人会用训练日志来记录自己的训练史。训练日志是重要的数据来源，包含了关于过时、过度训练、新增动作的有效性以及训练计划的整体有效性等各种判定信息。由于没有得到预期的响应，或无法控制的生活因素导致无法从训练计划中恢复，抑或是训练目标的改变，有时候大规模地改变计划很有必要。训练日志记录了训练和日程的执行程度，对训练进度有一定程度的影响。训练日志应当包含运动员对该日训练的印象、发现的有用提示以及其他可能对日后训练有用的主观信息。日志还应记录睡眠、饮食以及其他与恢复相关的信息。训练日志是训练者和教练的必备工具，并不是可有可无的。

记录训练日志的最好方法是采用表格形式，从上到下，用足够小的字把整个训练记录在一列里，每页至少记录 4~5 次训练。这样，两个对开页足以记录 3 周的训练信息，趋势如何随着时间变化就显而易见了。

这就意味着需要准备一个高质量的本子。记录本应当装订良好，至少可以持续使用 1 年；本子不需要多么昂贵，但至少不要是活页的。活页的本子一般都不耐用，因为纸张极易脱落。最好的训练日志是纸张较为平整的记账本，不过那种封面花哨的简易记录本也还可以。

6

初级训练

为初级训练者制订计划不仅是每一位教练最重要的工作，也是运动员自己最重要的任务。如果制订得当，会帮你养成终身受益的良好训练习惯，取得长期的进步，获得非此途径无法达到的运动成就。在这个阶段，如果对细节和训练者对训练的反应关注不足的话，损失的宝贵进度可能无法挽回。

很重要的一点是，初级训练者的训练很简单：**任何强于躺在床上休息的运动都能产生积极的结果**。这就导致很多人对自己的训练系统的质量产生了错误的印象。单次训练组、多组、大训练量、高强度、超慢速、超级组、巨型组、咆哮怪兽组等，对所有的初级训练者来说，几乎所有看起来像个训练计划的东西都要比没有计划效果好。这被称为"新手效应"，训练这类人群时必须考虑到这一点。

对这个简单原则的无知，已经在学术界和力量训练教练中造成了极大的混乱，并帮助销售了数百万份锻炼计划和无数买来后就放在床底下再没用过一次的训练器械。很多教练认为，对所有的运动员来说，训练只有一种正确方法；很多学术机构也认为，在没有训练经验的 18 岁男性身上取得的研究成果适用于包括运动员在内的所有人群。事实其实很简单，不够强壮的人变强壮的速度要快于已经很强壮的人。一个平时只接触水平

高超、天赋异禀的运动员的大学力量体能教练对新手效应知之甚少，或许只与一个指导普通大众"锻炼"的私人教练差不多——他们都没有见证过从初级训练者到高级运动员的进化过程，因为他们都不关注这个过程，也不知道如何实现这个过程。前者以为所有人都是"高级水平"（否则他们就用不到他的计划了，对吧），私人教练则完全不懂自己所做的与训练之间的差别。

大部分针对力量训练的研究，研究对象往往是大学力量训练课程中常见的没有训练经验的人群——迫切想要通过参与研究来赚取学分且不够强健的年轻人。不够强健且没有经验的人显然距其运动表现的潜力相差甚远。从未在任何重要阶段或有计划地进行力量训练的年长者、中年女性、很多护士、30岁上下经常走动的步行者和其他习惯于久坐的人群是被研究最多的群体，他们从未经历通过使用杠铃训练计划变强壮的高效过程。这些实验中用到的研究对象，以及所有的初级训练者，都会在进行一段短期的力量训练后显示出明显的力量增长，不论训练的性质如何。文献提供了大量使用任何训练计划训练几周后力量得到显著增长的例子。在图6-1 中，初级训练者运动表现水平提高的斜率极陡。一个先前没有产生适应状态的个体很容易产生适应状态。

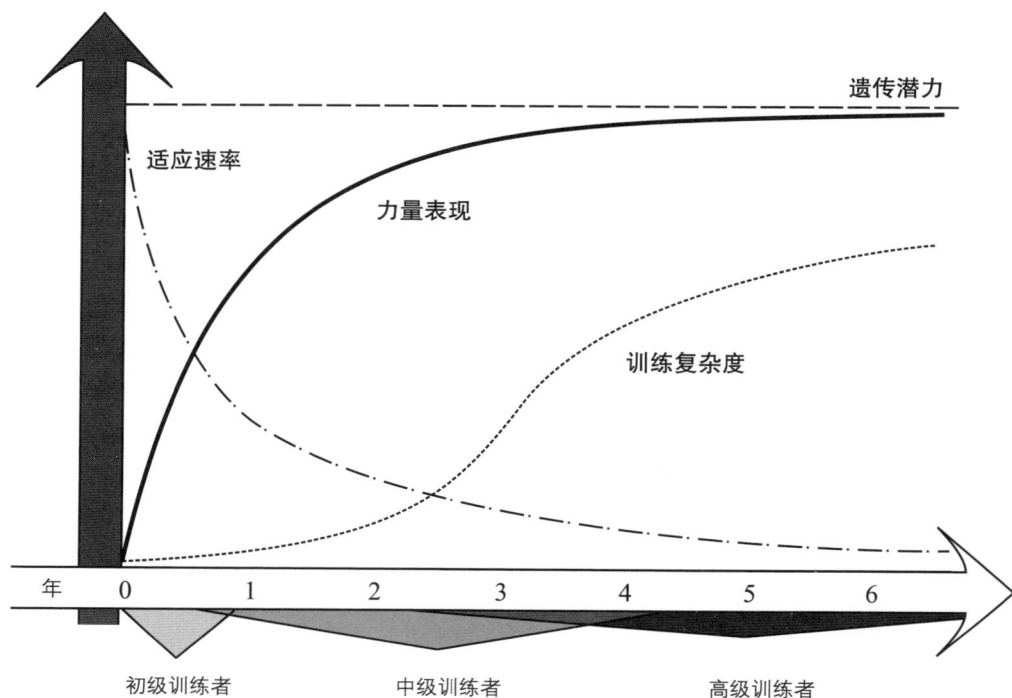

图6-1 力量表现提高与训练复杂度相对于时间的一般关系。注意，初级训练阶段的曲线斜率很陡

这些研究是否有效取决于制订研究方案的人的训练经验。然而，大多数时候，这些研究都是不成立的——虽然很难理解，但许多运动生理学的研究人员都没有真正的力量训练经验。他们可能会跑步、骑行，他们作为运动生理学部门的研究负责人意味着对学生研究人员（同样缺乏训练经验）的监督质量低下，并且缺乏实践基础来针对力量训练提出问题。这些人经常会使用让专业教练瞠目的、不切实际、不着边际的方法设计研究方案。

但这还不是最严重的问题。从这些设计不当、以初级训练人群为样本的研究中得到的数据，经常被认为适用于所有的训练人群，不论训练对象是新手还是奥林匹克运动员、是否健康、年龄几何。这已经远远不是"不恰当"所能形容的了。在与其他群体明显不同的特定人群身上进行的研究只适用于该特定人群，而不适用于其他群体，因为这些群体的不同特点会影响结果。如同运动必须用与之相符的专项计划才能产生需要的适应状态那样，训练计划也要与运动员的适应状态水平相一致。

这自然要求相关研究人员知道，不同的适应-提高现象的确是存在的。但显然，他们中很少有人清楚这一点。训练的本质是正确运用刺激-恢复-适应的循环，而这个循环产生的效果十分依赖于训练者的个体生理特征。随着个体特征发生变化，如果想要继续产生适应状态的话，刺激也要随之改变。随着初级训练者完成初级训练计划并产生适应状态，初级训练计划不再有效，训练者就会迈入中级训练阶段，并可能更进一步，最终达到高级训练阶段。生病的人根据其病理特征不同，对刺激的反应也会不同；老年人对刺激的适应更加低效；儿童和青少年适应效率则更高，但仅限于特定的刺激；男性的反应与女性也不尽相同；斗志昂扬的运动员比随便练练的人进步更快。不同人群、不同年龄阶段和不同训练水平的人需要特定的训练安排，简单粗暴地将一个计划用于所有人的做法十分可笑。

但我们说过，所有的初级训练者对任何刺激都能产生适应状态——这岂不是矛盾了？重点在于，对没有产生过适应状态的训练者来说，任何刺激都能引发适应状态，但能够以最优的方式、利用初级训练者可以快速产生适应状态的能力的计划显然要优于其他计划。随着初级训练者越来越适应刺激、越来越接近其身体潜力的极限，想要继续产

生适应状态就必须根据其水平施加更为特定的刺激。

制订初级训练计划的基础

"新手效应"带来的结果是，有多少教练，就有多少能产生一点效果的新手训练计划。这些计划都能产生效果，是因为初级训练者能够在 24~72 小时快速适应超负荷活动（见图 6-2）。这意味着，只要初级训练计划能够提供某种程度的超负荷，运动表现就能得到提高。

其实就是说，初级训练者使用任何训练计划都符合塞利一般性适应综合征理论。任何刺激都能产生适应状态，因为先前几乎不存在任何适应状态。

那么症结在哪里呢？如果人人都正确，那我们都自己练不就是了？其实，每个人都是正确的，只是有些人比其他人更为正确，有些人只是偶然碰对了而已。"更为正确"

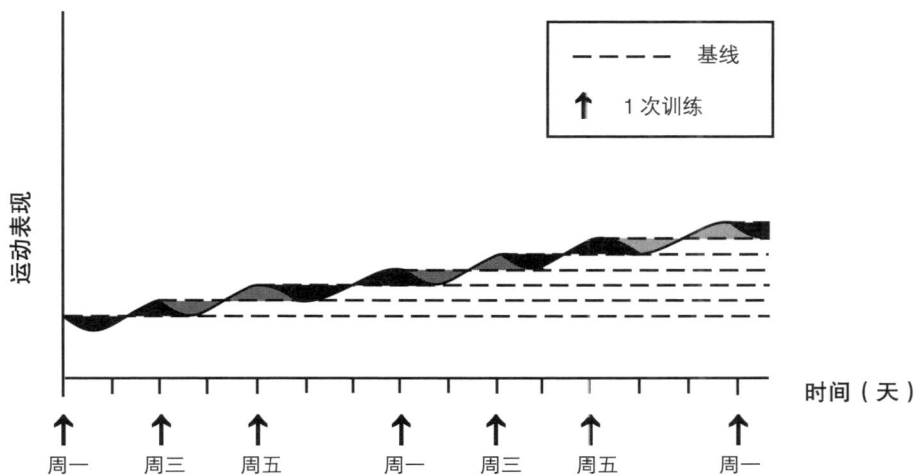

图 6-2　初级训练者的刺激-恢复-适应循环。每次训练代表一个能够在 48~72 小时恢复过来的刺激。有效的计划制订能够利用对超负荷活动的快速恢复能力取得线性进步

的意思是训练计划是基于运动员的最佳恢复速率来制订的。想要更有效、更高效地提高初级训练者的力量水平，训练计划必须根据初级训练者从超负荷活动中恢复的速度，并以相应的速度逐渐增加训练负荷——经验告诉我们，这个时间一般是 48~72 小时。

大多数人凭直觉就能明白这一点。在世界各地的健身房里，很多毫无训练经验的人仅靠自己训练就知道，自己每次训练都能比上次增加一些重量，而两次训练一般间隔 2~3 天。除非某些可能更内行的人告诉他们不要这么做，否则大部分人会一直这么做下去。大部分人都喜欢用更大的重量或完成更多的重复次数来测试自己。这样的提高能给他们带来愉悦感和成就感，但当进步停滞时他们也会感到沮丧不已。人人都喜欢简单的渐进方式。这种方式行之有效，很多体弱的人都以这种方式快速变得身强力壮。

想要最高效地使用简单渐进的训练计划，关键在于为每次训练选择正确的重量增量以及根据从上次训练中恢复的速度合理安排时间框架。教练的重要性就在于此：心急的运动员很可能无法克制自己或者没有足够的经验做出判断，而教练可以为其提供训诫和指导。

初级训练者适应刺激的速度之快，远超一般运动科学界或力量教练的认知。如图 6-2 所示，再次训练的最佳时间是第一次训练之后的 48~72 小时，比如周一训练、周二休息，然后在周三或周四的同一时间进行下一次训练。这样做的目的是尽可能快速地引发适应状态。对初级训练者而言，预期的恢复时间一般为 48~72 小时，也就是每周训练 3 次能带来最佳效果。

一切成功的、有效的训练都依赖于身体先天适应刺激的能力。初级训练计划可能是运动员最早接触到的真正有设计、有条理的渐进式训练计划。这种严格的训练方式未必有趣，那些注意力持续时间不长的人或许还会觉得无聊且重复，但这样训练能取得鼓舞人心的成果，激励人们继续努力。用这种计划有条理地努力训练，取得可预见的显著成果，运动员会第一次产生想要测试自己极限的想法。运动员在这个阶段对训练的不同反应决定了他们进入下一阶段的能力。

根据定义，初级训练者指的是没有或几乎没有力量训练经验的人。办过健康水疗中心的会员卡、在教会健身房摆弄器械，抑或是在自家车库里用塑胶哑铃弯举几下都不能算作训练经验。基础杠铃动作是训练计划的核心，训练者缺乏基本的杠铃技术，因此必须首先学习如何正确、安全地完成动作。同样，初级训练者也没有经历过系统性的运动刺激，应对产生全身适应状态的训练需求的能力尚未培养起来。初级训练者应当首先学习深蹲、硬拉、推举和卧推，当技术和能力达到一定水平后，再学习力量翻，然后是力量抓。

很多经常运动或曾经积极参加体育运动的人会把自己的运动经验等同于杠铃训练经验。但不论先前从事何种运动，从未接触过重量训练的人都应被视为初级训练者，并依此设计训练计划。更重要的是，即使是有过长期重量训练经历的人，如果从来没有执行过以线性方式实现进步的计划，从他们对线性计划的反应来看，他们仍然属于初级训练者。初级训练阶段的进步发生得非常快，每次训练都可以增加重量，这是理论上最快的进步方式，因此这个阶段对训练时间的利用效率也是最高的。但如果训练者直接使用一个不会频繁增重的计划，就无法取得初级训练阶段的高速进步。许多不明所以的教练建议以每周甚至每月增重的方式训练，甚至还有人完全不知道要有计划地增重。一个强健的训练者能够承受住 48~72 小时增重 1 次的频率，体质稍差的人也承受得住，设计合理的计划就是为了取得初期的高速进步。

自身比较强壮的初级训练者存在两点不同。首先，在初级训练阶段的前几周里，较为强壮的训练者可以比身体较差的人每次增重的幅度更大一些。其次，由于初期的进步速度更快一些，因此较为强壮的训练者达到中级阶段需要的时间更短。这是因为，那些通过其他运动项目获得了一定水平力量的人虽然仍未适应杠铃训练，但依然比完全未经训练的人更接近自身的潜力，所以需要的时间会少一些。

训练计划基本变量

初级训练者的首要目标是发展全身性的基础力量。在这个发展阶段，任何与力量发展无关的目标都是无关紧要的。运动表现、整体健康程度以及体型外观的改善都首先取决于基础力量的提高。力量是提高其他身体素质的基础，必须将其放在首位。

动作

初级训练计划的核心只包含那些能够提高训练者力量基础的基础动作，即深蹲、推举、卧推和硬拉。在成功训练几周后（或者可以稍快一些，具体时间取决于运动员的初始力量水平和资质），可以将力量翻加入到计划中。力量翻是很多运动的核心训练项目，但是，在初级训练者具备做出规范动作的力量和运动技能之前，它不应该出现在训练计划中。数十年来，无数强壮的人通过这4 种基础动作提高了基础力量，这 4 种动作的作用无可替代。这 4 种负重动作刺激全身的模式与力量在运动与生活中运用的方式完全相同。它们是训练计划成功的关键，每个人都应当正确地完成或指导完成这些动作。

在掌握这几项基本动作之后，可以把反手引体向上加入到计划中。最有价值的辅助动作是那些能够填补计划中少许空白的多关节动作。反手引体向上是一项极佳的上半身辅助动作，能够通过与运动和生活中双臂和双手的拉握极为相似的方式锻炼整个手臂和上背部肌肉。这个动作也是很好的检验基础力量的指标。反手引体向上使用的力量与推力息息相关，训练反手引体向上能够提高推力水平，所以如果训练者完成不了很多次反手引体向上，就需要勤加练习。反手引体向上提供了充分的手臂训练和额外的背阔肌训练，同时也满足了普通男性对体型的追求，因此是初级训练计划首选的，也是最重要的辅助动作。

体育老师、公立学校运动教练等一对多执教的教练，应当考虑只使用 4 种基础动作。力量翻受限于时间、经验和器材，很难加入到一些计划中去。

腹肌训练或许是最无关紧要的辅助训练。腹肌有从前侧支撑下背部的作用，深蹲、硬拉、推举和反手引体向上都提供了足够的腹肌训练量，因此一般不必在计划里添加专门的腹肌动作。事实上，世界各地的举重室里都有无数的人在腹肌上浪费了大量时间。你在完成大重量深蹲、硬拉和推举时已经在锻炼腹肌了。额外训练腹肌的时间还不如用在大重量训练的恢复上，这也说明那些自恋的行为对力量训练有弊无利。

不过，如果你确定有进行腹肌训练的必要，就必须正确完成。"正确完成"是指完成力量型的腹肌训练，而不是小重量、高重复次数的耐力型训练。负重仰卧起坐以及它的一些变式要优于"卷腹"类动作，卷腹这类使用部分动作幅度的动作无法量化，难以制订训练计划，并且无法以充分支撑脊柱的形式刺激腹肌。

重复次数和组数

图4-3反映了在不同重复次数和训练强度安排下的生理反应的连续变化。低重复次数提高最大力量，高重复次数增加肌肉量，更高的重复次数（20次以上）发展局部肌肉和系统耐力。对初级训练者而言，居于中间的重复次数——每组5次重复——效果最好。5次重复足够少，仍然处在促进力量大幅增长的区间，这也是初级训练者的首要目标。5次重复也足够多，能够增强对递增的训练量的承受度，并促进肌肉量的增加。这种混合的适应状态能为进步打下不错的身体素质基础。5次重复是初级训练者的最佳选择；5次重复在有效刺激力量等各方面进步的同时，还不会产生过多的肌肉疲劳和神经肌肉疲劳，从而避免在每一组的最后产生动作变形。

在第5章讨论过，等重组有许多优点。等重组可以积累足够的训练量产生适应性刺激，这是只用1组训练无法达到的，同时又

包含足够的重复次数，允许教练观察、分析，找出训练者可能存在的姿势问题，在完成下一组训练时加以纠正。对于明显的技术问题，任何熟悉动作的人都能一眼看出，而对于不那么明显或偶尔产生的动作问题，教练则需要更多重复次数以供分析诊断。等重组提供了这样的机会。

辅助动作被加入到训练计划中后，应当完成较多的重复次数。比如反手引体向上，在负重之前，自重反手引体向上应当每组完成15次重复，负重之后，可以根据需要改为每组5次重复。

组数应视运动员的状况而定：是第一次训练，还是已经有2个月的训练经验；上次训练的酸痛还未恢复，抑或是精力充沛；动作很标准，还是需要继续磨炼技术？组数的设置同样与动作选择有关：是基础动作还是辅助动作，是相对不那么累的推举，还是1组5RM的足以令大部分人疲惫不堪的硬拉训练？这些都应当在每次训练时根据个人情况来决定，但大体的指导方针还是有的。通常来说，初级训练者的深蹲、卧推和推举动作的正式组应当是3个等重组（3组使用相同的重量），但在特殊情况下，多至5组，少至1组都是允许的。

每种动作的总组数是热身组和正式组组数的总和。热身组必不可少，如果训练者感觉身体酸痛、身体柔韧性不足，抑或是年龄偏大，则需要多做几组热身组；如果训练者通过之前的训练身体仍然很暖和，则可以适当减少组数。应把热身组计入总组数（以及做的总功）中，在一些特殊情况下，如果完成大量的小重量热身组然后完成3组正式组的话，总组数可能会高达12组。热身组的

深蹲	卧推	硬拉
热身组		
$45 \times 5 \times 2$	45×5	135×5
$75 \times 5（\times 1）$	65×5	165×2
95×3	85×2	195×5
115×2	105×1	
135×1	$120 \times 5 \times 3$	
正式组		
$155 \times 5 \times 3$		

注意：本书所用格式为：重量 × 重复次数 × 组数，比如 45 磅 ×5 次 ×2 组，当组数为 1 时可省略。除非特别说明，重量都是以磅为单位。如果举例中没有出现重量，格式为组数 × 重复次数，比如 3×10 表示 3 组、每组 10 次重复。1 磅 ≈ 0.45 千克。除非指明，深蹲都是指后深蹲中的低杠位深蹲。

训练量应当控制在尽可能小的范围内，尽管有必要额外做 1 组低重复次数的热身组。一般情况下，对有超过 2 周训练经验的训练者来说，在正式组之前应当把热身组的训练量逐渐减少至每组 1~2 次重复。

时间安排

对初级训练者来说，适应新的训练负荷需要 48~72 小时。每周训练 3 次的话，每次训练的间隔是 48 小时，每周最后一次训练则有 72 小时的休息间隔。每周 3 次的安排很容易融入大多数人的工作日程表中。对大多数初级训练者来说，开始训练时将训练日程与生活方式融合在一起很重要。

对大多数每周训练 3 次的人来说，把训练安排在周一、周三和周五最为直观。事实上，周一和周三正是所有健身房最忙碌的两天，周一是"赎罪日"，很多人周一去健身房是为了弥补周五错过的训练。根据设施情况，你也可以将训练安排在周二、周四和周六，或者周日、周二和周四。

根据个人日程安排的弹性、恢复能力和个人偏好，有些训练者可能会每隔 1 天安排 1 次训练，这样每周的训练时间都不一样，但每次训练之间仍然间隔 48 小时。在这样的安排中，两次训练之间无法间隔太久，有时候先前几次训练会出现恢复不充分的情况，这时多休息 1 天会很有用。

训练负荷

不论训练史如何，身体强健程度怎样，先前的运动展现出了怎样的身体素质，任何初级训练者学习新动作都应当从空杆开始。根据训练者的需求，可能需要准备重量小于 20 千克、配备 45 磅（20.4 千克）标准杠铃片的杠铃杆。初级训练者应当首先学习动作，然后再增加配重。之后有大把的时间去增加训练负荷，因此首要任务不应当是考虑重量，而是学习动作模式。大重量和正确的动作之间总是存在矛盾，此时掌握正确的动作就显得更为重要。

训练者第一次训练的大部分时间应当用于学习动作，待动作足够标准后才可以加配重，在建立起对动作模式的良好控制之前不应向杠铃杆上加入任何配重片。这个过程可能需要 3 组训练的时间，也可能需要 3 次训练的时间，具体取决于教练和训练者的水平。不要心急，保持耐心。一个体重 150 磅（68.0 千克）的训练者的第一次训练，如果能用空杆完成 3 组、每组 5 次重复的训练，然后以正确的动作和稍慢一些的速度完成了 75×5、95×5 以及 135×5×3 的正式组训练的话，这次训练已经足够好了，足以打破体内平衡并进入到塞利第 1 阶段。

训练者的第一次训练已经完成了超出其适应能力的训练量了，再继续加重毫无意义。如果训练者以完整动作幅度完成了不熟悉的动作，他会因为这个新的动作幅度的离心阶段感到某种程度的肌肉酸痛。第一次训练产生轻微的酸痛是正常的，但不应当酸痛到明显影响日常活动的地步。初级训练者的第一次训练练到第二天醒来浑身酸痛下不了床的地步是完全没有必要的，有非常多的人因为担心第二次训练后还会这样，因此对训练望而却步，甚至产生放弃的念头。运动专家绝对不会有意让这种事情发生，不过有时候这种事不可避免。

第一次训练为训练者建立了起点，接下来的训练应当为所有动作的正式组逐渐增加重量。每次训练都应当增重。重量是这个阶段的训练中增加刺激的唯一可控变量。上文讨论过，根据训练计划设计出来针对的生理效应的不同，每组的重复次数是固定的，如果要求每组完成 5 次重复，那么也不能减少休息时间，否则会影响完成所有重复的能力。正式组每次增重多少，则由训练者的能力和动作共同决定。

一般来说，动作用到的肌肉越少，其增长力量需要的时间就会越长。像硬拉和深蹲这种动用了大量大肌肉的动作，其带来的力量增长速度往往比卧推这样的上半身动作快得多。推举、翻举和抓举这样的动作虽然动用了大量肌肉，但因为动力链非常长，并受限于对整个动力链中各部分的力学效率的掌控能力，获得力量的速度也会比较慢。反手引体向上以及各种单关节辅助动作带来的力量增长速度则非常慢，只能每个月取得一些进步。

不同性别、体格、年龄、经验水平、运动能力和进取心的人，其进步的速度也会不同。在塞利理论中，最能适应外界刺激的人进步最快。拥有最利于身体恢复的激素水平、饮食、作息和训练动力的人——比如运动队中饮食习惯良好的年轻男性——在高强度训练中进步的速度要比其他人快。普通人进步会慢一些，获得的绝对表现水平也会相应低一些，不过相对表现仍可相提并论。

体重介于 150~200 磅（68.0~90.7 千克）的年轻男性每次的硬拉训练可以增加 15 磅（6.8 千克）配重，深蹲可以每次增加 10 磅（4.5 千克）配重，在重量增幅减半之前，这样的稳定增长可持续 2~3 周。卧推、推举和翻举最初的几次训练可以每次增加 5~10 磅（2.3~4.5 千克）配重，两三周后增幅会降至 2.5~5 磅（1.1~2.3 千克）。年轻女性的深蹲和硬拉的进步速率与男性大致相同，只不过需要根据体重调整一下，也就是每次训练增重的幅度是 5~10 磅（2.3~4.5 千克）而不是 10~15 磅（4.5~6.8 千克），但女性的推举、卧推、翻举、抓举和辅助动作的进步要比男性慢一些。进步会持续相当一段时间，当进步放缓时，要使用针对性的策略来尽可能保持增长速度、延缓训练平台期的出现。下文会讨论这些方法。

因为初级训练者每次训练都能促进力量增长，所以尽可能延长线性进步阶段是利用训练时间最高效的方式。即使是微小的线性进步累积起来也会十分可观。每周增加 2 磅（0.91 千克），1 年也能累积增长 104 磅（47.2千克）了。如果你能做到的话，这个进步速度已经很好了。当进步开始放缓，也就是正式组越来越难完成，或者说开始无法完成规定的重复次数时，你就应当使用更小的重量增幅了。

较小的重量增幅能让线性进步阶段持续更久，并在需要彻底改变训练计划之前累积更多的进步。较小的重量增幅开始会很浪费时间，但其重要性会逐渐显现出来。

取得进步需要较小的重量增幅，而较小的重量增幅需要小重量的配重片。想要持续提高力量，理解这一点非常重要。

正如前面长篇论述的那样，随着训练的推进，对训练刺激的适应也会趋缓。曾经在每组 5 次重复的训练中每组增加 10 磅（4.5千克）重量都很容易，后来每组增加 5 磅（2.3 千克）重量都很难了。在使用标准的 2.5磅（1.1 千克）或 1.25 千克的配重片增重后，最后一组不可避免的只能完成 4 次了。我们的目标是每组 5 次重复，并利用其生理效应增长力量，正是因为这个原因，训练才设计为特定的重复次数。因此，有必要在保持重复次数不变的前提下继续加重，这就要求增加的重量足够小，这样才能在规定的时间内产生适应状态。严格执行训练计划的初级训练者会逐渐无法适应每次 5 磅（2.3 千克）的重量增幅。

但根据动作的不同，训练者仍能通过每次增加 1 磅（0.45 千克）、1.5 磅（0.68 千克）或 2 磅（0.91 千克）重量来继续进步。对于翻举、抓举这些极其依赖技术和爆发力的动作，以及推举、卧推、反手引体向上等由小肌群完成的动作，小的重量增幅是唯一能够顺利累积进步的方式。如果需要加重 2 磅（0.91 千克），那就要用两个 1 磅（0.45 千克）的配重片。

很多公司都制作小配重片，磅配重片和千克配重片都有。或者，你可以自己在家把几个 2 英寸（5.1 厘米）孔径的垫圈按照不同重量粘起来或焊起来，也可以去机械修理店把 2.5 磅（1.1 千克）的配重片剖成两片。磅配重片的话，应当是 0.5 磅（0.23 千克）、1 磅（0.45 千克）、1.5 磅（0.68 千克）的片；千克配重片的话，应当是 0.25 千克、0.5 千克和 0.75 千克的片。

理解小配重片与其他设备之间的关系也同样重要。标准的"奥林匹克"杠铃片是铸铁的，而铸铁产品本身就存在误差。即使是高质量、校准过的配重片，也只是符合公差标准，并不是百分百精确。杠铃杆本身就存在一定的误差，增加的配重片每个都有一点误差，因此，杠铃的实际重量十有八九与标注值不同。

这对热身组、减重组以及各种不必在上次的基础上加重的训练来说都无关紧要。但如果本应使用 173.5 磅（78.7 千克）的重量，实际重量却因为配重片的误差变成了 175.5磅（79.6 千克）的话，就偏离了训练目标。使用百分百精确的配重片可能不现实，甚至也没有必要；可以使用与上次完全一样的大配重片，然后再加上你的小配重片，这样每个训练日增加的重量就保持一致了。这才是我们需要关心的——今天使用的重量比上次精确地增加了特定的数值。如果是在商业健身房或者学校的举重室训练的话，可以在所使用的杠铃和配重片上做些标记，以便每次训练时都能认出来，然后自己买些小配重片带去。这样可以保证每次加重正好是所需要的数值，每次加重都足够精确，能够更好地保证进步。

力量训练基础模型

《力量训练基础》里简短提到过，初级训练以 4 种基础的全身动作开始，根据前一次训练的表现决定本次训练使用的重量，每种动作在热身后完成 3 个正式组（硬拉除外）。如果你可以用指定重量完成指定的组数和重复次数，那么在下次的训练中就要增加重量。这种方法十分简单，而且大部分初级训练者都能以这样的方式训练相当长的一段时间。如果休息和营养充足，在有必要改变训练计划之前，很少会出现肌肉和力量停止增长的情况。如果出现这种情况，你应当首先考虑休息和营养是否到位。实际上，这个计划的可预见性极强，初级训练者无法进步意味着他没有严格执行训练计划。

对初级训练者而言，训练十分简单。前几次训练可以按照下面这个简短的计划进行。

训练 A	训练 B
深蹲	深蹲
推举	卧推
硬拉	硬拉

这两次训练在前几周的周一、周三和周五交替进行，直到硬拉的新鲜感退去，硬拉的重量快速增长超过深蹲重量之后，就可以加入力量翻了。

训练 A	训练 B
深蹲	深蹲
推举	卧推
硬拉	力量翻

这个计划执行一段时间后，可以加入反手引体向上，以及山羊挺身或臀腘挺身，并避免每次训练都安排拉力动作。这个稍微复杂一点的计划安排如下。

训练 A	训练 B
深蹲	深蹲
推举	卧推
硬拉 / 力量翻	山羊挺身
	反手引体向上

在这个变式中，训练 A 中的硬拉和力量翻应当交替进行。2 周的安排会像这样。

周次	周一	周三	周五
1	深蹲	深蹲	深蹲
	推举	卧推	推举
	硬拉	山羊挺身	力量翻
		反手引体向上	
2	深蹲	深蹲	深蹲
	卧推	推举	卧推
	山羊挺身	硬拉	山羊挺身
	反手引体向上		反手引体向上

深蹲、卧推和推举每次训练做 3 组，每组 5 次重复。记住，在这个计划的所有变式中，卧推和推举都是交替进行的。硬拉每 5 次训练安排 1 次，每次完成 1 组 5 次重复。力量翻需要完成 5 组，每组 3 次重复，并与硬拉交替安排。每次训练都要做深蹲。由于深蹲的动作幅度比硬拉更大，因此起始重量小于硬拉，同时因为深蹲底部存在牵张反射，不易让人疲劳，这使得每次训练深蹲是可行的。之所以选择自重反手引体向上，是因为这样能更好地刺激肱二头肌，这个动作要做 3 组，每组至力竭，直到训练者能够每组完成 15 次重复（对初级训练者来说几乎

不可能）。在达到这个标准之后，训练者就可以开始负重了。如果运动员能在体重增长的同时保持引体向上的重复次数，他实际上也在变强。

这样的动作选择和日程安排对初级训练者来说十分合理。在这个力量快速增长的时期，如果能用心选择每次增重的幅度，保证充足的休息和营养供应，并砍掉一切与身体恢复相冲突的活动，这个计划能够持续使用几个月。下面的数字来自于一位真实的客户：男，35 岁，曾经是一名第一分区（Division I，即大学最高水平赛区）的大学橄榄球运动员。

严格执行的初级线性计划示例

周次	周一	周三	周五
1	深蹲 $135 \times 5 \times 3$	深蹲 $145 \times 5 \times 3$	深蹲 $155 \times 5 \times 3$
	推举 $95 \times 5 \times 3$	卧推 $155 \times 5 \times 3$	推举 $100 \times 5 \times 3$
	硬拉 185×5	硬拉 205×5	硬拉 225×5
2	深蹲 $165 \times 5 \times 3$	深蹲 $175 \times 5 \times 3$	深蹲 $185 \times 5 \times 3$
	卧推 $165 \times 5 \times 3$	推举 $105 \times 5 \times 3$	卧推 $175 \times 5 \times 3$
	硬拉 235×5	硬拉 245×5	硬拉 255×5

（续表）

周次	周一	周三	周五
3	深蹲 $195 \times 5 \times 3$ 推举 $110 \times 5 \times 3$ 硬拉 265×5	深蹲 $205 \times 5 \times 3$ 卧推 $185 \times 5 \times 3$ 力量翻 $115 \times 3 \times 5$	深蹲 $210 \times 5 \times 3$ 推举 $115 \times 5 \times 3$ 硬拉 275×5
4	深蹲 $215 \times 5 \times 3$ 卧推 $190 \times 5 \times 3$ 力量翻 $125 \times 3 \times 5$	深蹲 $220 \times 5 \times 3$ 推举 $120 \times 5 \times 3$ 硬拉 285×5	深蹲 $225 \times 5 \times 3$ 卧推 $195 \times 5 \times 3$ 力量翻 $135 \times 3 \times 5$
5	深蹲 $230 \times 5 \times 3$ 推举 $125 \times 5 \times 3$ 硬拉 295×5	深蹲 $235 \times 5 \times 3$ 卧推 $200 \times 5 \times 3$ 力量翻 $140 \times 3 \times 5$	深蹲 $240 \times 5 \times 3$ 推举 $130 \times 5 \times 3$ 硬拉 305×5
6	深蹲 $245 \times 5 \times 3$ 卧推 $205 \times 5 \times 3$ 力量翻 $145 \times 3 \times 5$	深蹲 $250 \times 5 \times 3$ 推举 $135 \times 5 \times 3$ 硬拉 315×5	深蹲 $255 \times 5 \times 3$ 卧推 $210 \times 5 \times 3$ 力量翻 $150 \times 3 \times 5$
7	深蹲 $260 \times 5 \times 3$ 推举 $140 \times 5 \times 3$ 硬拉 325×5	深蹲 $265 \times 5 \times 3$ 卧推 $210 \times 5 \times 3$ 力量翻 $155 \times 3 \times 5$	深蹲 $270 \times 5 \times 3$ 推举 $145 \times 5 \times 3$ 硬拉 335×5
8	深蹲 $275 \times 5 \times 3$ 卧推 $215 \times 5 \times 3$ 力量翻 $160 \times 3 \times 5$	深蹲 $220 \times 5 \times 3$ 推举 $147.5 \times 5 \times 3$ 硬拉 345×5	深蹲 $280 \times 5 \times 3$ 卧推 $220 \times 5 \times 3$ 力量翻 $165 \times 3 \times 5$
9	深蹲 $285 \times 5 \times 3$ 推举 $150 \times 5 \times 3$ 硬拉 355×5	深蹲 $230 \times 5 \times 3$ 卧推 $225 \times 5 \times 3$ 力量翻 $170 \times 3 \times 5$	深蹲 $290 \times 5 \times 3$ 推举 $152.5 \times 5 \times 3$ 硬拉 360×5
10	深蹲 $295 \times 5 \times 3$ 卧推 $230 \times 5 \times 3$ 力量翻 $175 \times 3 \times 5$	深蹲 $235 \times 5 \times 3$ 推举 $155 \times 5 \times 3$ 硬拉 365×5	深蹲 $300 \times 5 \times 3$ 卧推 $235 \times 5 \times 3$ 力量翻 $180 \times 3 \times 5$
11	深蹲 $305 \times 5 \times 3$ 推举 $157.5 \times 5 \times 3$ 硬拉 370×5	深蹲 $245 \times 5 \times 3$ 卧推 $240 \times 5 \times 3$ 力量翻 $185 \times 3 \times 5$	深蹲 $310 \times 5 \times 3$ 推举 $160 \times 5 \times 3$ 硬拉 375×5
12	深蹲 $315 \times 5 \times 3$ 卧推 $245 \times 5 \times 3$ 力量翻 $190 \times 3 \times 5$	深蹲 $255 \times 5 \times 3$ 推举 $162.5 \times 5 \times 3$ 硬拉 380×5	深蹲 $320 \times 5 \times 3$ 卧推 $250 \times 5 \times 3$ 力量翻 $195 \times 3 \times 5$

（续表）

周次	周一	周三	周五
13	深蹲 325×5×3 推举 165×5×3 硬拉 385×5	深蹲 265×5×3 卧推 255×5×3 自重反手引体向上 ×11，8，7	深蹲 330×5×3 推举 167.5×5×3 力量翻 200×3×5
14	深蹲 335×5×3 卧推 260×5×3 自重反手引体向上 ×12，9，6	深蹲 275×5×3 推举 170×5×3 硬拉 390×5	深蹲 340×5×3 卧推 265×5×3 自重反手引体向上 ×12，9，7
15	深蹲 345×5×3 推举 172.5×5×3 力量翻 205×3×5	深蹲 285×5×3 卧推 270×5×3 自重反手引体向上 ×12，10，7	深蹲 350×5×3 推举 175×5×3 硬拉 395×5
16	深蹲 355×5（335×5×2） 卧推 275×5×3 自重反手引体向上 ×13，8，8	深蹲 295×5×3 推举 177.5×5×3 力量翻 210×3×5	深蹲 360×5（340×5×2） 卧推 280×5×3 自重反手引体向上 ×13，9，7
17	深蹲 365×5（345×5×2） 推举 180×5×3 硬拉 400×5	深蹲 305×5×3 卧推 285×5×3 自重反手引体向上 ×14，9，6	深蹲 370×5（350×5×2） 推举 182.5×5×3 力量翻 215×3×5
18	深蹲 375×5 卧推 290×5×3 自重反手引体向上 ×14，11，7	深蹲 315×5×3 推举 185×5×3 硬拉 405×5	深蹲 275×5×3 卧推 295×5×3 自重反手引体向上 ×15，11，7

注：初始体重 175 磅（外观瘦但体脂偏高），最终体重 220 磅（精壮）；以上格式均为重量 × 重复次数 × 组数；1 磅 ≈ 0.45 千克。

这位出色的前运动员完美地执行了上述线性计划。一般训练者的进步可能没有这么快速、稳定，不过他的成功仍说明了：出色的计划、稳健的节奏和刻苦的训练能带来怎样的成果。这位男士还是大学球员时接触过深蹲、卧推和力量翻，不过距离上次做这些动作差不多有 10 年了。所有动作的起始重量都很保守，因此避免了延迟性酸痛的影响，18 周的时间里他没有出现任何反复，没有使用小配重片，一直稳定进步。并且，其良好的爆发力和功率输出天赋使力量翻取得了出色的进步。

高等初级训练者

退行训练期

不可避免地，进展总会停滞下来。有三种基本情况：（1）身不由己，无法去健身房；（2）训练者没有做错任何事，进步却仍然停滞了；（3）过于贪婪，每次加重过多，抑或是生活习惯中有影响恢复的因素，从而导致进步停滞，甚至出现退步。不论哪种情况，都必须采取措施来抢救一下初级训练者线性进步的能力，将初级训练阶段的所有潜力充分挖掘出来。

错过训练。不幸的是，训练计划无法总是像上面的例子那样一直顺利进行。人们还要生活，会因为生病、计划外的远行迫不得已错过一些训练。因为生病、外出时不得已少吃几顿饭以及相关事务带来的身心刺激，错过训练往往伴随着体重减轻、营养不良等反应。

如果错过的训练不多，只有一两次的话，没有必要采取任何补救措施。其实，如果运动员一直拼命训练，坚持完成计划，偶尔因为错过训练多休息几天的话，力量反而能获得一些提高。不过，一般来讲，如果运动员超过 1 周没有训练，训练不足的负面效应就会显现出来，运动员重新开始训练时必须对训练做出调整。

一个简单的方法是，将前 2 周的训练一组组、一次次地重新完成一遍。这个方法的确可行，但会浪费很多无谓的时间。如果训练者超过 1 周没有训练，使用比停训前低 10% 的重量重新开始训练是个不错的办法，如果停训是因为重病或情绪刺激非常大的事件，比如家人去世，那么这个减重幅度可以提高至 20%。

这样的话，如果一个训练者停训前深蹲线性增长到了 315×5×3，重新回归训练计划时就应完成 285×5×3 的训练。训练者第一次从 285 磅（129.3 千克）提升到 315 磅（142.9 千克）时使用的重量增幅可能只有 5 磅（2.3 千克）。第二次进步一般会更快，训练者很可能每次加重 10 磅（4.5 千克）。

或者，如果训练者完成 285 磅（129.3 千克）的训练时感觉不错，那么他只需要再完成一次较小重量的训练，比如 300 磅（136.1 千克）或 305 磅（138.3 千克），就能重新回归 315 磅（142.9 千克）的训练了。

一般来说，重复训练中止前最后一次训练使用的重量是个不错的主意。这样训练者和教练能获得更精确的力量水平数据。

下面是调整计划的示例。

调整后的计划示例

假期前的最后一周：

深蹲 305×5×3，深蹲 310×5×3，深蹲 315×5×3

假期结束后的第 1 周：

深蹲 285×5×3，深蹲 295×5×3，深蹲 305×5×3

假期结束后的第 2 周：

深蹲 315×5×3，深蹲 320×5×3，深蹲 325×5×3（新的个人纪录）

在这个示例中，训练者回复得非常快速、顺利，假期归来后大约 1 周半就创造了新的个人纪录。在这个例子里，我们可以假设训练者停训期间饮食、睡眠不错，也没有受到任何严重的身心刺激。

在下面的示例中，训练者错过了训练，但却不是因为度假，而是训练者得了严重的流感，10 天没有去健身房。回归训练后，他使用的起始重量比停训前下调了 20%。在这个例子里，可以假设训练者在这段时间没有吃好、睡好，训练不足的负面效应也更加明显。

生病前一周的训练

深蹲 305×5×3，深蹲 310×5×3，深蹲 315×5×3

停训 10 天后回归训练的第 1 周：

没有训练，深蹲 245×5×3（减重 23%），深蹲 265×5×3（减重 16%）

停训 10 天后回归训练的第 2 周：

深蹲 285×5×3（减重 10%），深蹲 295×5×3，深蹲 300×5×3

停训 10 天后回归训练的第 3 周：

深蹲 305×5×3，深蹲 310×5×3，深蹲 315×5×3

在这个示例中，训练者回归训练后的第一次训练使用的重量比停训前最后一次削减了 23%，第二次削减了 16%，第三次削减了 10%。然后他可以每次增加 10 磅（4.5千克）重量，但在重新回到先前的个人纪录时他还要完成 1 周重量增幅为 5 磅（2.3千克）的训练。重量增幅减小是因为训练者距离上次使用个人纪录的 315 磅（142.9 千克）的重量时间较久，并且疾病也使他不得不从低很多的起点开始重回训练计划的正轨。

对女性来说，调整计划也遵循同样的模式，只不过使用的百分比更低、重量更小。如果女性训练者之前的推举训练使用 2 磅（0.91 千克）的增幅加重，那么在她回归训练计划时，她可以用比之前小 10% 的重量，然后每次用 3~5 磅（1.4~2.3 千克）的增幅逐渐恢复到先前的个人纪录。

合理停滞。 第二种情况，我们假设所有取得进步的要素都做到位了，也足够重视恢复、休息和营养的配置，并且所有的技术动作都是正确的。这可能有些牵强，毕竟，几乎所有的初级训练者都不能把计划的所有安排执行得完美无瑕。但为了说明问题，我们姑且附会一下。下面我们将以卧推为例加以说明，为了让例子更加简单明了，我们也将忽视交替进行的推举训练（实际情况中，这个因素是不能忽略的）的影响。

如果训练者正确执行了简单的渐进计划，也没有贪多冒进，饮食休息没有问题，那么在很长一段时间里他都能在每次训练时增加重量。刚开始时，他可能每次卧推训练都能增加 5 磅（2.3 千克）重量，然后逐渐减少到每次增加 1~3 磅（0.45~1.36 千克）重量，直到某次训练，加重导致无法完成既定的重复次数（通常是最后一组），然后下一次训练时使用这个重量成功完成了 3 组、每组 5 次重复的训练。最终，他开始连续两三次都无法完成正式组的最后 1 次重复。

训练中的变数很多，但正确的方法能实现以下两点。第一，正确的方法能够以最快的速度、尽最大的可能恢复训练者的线性进步；第二，正确的方法会让训练者使用尽可能接近其最新的 5RM 进行训练，以免失去来之不易的进步。训练者需要做出改变，但做出的改变对训练本质的影响应尽可能小。合适的做法是稍微减轻一点训练重量，然后恢复与之前几个月一样慢速、平缓的进步。

不论何时，训练刻苦的训练者在增加一些额外的休息和恢复后，其运动表现都会提高。这并不是身体的整体能力得到了意外提高，只是经过休息和恢复后身体能力更好地表现出来罢了。他只是不累了，并没有变得更强壮。比赛或者测试流程中的"峰值"与之产生的原理相同："峰值"出现时力量并没有显著提高，只是展现力量的能力以训练计划产生的累积效应的方式表现出来而已。而这种情况正是我们所需要的。一个没有严重"卡壳"的初级训练者不需要做出太多调

整就能重新恢复进步。增加一点休息是为了让你接下来能使用更大一点的重量，这样通过逐渐增加重量产生的力量积累就可以从这里继续开始。

假设有个训练者使用最基础的 A/B 交替的初级训练计划。

训练 A	训练 B
深蹲 3 × 5	深蹲 3 × 5
卧推 3 × 5	推举 3 × 5
硬拉 3 × 5	力量翻 5 × 3

为了更清楚地说明问题，我们假设训练者的 5 种动作同时出现了停滞。不过要注意，这个情景是纯粹的假设，现实中 5 种动作同时停滞的情况极其罕见。

下面将阐述一个训练者在训练出现停滞、计划经过调整后再次刷新个人纪录的过程是如何在 5 周内发生的。

计划调整示例

周次	周一	周三	周五
1	深蹲 255 × 5 × 3	深蹲 260 × 5 × 3	深蹲 265 × 4，3，3
	卧推 170 × 5 × 3	推举 110 × 5 × 3	卧推 172 × 4，4，3
	硬拉 300 × 5	力量翻 150 × 3 × 5	硬拉 300 × 3
2	深蹲 265 × 4，3，3	深蹲 245 × 5 × 3	深蹲 250 × 5 × 3
	推举 112 × 4，3，3	卧推 160 × 5 × 3	推举 100 × 5 × 3
	力量翻 152 × 3，3，2，2，2	硬拉 275 × 5	力量翻 152 × 3，3，3，2，2
3	深蹲 255 × 5 × 3	深蹲 260 × 5 × 3	深蹲 265 × 5 × 3
	卧推 165 × 5 × 3	推举 105 × 5 × 3	卧推 170 × 5 × 3
	硬拉 285 × 5	力量翻 140 × 3 × 5	硬拉 295 × 5

（续表）

周次	周一	周三	周五
4	深蹲 270×5×3	深蹲 275×5×3	深蹲 280×5×3
	推举 110×5×3	卧推 172×5×3	推举 112×5×3
	力量翻 145×3×5	硬拉 300×5	力量翻 150×3×5
5	深蹲 285×5×3	深蹲 290×5×3	深蹲 295×5×3
	卧推 175×5×3	推举 115×5×3	卧推 177×5×3
	硬拉 305×5	力量翻 152×3×5	硬拉 310×5

额外的休息和恢复，即训练负荷短暂的降低带来轻微的"波峰"效应，应当能让训练者成功使用比先前略大一些的重量，而使用了更大的重量就应当能让训练者在接下来的几次训练中取得更大的进步。

缺乏耐心，贪得无厌。第三种情况有所不同，进步停滞是因为训练者对慢速、平缓的增重过程缺乏耐心，激进地增加重量导致的。这种情况下，训练者产生了轻微的退步，

甚至可能不只是轻微的退步。累积的疲劳越明显，退步就会越为急剧。

下面阐述了一个训练者是如何因为过于激进而陷入困境、恢复不足的。在这个示例中，训练者在无法完成 3 组、每组 5 次重复的训练时仍强行试图增加重量，这是严重的计划错误。这种情况一般需要较长时间才会发生，当然，也要花费更多时间才能摆脱出来。

周次	周一	周三	周五
1	深蹲 255×5×3	深蹲 260×5×3	深蹲 265×4，3，3
	卧推 170×5×3	推举 110×5×3	卧推 172×5，3，3
	硬拉 300×5	力量翻 150×3×5	硬拉 305×3
2	深蹲 265×5，3，2	深蹲 270×3，2，2	深蹲 270×2
	推举 112×4，3，3	卧推 175×3，2，2	推举 115×3，2，1
	力量翻 152×3，3，2，2，2	硬拉 310×1	力量翻 155×2，2，1，1，1
3	深蹲 240×5	深蹲 250×5	深蹲 250×5×3
	卧推 145×5	推举 95×5	卧推 150×5
	硬拉 280×5	力量翻 140×3	硬拉 290×5
4	深蹲 255×5×3	深蹲 260×5×3	深蹲 265×5×3
	推举 100×5	卧推 155×5×3	推举 100×5×3
	力量翻 140×3×5	硬拉 300×5	力量翻 145×3×5

（续表）

周次	周一	周三	周五
5	深蹲 270×5×3	深蹲 275×5×3	深蹲 280×5×3
	卧推 160×5×3	推举 105×5×3	卧推 165×5×3
	硬拉 305×5	力量翻 150×3×5	硬拉 310×5
6	深蹲 285×5×3	深蹲 290×5×3	深蹲 295×5×3
	推举 110×5×3	卧推 170×5×3	推举 112×5×3
	力量翻 152×3×5	硬拉 315×5	力量翻 155×3×5
7	深蹲 300×5×3	深蹲 305×5×3	深蹲 310×5×3
	卧推 172×5×3	推举 115×5×3	卧推 175×5×3
	硬拉 320×5	力量翻 157×3×5	硬拉 325×5

一方面，在可能的范围内，退行训练的强度不应当降低过多。如果想尽可能缩短退行训练阶段，之后也不用花太久就能刷新个人纪录，训练者就要严格遵从这个原则。再强调一遍，初级训练阶段的关键特征就是线性增长——即每次训练都能稳定地为杠铃加重的能力，你应当竭尽所能去延长线性增长阶段的时间。

之所以在训练量降低时还要保持较高的训练强度，是为了要维持神经肌肉系统的效率，即神经系统调动运动单元、使所有的肌肉共同运作，从而在某种动作模式中高效地表达力量的能力。这样在训练量减少时，肌肉的基础力量会保持相对稳定。然而，神经肌肉系统的效率更易受到训练中短期变化的影响。这就是为什么我们需要在大幅削减训练量的同时保持相对较高的训练强度：高强度、小训练量的训练能发展并维持神经肌肉效率，而大训练量、低强度的训练则不能。（这也是壶铃训练和高次数、小重量的体能训练无法明显增加力量的原因。）保持重量

下调幅度不超过10%，同时大幅降低训练量能维持高水平的神经肌肉准备程度，同时给予身体更多的恢复时间。这样，训练者在退行训练结束后能够尽快恢复到个人纪录的水平。

这样的训练强度可以简单循环1~2次。如果训练计划安排得当、训练者恢复良好，训练强度退行训练期超过2次就没有什么作用了。需要3次的话说明训练者需要更复杂的计划。然而，如果第一次或前两次退行训练的效果不理想，比如因睡眠不足、营养不良或不足，或是不合理的重量增幅导致进步戛然而止的话，再增加一次退行训练可以帮助你纠正这些问题。在第二次退行训练期之后，如果所有的线性增长潜力都已被榨干，初级训练者已经实现了所有可能的线性进步，那么就需要使用不同的策略了。

退行训练法是一个重要的工具，从初级训练者到高级训练者，这个方法会伴随训练者整个运动生涯。对不同重复次数和组数的训练计划以及不同的疲劳程度来说，有不同

的"理想"方法对应。但基本原则很简单：休息，但不能训练不足。训练者越疲劳，运动表现下滑越明显，在到达平台期之前进步的时间持续得越久、取得的进步越大，训练史越长，退行训练期的时间就会越长。只训练了3个月的初级训练者在进步停滞后，只需要很短的一段退行训练期，适当减轻一下负荷即可，而一名训练了7年的高级运动员在一个艰苦的训练周期即将结束时遭遇了瓶颈，由于先前两三次训练累积的大量疲劳使力量退步了很多，那么他需要的退行训练期就要长得多，退行阶段的起始重量的削减幅

度也要大得多。

高等初级训练者训练计划制订

高等初级训练者一旦有必要开始使用退行训练期，训练计划也需要做出其他合适的调整。深蹲可以从每周3次加重减少为2次，并在每周加入一个小重量深蹲训练日，所用重量为周一正式组的60%~80%。由于减重，小重量训练日提供了一个高强度训练的中断，这有利于延长线性进步阶段的时间。

现在的训练计划变成了下面这样。

调整后的训练计划

周次	周一	周三	周五
1	深蹲 卧推 山羊挺身 反手引体向上	小重量深蹲 推举 硬拉	深蹲 卧推 山羊挺身 反手引体向上
2	深蹲 推举 力量翻	小重量深蹲 卧推 山羊挺身 反手引体向上	深蹲 推举 硬拉

硬拉训练仍然只安排1组5次重复的训练。硬拉很容易过度训练，硬拉对基础力量的重要性不必赘述，但做太多组会导致恢复困难，因为硬拉可用的重量非常大，累积的刺激水平很高。反手引体向上的水平应当已经提高了，或者至少在体重增长的情况下维持了之前的重复次数。如果3组反手引体向上每组都能一直保持在10次重复以上，那训练者应当加入负重引体向上，与自重反手

引体向上每周交替完成。可以用负重腰带挂上配重，或者双脚夹住一个哑铃，使每组只能完成5~7次重复。这样能够增加自重反手引体向上的重复次数，并提高手臂和肩膀在推力动作中的力量。

在初级训练最后的进步阶段，训练者的深蹲、卧推和推举训练完成3组、每组5次重复的潜力几乎用尽。高效的训练者可能只能艰难地完成每种练习的1组正式组，但之

后会筋疲力尽。第 2 组、第 3 组常常只能完成 2~3 次重复。到了这个时候，有一些技巧能够帮助你以近似线性增长的方式继续完成几周小幅增加重量的训练。你要明白，在这个时候，初级训练者几乎每次训练仍然可以加重，只是无法在 3×5 的极限训练量的基础上加重而已。

初级训练者的首选是继续在每次训练时冲击新的 5RM，但完成 1 组即可，每周中间的小重量深蹲训练日保持不变。在冲击新的 5RM 之后试着加入 2 组减重 5% ~10% 的退行组是不错的选择。

因此，这时的训练仍然是 3×5，但是是由 1 个 5RM 组和 2 个退行组组成的。此时的训练计划变成了下面这样。

调整后的训练计划

周一	周三	周五
深蹲 380×5，360×5×2	深蹲 280×5×3	深蹲 385×5，365×5×2
卧推 265×5，255×5×2	推举 170×5，165×5×2	卧推 268×5，258×5×2
硬拉 415×5	反手引体向上 3×10	力量翻 225×3×2，215×3×3

第二种选择是，将 3×5 的训练削减至 3×3。这种轻微的减量效应能让训练者继续以线性方式进步几周，不过是以每组 3 次重复而不是每组 5 次重复的形式。不论每组重复几次，都要继续增加重量。力量翻也能从这种减量训练中受益。如果力量翻的 5×3 训练遇到了瓶颈，那么在减量训练阶段将其训练量减半至 4×2 会有不错的效果。

不论哪种方法，初级训练阶段末期都能通过降低训练频率受益。这可能是最有力的调整方式。一直按照周一、周三、周五的模式安排训练的训练者可以通过降低训练频率至"练 1 天，休息 2 天"来延长自己初级训练阶段的进步时间。采用这种安排的话，训练者会在周一训练，周四再次训练，然后是周日训练。如果计划里有小重量深蹲训练日，那么要每隔一次训练安排一次小重量训练。这意味着，训练者每 6 天完成 1 次大重量深蹲训练，中间以小重量深蹲训练隔开。

示例：使用 3×3 的训练方式，并降低训练频率，所有动作都采用 5 磅（2.3 千克）的重量增幅以便说明。

标准初级训练计划的最后一周

周一	周三	周五
深蹲 380×5×3	深蹲 280×5×3	深蹲 385×5×3
卧推 285×5×3	推举 175×5×3	卧推 290×5×3
硬拉 425×4	自重反手引体向上 ×10×3	力量翻 205×3×5

初级训练减量第 1 "周"

周一	周四	周日	
深蹲 390 × 3 × 3	深蹲 285 × 3 × 3	深蹲 395 × 3 × 3	
推举 180 × 3 × 3	卧推 295 × 3 × 3	推举 185 × 3 × 3	
自重反手引体 向上 × 10 × 3	力量翻 210 × 2 × 4	自重反手引体 向上 × 10 × 3	
周三	周六	周二	周五
深蹲 290 × 3 × 3	深蹲 400 × 3 × 3	深蹲 295 × 3 × 3	深蹲 405 × 3 × 3
卧推 300 × 3 × 3	推举 190 × 3 × 3	卧推 305 × 3 × 3	推举 195 × 3 × 3
硬拉 430 × （3~5）	自重反手引体 向上 × 10 × 3	力量翻 215 × 2 × 4	自重反手引体 向上 × 10 × 3

　　只要训练者能够一直加重，减量训练阶段就可以一直持续下去。

　　下面的例子采用了 5RM 组 + 减重 5% 的 2 组退行组，以及相同的降低频率模式。

用 5RM 组 +2 个退行组训练并降低训练频率的示例

周一	周四	周日	
深蹲 390 × 5, 370 × 5 × 2	深蹲 285 × 5 × 2	深蹲 395 × 5, 375 × 5	
推举 180 × 5, 170 × 5 × 2	卧推 295 × 5, 280 × 5 × 2	推举 185 × 5, 175 × 5 × 2	
自重反手引体 向上 × 10 × 3	力量翻 210 × 2 × 4	自重反手引体 向上 × 10 × 3	
周三	周六	周二	周五
深蹲 290 × 5 × 2	深蹲 400 × 5, 380 × 5 × 2	深蹲 295 × 5 × 2	深蹲 405 × 5, 385 × 5 × 2
卧推 300 × 5, 285 × 5 × 2	推举 190 × 5, 180 × 5 × 2	卧推 305 × 5, 290 × 5 × 2	推举 195 × 5, 185 × 5 × 2
硬拉 430 × （3~5）	自重反手引体 向上 × 10 × 3	力量翻 215 × 2 × 4	自重反手引体 向上 × 10 × 3

　　并不是每种动作都有必要执行 3×3 的减量训练以及退行训练法。事实上，根据观察，深蹲采用退行训练法的效果最好，而卧推和推举使用 3×3 的减量训练效果更佳。另外，使用这两种方法时没有必要同时降低训练频率。可能需要降低训练频率几周，然后训练者可以继续通过 3×5 的训练取得进步。之后改用 3×3 或 1×5/2×5 的训练能够延长取得进步的周期。

　　这是针对大多数初级训练者的最初的 3~9 个月的训练纲要。从 3 个正式组开始平稳地增加重量，直至进步停滞。然后减重

10%继续取得进步，动作也要略加改变，然后持续进步到再次进入平台期。最终，打破体内平衡所需的训练量超出了训练者在两次训练的间隔所能恢复的量，这时就需要更为精细的训练计划了。

初级训练者进步的关键在于在最初的几个月每次训练都能够加重。训练者进步飞快，使用相对更短的时间就达到了非线性训练无法企及的力量水平，变得更加强壮。

到了某个时间点，一般是在训练 3~9 个月之后，线性进步的潜力就会耗尽，训练则需要从按照每次训练安排的周期转变为以周为单位安排的周期。到了这个时候，训练者可以被视为中级训练者了。

特殊人群的初级训练计划制订

体重过轻的男性

对于体重过轻的初级训练者，其整体的进步和增重会比已经比较强壮甚至超重的训练者要慢得多。有重量才能移动重量，瘦削的人能够利用的杠杆效应也很差，尤其是又高又瘦的人。推举、卧推和力量翻需要在训练计划开始不久后就使用小重量的增幅，因为训练者增加体重需要时间。在线性增长阶段用小重量加重绝对没有任何问题，但在不必要的时候这么做就是浪费时间。对一个很瘦的孩子来说，这个缓慢却必不可少的增重过程应当是其增加饭量的动力，这样才能进步得更快些。

对体重过轻的训练者来说，高热量饮食是获得肌肉、增加体重的催化剂，也能避免其过早到达平台期以及提前使用小重量加重的情况发生。肌肉的增长往往也伴随着体脂的增加，但是很瘦的人很难察觉自身体脂的增长。想要变壮，先要吃"胖"，这是个常见的误解。虽然训练者试图从 165 磅（74.8 千克）长到 225 磅（102.1 千克）时"六块腹肌"消失很正常，但并不是说训练者必须得吃成个大胖子。"多吃"不代表吃得差。身体构成一般是由训练者饮食中的食物质量决定的。

想要增肌的话，由牛排和烤土豆组成的一餐要优于芝士比萨。早餐吃一盒护身符（Lucky Charms，一种棉花糖和燕麦混合制成的零食）与吃 6 个全蛋加 1 碗燕麦的效果也大不相同。同样，应当用水果和坚果代替饼干、糖果当作零食。另外，全脂牛奶一直是初级训练者的增肌好帮手。

简单的一日菜单

早餐（7 点）：全蛋，1 碗蓝莓燕麦，16~24 盎司（473.1~709.7 毫升）全脂牛奶

上午茶（10 点）：16~24 盎司（473.1~709.7 毫升）全脂牛奶加 1 勺蛋白粉，与 1 个香蕉混合食用

午餐（13 点）：大份火鸡芝士三明治加生菜、番茄或洋葱，16~24 盎司（473.1~709.7 毫升）全脂牛奶

训练：14：30

训练后（16 点）：16~24 盎司（473.1~709.7 毫升）全脂牛奶加 1 勺蛋白粉，50 克糯玉米或麦芽糊精

晚餐（18~19 点）：牛排或者鱼排，大份烤蔬菜，16~24 盎司（473.1~709.7 毫升）全脂牛奶

睡前（22 点）：16~24 盎司（473.1~709.7 毫升）全脂牛奶，1 勺蛋白粉

这个菜单里，训练者每天要分 6 次、每次 20 盎司（591.4 毫升）左右喝下 1 加仑（3.8 升）全脂牛奶。这种方式可以避免每次喝太多，以便比较容易地在 1 天之内喝下 1 加仑（3.8 升）牛奶。如果训练者这样做无法增重，就应当在晚餐摄入更多的碳水化合物增加总热量摄入。另外，可以在每天 3 次的水冲蛋白粉中加入一些橄榄油或花生酱，为菜单"悄悄"增添一些脂肪热量。这样训练者无须额外进食固体食物就可以摄入更多热量。在这个饮食方案之外，非常难以增肌的人应当考虑每周安排 1~2 次超高热量的饮食，比如双层足三两牛肉堡、1 大份薯条和 1 杯奶昔，这样可以显著增加训练者 1 周的总热量摄入。这种方法对 40 岁以下的年轻人效果较好。随着训练者年龄的增长，对超高热量饮食的处理效率会逐渐降低。超高热量的一餐（麦当劳、比萨等）应当放在每天的最后一顿。在较早的时候完成超高热量的一餐会抑制训练者的食欲，使其更难吃下当天计划内的其他食物。

体重过轻的训练者应尽可能长时间地保留硬拉训练，不要急于引入力量翻。因为深蹲和硬拉增加肌肉量的潜力比其他任何动作都要大。如果训练者能够从每周 3 次的硬拉训练中恢复过来的话，那他应当尽可能久地坚持下去。

超重训练者

对体重过大且刚开始执行初级训练计划的训练者来说，可能会有几个潜在的障碍。第一，由于多种原因，开始时深蹲的进步速度可能会很慢。超重训练者本身已经很重了，即使是自重全深蹲，面临的困难也已经不小了。即使只增加了很小的负重，训练者也会感觉难度大大增加。有些初级训练者因为体重过大，可能连 1 个自重全深蹲也完成不了。这种情况在老年和女性的超重训练者中更为常见。在这种情况下，训练者最好先用腿举机进行线性训练计划，同时专注于其他动作的训练，并严格控制饮食。

第二，超重训练者的体型可能无法使其以良好的力学机制完成深蹲。严重肥胖往往伴随着对动作幅度的限制，很可能只有在训练者减掉部分体重后，其深蹲的力学机制才能得到改善。硬拉和力量翻也存在同样的情况。腰部、大腿和胸部过多的脂肪会使训练者很难做出正确的起始姿势，也会影响力量翻中杠铃杆的垂直运动路径。如果训练者无法以良好的力学机制完成深蹲和硬拉的话，教练必须极其小心负重杠铃的运动。一般来说，上半身动作受限不那么明显，大部分超重的初级训练者的上半身力量的确与其下半身力量不成比例。超重男性训练初期的卧推力量略强于深蹲力量的情况并不少见。

重量训练是超重训练者恢复良好身体构成的重要工具。增加肌肉量能明显改善超重训练者的代谢，因此超重训练者应当把增加肌肉量作为首要目标。

因此，如果减重的目标主要是减掉脂肪的话，训练者绝对需要认真对待几种基础杠铃动作，使自己变得更强壮。但由于上文提到的一些限制，超重训练者的起始训练计划对固定器械的使用几乎与杠铃一样多。

训练者的训练计划可以是这样的。

超重训练者的训练计划示例

周一	周三	周五
腿举 3×10	腿举 3×10	腿举 3×10
卧推 3×5	推举 3×5	卧推 3×5
硬拉 1×5	硬拉 1×5	硬拉 1×5

随着训练者硬拉力量的增强（或者因为体型限制了重量的快速增加），他或许有必要加入另一种动作与硬拉交替完成。背阔肌下拉是个不错的选择，这种动作十分安全，能够加载比较大的重量，并且能调动大量的肌肉。

交替安排背阔肌下拉和硬拉。

训练 A	训练 B
腿举 3×10	腿举 3×10
卧推 3×5	推举 3×5
硬拉 1×5	背阔肌下拉（反手窄握）3×（8~10）

随着训练者取得进步，应当试着停止腿举训练，学习深蹲。根据经验，当训练者能使用等同于自身体重的重量在每个正式组完成 10 次腿举时，就可以正确地训练深蹲了。

尽管超重的初级训练者想要尽快增强力量、增加肌肉量，但他还是应当通过饮食的控制首先减少体脂。很显然，正常体重和体重过轻的训练者使用的高热量饮食并不适用于超重训练者。超重训练者的饮食应当以低脂来源的蛋白质和蔬菜为基础。脂肪和碳水化合物的摄入都应该受到限制。佳得乐（Gatorade）等可以快速消化的碳水化合物可以并且只能在训练前食用。这样能为碳水化合物摄入受限的训练者提供训练所需的能量，同时不会提高总摄入量。

超重训练者的饮食示例如下。

早餐（7 点）：煎蛋和蔬菜

上午茶（10 点）：水冲蛋白粉，1 个苹果

午餐（13 点）：烤鸡和 1 大份沙拉

训练前：半瓶佳得乐

下午茶（16 点）：水冲蛋白粉，橘子

晚餐：瘦牛排或烤汉堡肉饼，1 大份烤蔬菜

女性训练者

无论年轻或年长、健壮或肥胖，女性的进步速度要低于男性。女性卧推、推举以及

力量翻进步的速度与深蹲和硬拉不成正比。女性的深蹲和硬拉训练能够连续几周每次训练增加 5 磅（2.3 千克）甚至 10 磅（4.5 千克）重量，但上半身动作很快就需要使用小重量加重。超高热量的饮食对女性的效果也不及男性。由于两性先天的激素水平差异，女性的身体没有办法像男性那样，将多余的热量用于打造肌肉。与男性相比，即使体重相同，女性的进步也会慢一些，最大力量的提高也要慢一些，其上半身的力量增长永远落后于下半身的力量增长。对不起，力量增长是很不公平的，但我们男性没有多重高潮啊。

7

中级训练

每次训练都能稳定进步，每种基础杠铃动作都能不断增加重量，稳定的进步一直没有间断，这样经历了几个月之后，所有训练者的进展都会出现停滞。这是正常的，也是无法避免的，是训练者越来越接近其身体潜力的结果。此时，训练者的力量和肌肉量都增加了很多。训练者从大重量训练中快速恢复的能力也有所提高，但随着力量水平的提高，所使用的重量更大、更费力，抵消了恢复能力的提高。水平更高的运动员无论在恢复还是强制恢复的能力上都更为高效。效率的提高产生了新的变化：只是简单地每次训练增加重量已无法产生持续进步所需的刺激了。当单次训练的超负荷和48~72小时的恢复期无法引发足以提高运动表现的适应状态时，初级训练者就应当改变计划了。初级训练者的一次训练刺激构成了一个超负荷活动，这个超负荷与在下次训练之前取得的身体恢复要足以干扰体内平衡，才能为新手带来力量增长。一旦这种情况不再发生，训练者就不再是初级训练者了，其训练计划必须做出相应的调整（见图7-1）。

中级训练者的一个重要特征是，他们从初级训练阶段的经验中形成了明确的训练目标。一开始想要"学习如何举重"或者为了在运动场上显得更强更壮的高中生，现在可能意识到他想要把训练重点放在提高推铅球的表现上。一开始只是想要恢复体型的35岁中年人，可能现在打算去参加奥林匹克举重比赛。即使是从一开始就清楚自己是为了运动专项训练的竞技运动员——在其刚接触力量训练时，他们意识到自己作为新手需要使用初级训练计划开始训练——现在也会意识到，到了该把训练目标放在更具体的需求的时候了。

如果训练者之前没有执行过系统的训练计划，简单的线性进步可以持续数月。在初级水平上，干扰生理平衡、产生适应状态所需的训练量，即超负荷活动，能够在一次训练中完成。随着训练者逐渐适应训练刺激，他开始能够在一次训练中给身体施加直到下次训练都无法恢复的刺激。中级运动员所使用的"大"重量对身体的刺激比初级训练者的"大"重量更大一些，因此需要更长时间来恢复。此时，训练者如果想要继续进步，必须为训练重新划分训练周期，为这个适应级别的训练者构建一个可恢复的超负荷。

每个周期都包含不止一次训练，这样才能累积足够的训练量产生训练刺激，形成一次超负荷活动，同时保证足够的恢复时间来促使适应状态出现。对产生中级水平的适应状态来说，按周划分训练效果不错。

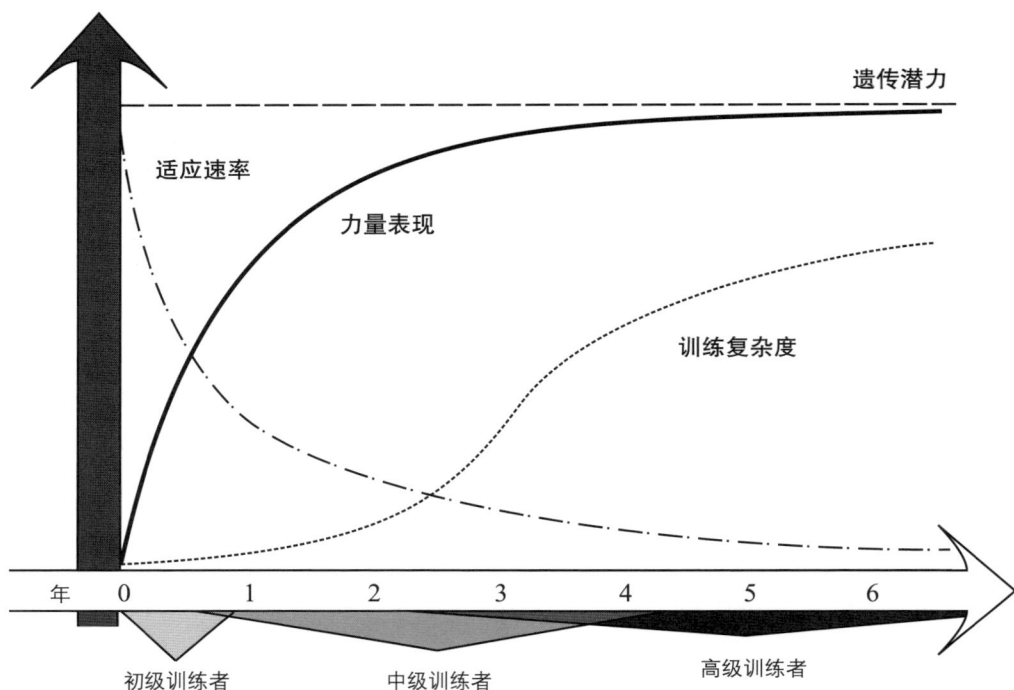

图 7-1　力量表现提高与训练复杂度相对于时间的一般关系。注意，中级训练阶段的适应速率相对初级训练阶段已经下降了很多

以周为单位训练并没有什么特别的意义。之前的训练-恢复周期是 48~72 小时，因此可能 96 小时（4 天）能够累积足够的训练量并允许身体从中恢复。但也很可能需要 4 天以上的时间，因为 72 小时内只进行 1 次训练很可能无法产生足够的刺激，也无法得到充分的恢复。训练者并不是突然按下了某个开关，然后就无法在 3 天内完成超负荷-恢复循环了，因此将周期增至 4 天可能也没办法解决问题。可能 5 天，或者 6 天才够，但由于人们习惯了按周来安排社会活动，所以按周安排的训练更容易排进大多数人的日程表里。

中级训练计划与初级训练计划有很大不同。每周深蹲 3 次、每次训练完成 3 组 5 次重复的初级训练者会发现，每次 3 组训练足以激发进步，从这样的训练量中恢复的速度也足够快，下次训练总能使用更大的重量。初级训练者的卧推训练可能安排在周一和周五，每次完成 3 组，每组 5 次重复，周三则训练推举。而中级训练者周一只完成 3 组 5 次重复的训练不足以激发进步。或许 5 组才够，但这也会有问题。每周卧推 2 次的话，使用足以驱动进步的高强度完成 5 组正式组或许会导致身体无法恢复。因此，需要为训练引入一些变化才能满足中级训练者对更大的训练量和充分恢复的需求（见图 7-2）。

有很多种方法可以实现这一点，每种方法都能在每周为训练带来所需的变化。本章接下来会介绍 3 种方法，每一种都不同，但

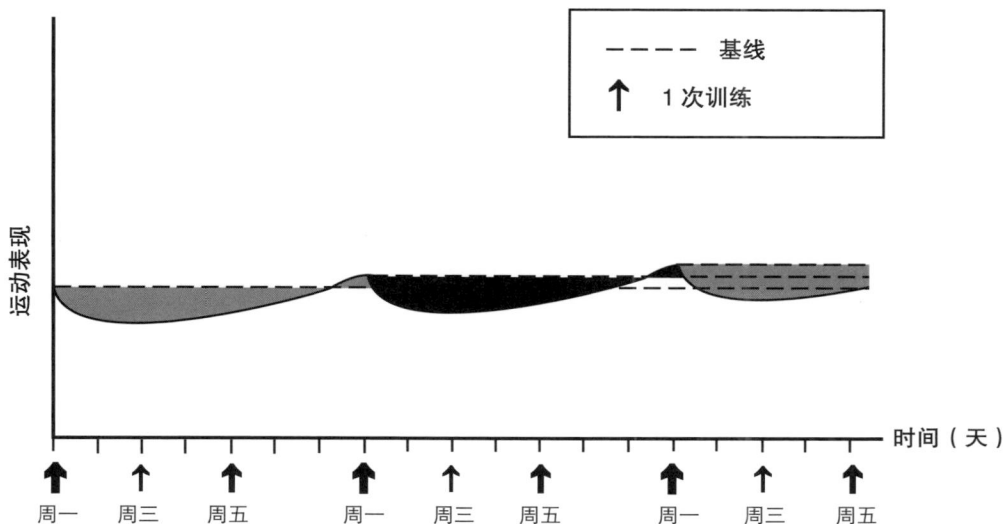

图 7-2　中级水平的刺激-恢复-适应循环。相比初级训练者，中级训练者需要更大的刺激才能打破体内平衡，也需要更长的时间来恢复并产生适应状态。有效的计划设计能在一个更长的周期内平衡这些需求，使用不同的刺激形式促使进步发生

效果都不错。在此之前，我们首先来看一下中级训练计划制订的基本原则。

基本原则

动作选择

中级训练计划制订所要考虑的最重要的事情就是动作选择。动作主要是由训练者所选择的运动的特点或训练重点决定的。如果你选择了力量举，那么训练就会围绕深蹲、卧推和硬拉展开；如果是奥林匹克举重，那么计划的重点就在抓举和挺举以及几个基础力量动作上。力量型田赛运动员会在基础力量计划中加入力量翻、挺举以及抓举变式等爆发力动作；对增肌感兴趣的人会在基础力量计划中加入更多高次数的孤立动作训练。

非力量型的田赛运动员、短跑运动员、篮球和棒球运动员以及非格斗类武术家，这些人对力量的依赖程度较低，根本没有必要选择超出中级训练初期阶段的计划。力量的获得可能是任何运动员准备工作中最重要的部分，因为力量对其他各种运动能力的发展和表现都有着深远的影响。但相对于在举重室用杠铃训练力量和爆发力而言，这些运动员从事的运动更依赖于通过运动实践获得的技能。确定训练目标十分重要的原因之一就是，训练者计划达到何种力量水平取决于他的运动是否需要他达到这种水平。

动作选择的专项化程度是由超出提高基础力量的需求部分决定的，而不是由力量训练计划中的基础部分决定的。一个标枪运动员可能会选择使用包含深蹲、推举、翻举、抓举和反手引体向上的 3 天训练计划，任何比这复杂的计划是没有必要的，把时间用在这种高度依赖实践的专项动作上效果会更

好。以负重方式训练类似投标枪的动作可以作为"无效训练"的定义了，比如用哑铃去模仿该动作，其实是在用更慢的速度、错误的动作模式完成动作。用力量训练动作去模仿运动专项动作是对力量在运动应用中的严重误解，力量需要通过一般性的动作获取，然后在运动中以特定的方式表现出来。杠铃动作使运动员变得强壮，场上实践使已经强壮的运动员表现出色。

某种程度上，动作的选择决定了组数和重复次数的设置。深蹲、推举、卧推和硬拉等基础力量动作可以使用不同的重复次数范围，从每组单次到每组 20 次重复都可以。这也是这些动作如此实用的原因之一。通过使用不同的重复次数训练，训练者可以获得最大力量、爆发力、增肌、肌肉耐力等几乎所有的生理响应。

包括抓举、挺举，以及力量抓、力量翻、架上挺、悬垂抓和悬垂翻等变式在内，举重的各种变式则没有这么广泛的应用。这些动作无法在专门为增强力量或爆发力设计的训练计划中使用高重复次数，因为高重复次数需要使用小重量，而小重量不需要高功率输出，只需要点速度。并且这些动作高度依赖技术，而高重复次数带来的身体疲劳往往会导致动作在技术不到位的情况下完成。这些动作无法缓慢完成，这既是其优点，又带来了限制。最好将抓举和翻举的重复次数限制在每组 1~2 次，力量翻可以偶尔每组完成 3 次重复；由于疲劳会导致技术变形，因此重复次数应当限制在 3 次以内，以免疲劳成为制约因素。

中级训练者仍可使用辅助动作。这些动作在这个时期的价值远大于训练生涯的其他阶段。中级训练者正在建立对以后的训练方向的感觉，辅助动作是摸清门道必不可少的组成部分。辅助动作有成千上万种，但有价值的只有几种。最有用的辅助动作都具有功能性（利用人体正常的动作模式）、使用多关节、包含控制平衡的部分，并有利于提高基础动作的表现。比如，反手引体向上就符合这些标准，而腕弯举则不然。

最好的辅助动作永远是那些与基础动作的表现形式及所用重量最接近的动作。这些高质量的辅助动作几乎都是杠铃动作。很多辅助动作与基础动作十分相近，以至于能够在身体上产生同样水平的刺激，因此，在向计划里添加这种动作时要格外小心。最好是用这些动作来短期替代基础动作，可以替代的时长短至 1 次训练，长至数周或数月，具体情况由训练者使用这些动作的目的决定。

为了训练动作幅度中的特定部分，抑或是从某个特定的位置起始动作，某些最实用的杠铃动作需要在框式深蹲架内完成。训练者可以从完全静止的状态启动深蹲和卧推的训练组，即每次重复都是从杠杆作用最低效的动作底部起始。对推举和硬拉来说，部分幅度的架上推举、架上卧推和架上硬拉都是练习动作锁定部分的有力工具。窄距卧推、抓举握距硬拉等辅助动作与基础动作非常相似，但稍微改变了一下动作的力学机制，通过对动作幅度的控制改变刺激方式。

要注意，架上推举和架上硬拉要比肱三头肌孤立动作或者负重山羊挺身等动作更费力。在将这些费力的动作加入训练计划中时要尽可能地考虑周全、细心安排。一般情况下，硬拉后安排 2~3 组小重量的山羊挺身，或者在推举后安排 2~3 组拉力器下压都没有问题。一个体能良好的训练者能够在不扰乱训练计划的同时加入这些动作，取得所需的额外训练量。然而，在完成大重量硬拉训练之后再加入超过500磅（226.8千克）的架上硬拉会严重干扰训练者的计划执行。

对奥林匹克举重感兴趣的中级训练者可以把前深蹲当作深蹲变式，而奥林匹克举重运动员则会把前深蹲当作核心动作，而不是辅助动作。前深蹲是奥林匹克举重训练中的关键组成部分，但由于明显缺乏腘绳肌的参与，限制了它成为主要力量动作的可能。反手引体向上是一项重要的上半身动作，能够帮助发展推举力量，并且能为包含投掷和手拉动作的运动发展功能性的手臂力量，这个动作非常重要，所以很早就被引入到了新手训练计划中。罗马尼亚硬拉是一种硬拉变式，它是从动作的顶部起始而不是从地面起始的，也可以在这个训练阶段加入杠铃划船（每次重复都要从地面起始）。

中级训练者也可以使用臀腘挺身等专门训练下背部的动作和负重仰卧起坐等大重量腹肌动作来提高躯干在基础动作中的稳定性。重复次数的设置取决于期望的结果，这些动作可使用的重复次数范围很广，但一般来说，其重复次数要高于基础力量动作，因为它们不能像基础动作那样训练。它们的作用是增加额外的训练量并提供主动"休息"，并不是训练计划的关键组成部分。如果背部受伤的话，就应当停止相关动作，因为受伤期间脊柱应当保持稳定，而下背部动作和大重量腹肌动作可能会刺激到伤病部位。

有时，非杠铃的辅助动作也是需要的。杠铃训练非常费力，训练者从训练计划中得到的恢复是有限的，一次特定的训练包含的内容也是有限的。训练者具体什么时候该用哑铃、自身体重或者固定器械并没有一个严格的指导方针，但有适合其使用的时机。各种角度的哑铃推举（水平、上斜、坐姿）是增加肩膀周围肌肉的不错办法，在大重量杠铃训练后，完成3~5组、每组10次重复的训练能强力地刺激肌肉生长；想要提高卧推和推举力量的训练者可以做肱三头肌孤立训练，可以使用曲杆杠铃、哑铃或固定器械完成多组10~12次重复的训练。对下半身来说，臀腘挺身和山羊挺身等动作能增加一些训练量，却又不像直腿硬拉、罗马尼亚硬拉或站姿躬身（早上好）那样令人疲惫。

组数和重复次数

组数的设置也要因动作而变化。大部分的训练量应当始终集中在那些打破体内平衡的主要动作上。这意味着每周安排的大部分组数和时间都应当用于基础动作，因为在这些动作上投入时间能获得更多回报。翻举和抓举每组重复次数少，因此每周需要完成更多组数才能平衡训练量；为了与5组、每组5次重复的深蹲训练量相匹配，你需要完成8组、每组3次重复的翻举训练。但要记住，基础动作的训练量-总重量与抓举、翻举和挺举的训练量-总重量带来的超负荷效应很不一样。5RM的硬拉个人纪录与3RM的力量翻个人纪录是两种截然不同的生理事件，受到技术和爆发力制约的动作要通过更大的训练量才能达到等同于哪怕只有一组实实在在的硬拉或深蹲所产生的效应。

每组重复次数较多的辅助动作能比基础动作累积更多的重复次数。如果完成了3组、每组5次重复的热身组和5组、每组5次重复的正式组深蹲，然后又完成了 5 组、每组 10 次重复的臀胭挺身，那么臀胭挺身的总重复次数是多于深蹲的。但从总训练量（重量 × 重复次数）和打破体内平衡的作用来看，深蹲无疑更加重要。

因此，在所使用的动作框架内，组数和重复次数的性质一般是由我们的训练目标决定的。在力量训练中，基础动作需要每组完成 1~5 次重复，组数可以高至 5 组；增肌需要 5 组、每组完成 12~15 次重复的训练，组间休息时间也要很短；爆发力动作需要完成 5~10 组，每组 1~5 次重复的训练，所用重量要足够小，以便于快速移动，同时也要足够大，使动作的完成具备难度。翻举和抓举训练通常为 5~10 组，每组 1~3 次重复。辅助动作的重复次数较多，通常是 10~15 次，组数相应较少，通常为 3~5 组。

时间安排

在中级水平的训练中，按周安排训练是为了符合训练者持续进步的个人需求，而不是为了迎合日历。进入高级阶段之后，训练周期往往是根据比赛计划制订的，但中级训练者进步速度仍然比较快，他们应当尽可能持久地进步下去，尽量避免受到训练计划之外的时间因素的干扰。在中级训练计划中，如果比赛时间安排和训练计划存在重叠，可以通过合理安排将对比赛表现和训练计划本身的干扰降至最低。

高中橄榄球运动员经常会遇到这种情况：虽然橄榄球赛季已经开始了，但他们仍能通过训练计划取得不错的进步，在休息和营养供应充足的情况下，二者都未受到干扰，并且彼此受益。中级训练者的训练水平

还不够高，刺激和恢复之间的平衡还比较脆弱，偶尔的比赛会破坏这种平衡，但随着训练者变得水平更高、更专业，这个平衡就不会那么脆弱了。

显然，一次训练所需的时间会随着动作数量、组数和重复次数的不同而变化。组间休息时间应当足以保证恢复，但又不能让身体"冷却"下来，或者降低下一组的准备程度。组间休息时间过长是浪费时间，从健身房的角度来讲，训练器械的使用效率也比较低。组间休息过短则会导致无法完成所有重复次数和正式组，也就无法实现训练目标。要确保给训练安排足够的时间，并完成一次训练的所有内容。任何超过 2 小时的训练可能包含了过多的动作、过多的组数，或者说了太多的废话。

训练强度

在典型的力量训练计划中，训练强度通常以完成既定重复次数对应的 1RM 的百分比表示（见表 7–1）。也就是说，对基础动作和爆发力动作而言，每次训练都要计算 1RM 的百分比和完成的重复次数。如表 7–1 所示，根据动作使用的重复次数的不同，"小""中等"和"大"对应不同的百分比。如果要完成等重组训练，所用的重量就要略低于相应的 RM 对应的重量才能累积疲劳，比如你的 5RM 是 355 磅（161.0 千克），那么完成 5 个等重组的话就要将重量减少到 330 磅（149.7 千克）或 335 磅（152.0 千克）。

虽然测试 1RM 是个不错的方法，使计算训练负荷更加容易，但作为计划制订工具来说往往有失精准，对大多数训练者来说并不实用。初级训练者的 1RM 是个无用的数

据点，因为：（1）初级训练者不可能展现出真正的 1RM 的实力；（2）即使测出了 1RM，这个数据对制订运动计划也毫无用处。

根据定义，初级训练者运动技能不足，无法为任何杠铃动作完成有效的 1RM 测试。他们训练这些动作的时间太短，动作的运动通路还未发展到可以专注于用力而不是专注于动作模式的地步。所以很显然，初级训练者使用任何杠铃动作尝试的单次最大重量其实都达不到最大。这种极限测试说明不了任何问题，也测不出什么东西，得到的数据对接下来的训练负荷的计算也毫无价值。

根据初级训练者的测试结果以一定的百分比确定训练负荷无效的一个重要原因是，每次使用比之前更大的重量对身体产生的刺激都会使初级训练者变得更强壮。如果测试过程使训练者变得更强壮了，那么测试本身就起到了训练刺激的作用，认为在这种情况下得到的数据就是真正的 1RM 是错误的。如果初级训练者的力量每次训练后都能有所

提高，那么从本质上来说他与通过测试 1RM来确定训练负荷的运动员是完全不同的。

你要明白，测试 5RM 得到的结果就是5RM，而 5RM 对推测 1RM 用处不大。有很多相关的换算公式，但没有一个能把个人测试情景的所有特定因素都涵盖在内，比如运动员的神经肌肉效率、经验、疲劳度、情绪、性别（见第 9 章）等，更不用说将 5RM 换算为 1RM 时不同动作之间的差别了。影响个体将任何次大重量换算为 1RM 的因素很多，并且这种换算方式并未经过严格的科学验证。

除了在比赛中，完成 1RM 没有任何意义，因为中级训练者仍能每周取得进步。而测试 1RM 意味着有在所得数据的基础上构建一个更长训练周期的需求——包括退行期和重回并超越先前 1RM 的训练阶段。中级训练者使用周训练周期，每周都能进步并创造新的个人纪录，因此测试 1RM 对他们同样没有用处。

表 7-1 依靠重复次数安排训练的难点在于它同时是训练强度和训练量的参数。表格里的数字代表重复次数。1RM 的 90% 对完成 1 组 3 次重复的训练来说很重了，用 1RM 的 60% 完成 1 组 15 次重复的训练亦然。因此，用 1RM 的 60% 完成 15 次重复与用 1RM 的 90% 完成 3 次重复都不能被视为恢复性训练。周期化训练中的恢复需要削减相对训练强度。比如，如果以每组 3 次重复的方式训练力量，那么 1RM 的 90% 就是一次高难度的训练，而用 1RM 的 70% 完成 3 次重复就可以作为一次帮助身体恢复的轻松训练

训练量（重复次数）

训练强度（%1RM）	小重量	中等重量	大重量
100	—	—	1
90	—	1	3
80	3	5	8
70	5	8	10
60	8	10	15
50	12	20	25+

相对强度

即便如此，在最近的比赛中得到的 1RM 是运动员在比赛环境中，在非常规的体重、休息和生理状态下，在不同于每周的训练、每天的训练时间的情况下，在器械、着装和周边环境不同以往的情况下完成的。由于训练不足、恢复差异和积极性不同，对比赛后 1~3 周开始的训练计划来说这个数据并不准确。1RM 的百分比可以作为参考但并不总是可靠，事实上，根据 1RM 数据制订的计划往往需要后续调整。

为了介绍相对强度的概念，本书在概括性地描述训练计划时，仍将使用一般意义上的百分比——没有其他办法能更好地体现变化的负荷与未知负荷之间的关系。但这并不是说，实际执行计划时需要精确地按照所列的百分比来进行。这些计划所用的负荷必须由个体的实际能力及其运用百分比概念安排训练计划的能力得来。计算百分比唯一有用的时候，是在刚完成正式组再做退行组的时候。就像在高等初级训练计划部分讲到的那样，退行组是在一组可能非常重的正式组后进行的额外训练，在维持训练量的同时能够以精确可控的方式完成。因为正式组刚刚做完，所以正式组使用的重量就是个准确的数据点，这样就能根据正式组的百分比准确地衡量接下来所施加的刺激。

在现实中，每个运动员的技术水平、力量、疲劳度存在不同程度的差异，通过不断尝试增减重量，才能精确评估训练效果，从而更好地选择训练负荷。这是经验丰富的教练最重要的作用之一，也是请教练的最好的理由之一。运动表现起伏的原因很多，不同人对刺激的响应也不尽相同。火眼金睛的教练能够判断出"相对极限"，即训练者在当天特定环境下能使用的最大重量。教练和运动员之间的互动含有大量的来自双方的经验与反馈，这或许是训练者制订训练计划时最有价值的信息来源。

训练年长的客户或非杠铃项目的竞技运动员时，这种变通更为重要。年龄较大的训练者（50~80 岁）的训练更容易受到外界因素干扰，比如服用了新的药物、晚上没睡好、伤风感冒或几顿饭没吃等。甚至只是一日计划外的重体力劳动都会严重影响恢复周期。20~30 岁的训练者通常都能轻松克服这些外界干扰，仿佛这些干扰根本不存在一样。教练应当清楚地了解年长训练者对异常变化的敏感度，并制订相应的计划。强行让一个恢复不充分的年长者按照常规计划做大重量训练会降低训练质量，甚至导致受伤。

竞技运动员的情况也类似，他们还常常需要处理比赛带来的身体刺激，完成专项训练。这些"外界"活动往往会对力量训练产生负面影响。运动对体力要求越高，对力量训练的影响就越大。通常，力量教练和专项教练并不同步工作，所以力量教练无法跟踪并预测运动员的力量训练表现。一般而言，运动员的力量训练表现会受到最近一次训练或比赛强度的影响。长跑、篮球和足球等包含大量跑动的运动与大重量深蹲训练的结合可能会格外困难。游泳、格斗等全身运动可能会对所有的举重训练产生负面影响。

力量教练也应当考虑到力量训练对运动员运动表现的影响，尤其是在比赛前。临近比赛时显然不应当安排最大重量的或者最为严苛的力量训练。如果可能，最大重量的训练应当安排在运动员充分恢复且对比赛影响最小的时候。记住，运动员训练力量是为了提高运动表现，而不是干扰它。某些时候，这个窗口期就出现在比赛之后，尤其是那些训练本身比竞赛要求更高的运动项目。

高中橄榄球和赛季中每周2次的力量训练计划就是个很好的例子。比赛一般安排在周五进行，球队会在比赛后的周六早上组织一次力量训练。比赛时，球队中的大多数球员出力不大，即使是那些真正出力的球员，他们的实际运动量也比赛前一周的训练中触地、跑动和身体对抗等安排的训练要小。还是这个例子，高中橄榄球一般周一和周二的训练最为辛苦，需要不停地重复、接触和调整。周三通常会轻松一些，周四要为周五的比赛踩场和做准备。周三是这周组织第二次力量训练的好时机，不过通常会比周六使用的重量小一些。周一、周二的训练已经使双腿很疲劳了，教练不应当再安排过大的重量进行训练，以免在周五比赛时产生肌肉酸痛。周四是最为轻松的一天，但距离比赛只有24小时，所以这一天最好充分休息和恢复。这是个围绕运动项目制订中级训练计划的典型例子，这种安排过程同样适用于其他比赛的时间安排。

很多竞技运动员可以算作情景中级训练者（Situational Intermediates），理解这点非常重要。他们的初级阶段的进步仍未停止，但外在环境（比如运动训练）迫使他们不得不以中级训练者的方式进行训练。来自举重室外的因素带给身体的压力已经很明显了，每次训练加重的线性进步已经不可能发生，没办法这样制订计划。以435磅（197.3千克）的重量完成5RM深蹲的高三学生比刚开始训练、只能以95磅（43.1千克）重量完成5次深蹲的新生更易受到训练和体能安排的影响。

随着训练者进步以及力量和爆发力的提高，进步速度会放缓。训练者越接近自身的终极潜力，进步的速度就会越慢。可能深蹲每周才能增加5磅（2.3千克）重量，而不再是每次训练都能增加5磅（2.3千克）重量；卧推可能每周只能增加2磅（0.91千克）重量，甚至更少。一种动作越是依赖较小的肌群，它使你变强壮的速度就会越慢，要将这一点牢记于心。即使推举只取得了1磅（0.45千克）的进步也不要灰心丧气。中级训练者只要能稳定进步就好，进步速度的放缓是不可避免的，这一点随着运动员水平的提高表现得更为明显。

长年累月地按周安排训练需要做出多次改变才能产生持续的适应状态并取得进步。有很多引入变化的方法，我们会一一阐述。如果需要，可以改变重复次数和组数，要按照教练的观察或者训练者的感受来做出调整，以顺应变化的情况。根据酸痛感和小伤病的情况，热身组几乎每天都会变；在能够成功完成的情况下，应当增加正式组的数量，直到所需增加的组数太多，最终需要增加1次训练。也可以改变选择的动作和训练频率。在第5章我们提到过，训练频率要逐渐增加，但也可能需要临时降低训练频率以避免过度训练。控制训练中的组间休息时间也能产生不同的生理效应。

通过改变训练刺激使每周产生适应状态的方法能用很久，改变的形式也多种多样。只要记住实现目标所需的生理需求并为此训练，做出改变的可能性只受限于你的想象力。

随着训练强度和训练量的增加，教练的角色会从动作模式教学转向动作咨询，从计划制订者转变为计划顾问。逐渐成熟起来的训练者会积累起足够的经验，从开始的被执教发展到后来能够帮助教练执教其他的训练者，因此训练者所需的指导也会随之改变。由于更有经验的训练者已经掌握了正确的动作，也有了数月的正确完成动作的经验，因此他们需要教练的眼力来指出自己尚无法察觉的问题。此时技术上的需求只是检查或提示，而不是从头传授。教练就转变成为训练计划应用提供建议的顾问，而不再是计划内所有元素的控制者。随着训练者的技术日渐纯熟，教练的建议也变得愈加精细，并更加注重细节。教练应当在正确教授所有动作后帮助训练者选择动作变式，在明确了训练者对训练强度和训练负荷的反应后，指导训练者如何改变强度等。此外，在训练者掌握技巧很长一段时间后，教练有必要不断提醒训练者再次熟悉各个动作中使用的技巧。

变化

中级训练阶段同样是大多数运动员很容易犯下严重错误的阶段。没错，的确有很多初级训练者一开始使用的计划就很糟糕，训练漫无目的、毫无逻辑，或者是用了那些为更高级的训练者准备的计划，反而无法以最快速度进步。但初级训练者神奇的适应能力非常强大，足以压倒哪怕是最差劲的决定。初级训练者即使是在最差的环境里也能取得进步。但对中级训练者来说，进步的取得更为不易，身体反应的特定性要强得多，想要进一步提高会更加困难。

很多中级训练者会陷入不断改变日常训练的怪圈，整天乱改周计划的动作、组数和重复次数。为了能感觉到进步，他们甚至经常宣称要改变核心目标。你有多少次在健身房（或者网上，苍天啊）听到那些多年都未取得实质性进步的人说自己不再打算"增肌"，而是准备全力"减脂"？大多数时候，这种人仍然希望变得更强壮，但由于长期没有取得进步使他们感到无聊、沮丧，于是就设定了看起来能够达到或者仅仅是更容易实现的目标。或者，有的人几个月没有在卧推上取得进步，于是决定放弃卧推，专注于某种莫名其妙的固定器械版单侧推胸动作。很多人因为常常随便更改动作、训练计划、组数和重复次数的设置，结果盲目训练多年毫无长进。

如果某个动作的进步出现停滞，训练者应当问自己一个重要的问题：这个动作需要更大的训练量还是更小的训练量？答案几乎总是二者中的一个。并且，几乎永远不需要额外添加更多的、不同的动作。通常只需要点常识，然后回顾一下训练日志，就能够找到答案。如果该动作每周只安排 1 次 3 个正式组的训练，那么你很可能需要针对其增加训练量；如果该动作每周训练 3 次、每次完成 5 组，那么你可能需要削减其训练量。动作的多样性不是问题，问题在于所使用的基础动作的计划安排。

在训练计划中引入的变化应能强化训练目标，这才是正确的做法，每周不同类型的训练应当有其功能性目的。这意味着，变化应当与基础动作的应用方式一致，而不是与一大堆新动作匹配。为基础动作安排每组 5 次重复的训练永远是力量训练计划中最实用的部分，有益的变化应包含对组数、重复次数和动作完成速度的调整。如果运动员正在为一项需要速度和爆发力的运动训练，那么添加一些爆发力类型的动作是不错的选择。

在完成初级训练阶段后，在训练中添加快速移动中等重量的动作对此时的训练者非常有帮助。对那些主要目标为增加肌肉量和块头的训练者来说，大部分训练周期都有必要包含一个较大训练量的训练日。对那些想要提高力量，尤其是想要提高相对力量（单位体重对应的力量）的训练者来说，他们必须专注于发展爆发力和较小训练量的高强度训练。

接下来我们讲一个以增肌为主要目标的训练者的例子。他已经度过了初级训练阶段，并已经完成了一个中级训练周期，其中每周包含一次 5 组 5 次重复的训练以及一次动态发力训练。他想要增重，因此他的新训练周期保持 5×5 的训练部分不变，额外加入了一次大训练量训练。他有多种选择，可以是 5 组 10 次重复的等重组训练、5 组 12 次重复的训练，或者是 3~4 组、每组高达 15 次重复的训练。第 1 组 5 次重复可能使用的重量是 10RM，其他 4 组则都要做到力竭，同时控制组间休息时间，以确保身体无法完全恢复。或者，也可以每组都完成 10 次重复，组间充分休息以确保能够完成。接下来的几个周期，用来调整训练量的重复次数每个周期都要变化，同时 5×5 的训练也要同步提高，并推动大训练量训练日的进步。

另一个例子是关于一位想要提高速度和爆发力的训练者的。随着训练的增加或变化的引入，每组完成单次、2 次重复或 3 次重复的训练显得愈发重要。除了翻举、抓举及其变式，使用 5RM 的 60%~70%、每组爆发式地完成 2 次或 3 次深蹲、卧推或推举的动态发力训练也是这类训练的一部分。接下来

的训练周期会包含多个单次训练组或 2 次重复的大重量等重组、3 组 3 次重复的等重组或者重量递增或递减的 3 组训练，同时仍然应该重视每组 5 次重复的训练组。这种训练的重点永远是打造力量，爆发力为次要训练目标，同时训练量应尽可能压低一些。

大多数人的问题在于，他们会在训练生涯的某些时候忘记了有效训练的根基所在。他们忘记了，自己的目标永远是通过恢复和超量恢复产生足以引发适应状态的刺激，并且随着训练水平的提高，也要考虑到这个刺激-反应周期的时间同样变长了。为了变化而变化毫无意义。所有的训练都要有计划地组织，成功离不开合理的计划安排。

下面的例子对基础周计划做了很多必要的阐释。它们会指引你发现解决问题的方案——为理解一名强壮的运动员发展道路上最重要的阶段提供一个起点。

得州训练法

这个训练法在每周的开始和结束时使用的训练变量对比极为鲜明。每周以大训练量、中等强度的训练开始，中间安排一次小重量训练来维持运动通路，然后在一周的最后安排一次高强度、低训练量的训练。这种调整方式的经典例子是一个深蹲计划。在该计划中，在完成相应的热身组之后，周一训练为 5 组 5 次重复的等重组，周三训练量较小，大概是用周一训练重量的 80% 完成 2 组 5 次重复的训练，周五是用较大重量完成 1 组 5 次重复的训练。对这个级别的训练者来说，这个简单的计划或许是现存的最有成效的计划。

训练计划安排大概是下面这样的。

周一	周三	周五
深蹲，等重组 5组5次重复	深蹲，小重量 2组5次重复	深蹲，5RM

这里以及接下来所有的计划示例中所说的组都是指正式组，默认之前已经完成了重量递增、重复次数递减的足够的热身组。得州计划通常是简单线性计划失效后所用的第一个计划。对从初级阶段过渡到中级阶段的训练者来说，每周训练2~3次并能从中完全恢复的训练负荷不能产生足够的刺激，或者正好相反，训练负荷足以引发刺激-恢复-超量恢复的循环，但无法从每周2~3次的训练中快速恢复，这两种情况都不能使训练者取得进步。

得州训练法是个十分困难的计划。尤其是在计划开始的几周后，大训练量训练日尤其难以完成。大训练量训练日的训练用时2个小时很正常，3天后的大重量训练更是对训练者意志力和身体韧性的严峻考验。大训练量训练日和高强度训练日的训练都很耗时，并对身体刺激极大。

综上所述，得州训练法是一种真正适合力量训练和竞技杠铃运动的计划，这一点怎么强调都不过分。这种训练模式要求训练者在训练以外的时间专注于休息和恢复。强行把得州训练法的计划与运动体能、演练以及场上比赛结合在一起很可能会导致力量训练和比赛表现双双下滑。对竞技运动员来说，从初级训练计划向中级训练计划的转变最好通过其他模式进行。

然而，对那些正在转变到中级训练阶段的真正的训练者来说，得州训练法能使这个转变过程顺利进行。除了对每种动作的训练量和训练强度做出一些调整外，训练计划的基本框架与训练者在初级训练阶段所做的十分相似，每次训练仍然包含3种全身性的多关节动作，即深蹲、推举和硬拉。

初级训练者在过渡到得州训练法时所犯的主要错误是开始时使用的重量过大。初级训练阶段的末期并不轻松。最后几周，训练者很可能要使出吃奶的劲儿才能完成所有的组数和重复次数。在初级训练阶段的末期，训练的节奏缓慢，使用的重量大，训练者一直在努力以接近5RM的水平完成多组5次重复的等重组训练。一旦初级训练阶段的进步枯竭，任何运动员都无法继续这样训练。如果训练者能够安排几周降低训练强度的训练，让身体适度恢复，并适应新的训练模式，那么有利于他取得长期的进步。

在得州训练法中，每周的第1次训练是主要的"刺激性"训练，之后在中间的恢复期完成较小重量的训练，最后安排高强度、小训练量的训练，此时训练者已经从第1次训练中充分恢复过来，面对不同类型刺激的表现得到提高。周一和周五的训练都是每周增加5磅（2.3千克）重量。每周的总训练量和刺激程度都要足够小，这样在每周开始时，上周的训练不会累积疲劳，周一的"刺激性"训练训练量足以引发身体产生适应状态，周五的单组大重量又提供了足够的训练强度，在强化神经肌肉功能的同时又没有造成训练量过大，从而使力量每周都能取得一点净增长。

大训练量训练日使用的重量大概是高强度训练日的80%~90%。**大训练量训练日的起始重量不能使用初级线性进步阶段最后的**

训练重量，这一点强调多少次都不为过。使用初级线性进步阶段最后的重量过于激进，会立即扼杀进步。对大多数训练者来说，一般使用 5RM 的 90% 完成 5 组 5 次重复的训练是不错的开始，但训练者必须通过增减重量进行调整。因为开始执行新的计划时难以精确得知多少训练量、多大重量才能产生最佳结果。记住，大训练量训练日的目的是驱动高强度训练日产生进步。大训练量训练日使用的重量是高强度训练日的 90% 只是大概的估计，在这之后，反复试验提供的经验会变得越来越有用。

过渡到得州训练法最好的方式是，用训练者线性进步阶段末期 3×5 的训练重量来完成第 1 个高强度训练日的 5 次重复训练组。这是相对训练者的力量水平上限的轻微减重。先前他还在用这个重量完成 3 组等重组训练，现在他只须用这个重量完成 1 组 5 次重复的训练。相对于此时的力量水平，训练量明显减少了。这样的减量对训练计划的可持续性十分重要。在训练生涯的这个节点，训练者的进步主要来自高强度、小训练量的训练——1 组 1~5RM 的训练将成为衡量其力量水平的标尺。训练者仍然会尝试突破 5×5 的个人纪录，但目的通常是为了提高 1~5RM 的力量。

通常，训练者会使用高强度训练日深蹲、推举和卧推重量的 90% 完成大训练量训练日的 5×5 训练。但一段时间之后，有些人会发现，稍微削减一些训练量效果会更好，只须训练 4 组就能在高强度训练日创造新的个人纪录。还有人发现，大训练量训练日的卧推和推举使用的重量略大一些效果会更好，而深蹲使用的重量略小一些会更好。

使用得州训练法训练的一大好处就在于，这个计划很容易每周调整，也很容易出效果。随着训练者力量水平的提高，他可能会发现大训练量训练日需要经常做出调整。高强度训练日以 350×5 的方式训练深蹲的训练者在大训练量训练日使用 350 磅（158.8 千克）的 90%——即大约 315 磅（142.9 千克）的重量——完成 5×5 的训练应该没有问题。但在高强度训练日完成 5 次 500 磅（226.8 千克）深蹲的训练者，在大训练量训练日使用其 90%，即 450 磅（204.1 千克）的重量完成 5×5 的深蹲可能训练量就过大了，身体很难恢复。从周一到周五保持 15%~20% 的减量，同时注重杠铃的速度和良好的技术动作，训练者在周五的高强度训练日的表现可能会更好。

除了使用的起始重量过大，很多使用得州训练法的训练者犯的第二个错误是，在高强度训练日使用 5RM 的时间过长。基本上所有的初级、中级和高级训练者的力量训练计划都会包含 5 次重复的大重量组，但在必须做出改变之前，训练者提高 5RM 的水平只能维持那么久。在得州训练法的初期，训练是以 5RM 的高强度训练日开始的，但在几周内，依靠 5RM 的训练取得的进步就会开始停滞，这时最好做出改变。一次次地不断重置正式组的重量通常会导致训练者停滞在与周期的第一次或第二次停滞相同的点上。我不建议为了在高强度训练日创造 5RM 的个人纪录多次重置训练重量。

或早或晚，训练者会在某一时刻，将其高强度训练日的训练转变为 2 组 3 次重复、2~3 组 2 次重复或 3~5 组单次训练的形式。这三种重复次数安排应当每周交替进行，比如单次组每 4 周做一次。这会使每周的训练都有所不同，每周都能与中级训练的模板保持一致，并不断创造新的个人纪录。下文会详细描述一种类似的方法。

初级计划转变到得州训练法的示例。

假设初级训练计划的最后一周，训练者以下列个人纪录结束（以深蹲为例）。

深蹲 $335 \times 5 \times 3$

此时得州训练法的第 1 周

周一	周三	周五
深蹲 $300 \times 5 \times 5$（周五重量的 90%）	深蹲 $275 \times 5 \times (2\sim3)$	深蹲 335×5

下面是这个基础中级训练模板的另一个例子，以推举为例：

周一	周三	周五
卧推，等重组 5×5	推举，3 组 5 次重复	卧推，1RM、2RM 或 3RM

就像深蹲一样，卧推训练也是周一安排大训练量的训练，周三安排一个相关但刺激性较小的动作（因为要使用较小的重量），然后周五是高强度训练日，训练量较小但可以尝试突破个人纪录。再说一次，这个计划相当简单。周一的训练应当施加足以打破体内平衡的刺激。任何达到这个训练阶段的训练者都应当能够对其需求做出相当准确的预测，等重组训练是被证明有效的策略，数十年来很多人一直用它取得进步。第 2 次训练所用的动作与第 1 次不同，但仍能帮助发展所训练的主要肌群，只是训练关节和相关肌肉的动作幅度不同，使用的重量也不会在第

1 次训练的基础上明显地干扰体内平衡。事实上，小重量训练能够通过增加肌肉的血流量来消除酸痛、促进恢复，并能起到提醒肌肉在周五还有任务要完成的效果。第 3 次训练的第 1 种动作应当尝试新的个人纪录（不论完成单次组、2 次重复还是 3 次重复）。

这是最简单的周期化训练方式，也是适合使用周期化训练的最早时机。当训练者可以通过简单线性训练取得进步时，引入这种变化就是在浪费时间。每次训练小幅加重的方式可以比这种周中减重的训练方式取得更大的进步。但到了中级训练阶段，训练者已经无法像之前那样快速进步了，想要继续取得进步，周中的减重和周一 / 周五的重量变化是非常必要的。

大部分中级训练者用这样的计划能够继续保持数月的进步。可以使用不同的组数和重复次数安排，只要遵循基本的训练模板，每周安排一个大训练量训练日、一个小重量训练日以及一个高强度训练日就可以。

再次强调，这是中级训练的关键所在：由于零训练经验与身体潜力完全激发之间的差距已经在初级训练的那几个月里缩小了很多，每次训练都产生进步已经不可能了，但每周取得一些进步还是可能的，周五的训练就是体现一周进步的机会。重量的选择应当十分谨慎，应该能够保证你创造新的个人纪录。在这个时期，训练者能够保持进步而不出现停滞的能力意味着很多。周五训练使用的重复次数不一定要每次都相同，在周五交替尝试 1RM、2RM 或 3RM 的训练强度会大有帮助。1RM 和 3RM 之间的差异足够大，这种变化可以帮助训练者保持进步而不会出现停滞。

当开始执行这样的训练计划时，你的目标是在周一和周五都取得进步，就像在初级训练阶段那样。当周一所有预期的组数和重复次数都完成后，下周就要增加点重量。如果周五创造了新的 1RM，那么下周就试试创造新的 2RM。实际上你的进步仍然处于线性增长状态，只是这种增长出现在从周一到周一和从周五到周五，而不是原来的从周一到周三（相邻的两次训练）。

恢复不足和训练刺激不足的情况都有可能发生，训练者必须在二者之间找到平衡，否则就无法取得进步。初级训练者既没有经验又缺乏监督，不太可能出现长期恢复不足的情况，除非一时犯傻，才会完成近于疯狂的组数和重复次数。如果每次训练都能够增加重量，无论多少，你仍然在取得进步，尽管这样会比更激进的加重策略进步慢一些。（初级训练者在训练中也可能会超出自己的力量极限，也就是选的重量过大，无法完成规定的组数和重复次数，但这种错误太明显了，且无法取得任何进步，所以可以立即得到纠正。）而中级训练阶段是第一个会因为严重地错误设置训练变量而导致训练刺激和恢复失衡的阶段。

身体从训练负荷中恢复的能力会随着训练而提高，但即使是同样的组数和重复次数，训练负荷也会随着力量以及杠铃重量的增长而增长。对初级训练者来说，完成了 3 组 5 次重复的 200 磅（90.7 千克）深蹲，从中恢复是很有挑战性的。而几个月后，作为新晋的中级训练者，在完成 5 组 5 次重复的 300 磅（136.1 千克）深蹲后，从中恢复过来仍然是一种挑战。当然，现在完成 3 组 200 磅（90.7 千克）的深蹲很容易恢复，但

这样做没有任何意义，因为这已经无法达到产生一种适应刺激的程度了。几个月后，训练者完成 5 组 300 磅（136.1 千克）的深蹲也会像现在完成 200 磅（90.7 千克）的深蹲一样容易恢复吗？可能会，也可能不会。这就是为什么周一的训练必须根据需要进行调整，而不能像先前训练那样只是简单地增加负荷。有时随着力量的提高，必须减少训练组数，或者稍微减少使用的重量相对于极限重量的百分比，以免残留的疲劳影响恢复。训练者水平越高，训练不足和训练过量之间的分寸就越难掌握。

进步停滞。在第 6 章，我们讨论了初级训练者在线性训练周期出现进步停滞的三种可能的补救方法。那些原则同样适用于中级训练，主要是用于防止周一的训练刺激过高或过低。

如果完成周一训练的能力没有降低，但进步停滞了，周五无法完成新的个人纪录，表明周一的刺激可能并不足以驱动进步。通常，增加周一的训练负荷就可以重新获得进步。额外增加一个训练组是个不错的办法。保持总的重复次数不变，同时使用稍微大一些的重量完成更多的低重复次数组效果也不错。比如，把周一的 5 组 5 次重复（共 25 次重复）的 300 磅（136.1 千克）重量的训练改为 8 组 3 次重复（共 24 次重复）的 315 磅（142.9 千克）重量的训练。

另一个选项是在常规正式组之后额外完成 1~2 组重复次数较多的训练组——这被称为退行组（back-off sets）。训练者完成 5 组 5 次重复的 300 磅（136.1 千克）重量的训练后可以接着完成一组 10 次重复的 250 磅（113.4 千克）重量的训练，如果需要完成停

顿深蹲或者其他某种使用较小重量的、难度更大的变式，你甚至可以使用 225 磅（102.1 千克）的重量。有多种可能的做法，但你不应当同时尝试所有的变化；应当逐渐地、小幅地增加刺激。

然而，如果出现了真正的退步——不只是周五的训练无法正常完成，周一的训练也显露出疲态，这种情况通常是因为周一的训练负荷过高，残留的疲劳悄然蔓延对你产生了影响。可能的解决方法包括，去掉多余的热身组，减少 1~2 组正式组，减小正式组使用的重量，或减少正式组的重复次数——比如将 5 组 5 次重复的 300 磅（136.1 千克）重量的训练减少到 5 组 4 次重复。

聪明、谨慎地使用这种计划，你仍能取得数月的持续进步。

得州训练法阶段 1：得州训练基础计划

下面的计划适用于刚刚完成线性初级训练计划的早期中级训练者。本计划的重点在于通过提高基础动作的 5RM 来继续增强力量、增加肌肉和爆发力基础。本计划最显著的变化是两次训练之间训练量和训练强度的波动，以及加入了力量抓。

高强度训练日的训练会从线性初级训练结束的地方开始，不过只须完成 1 组 5 次重复的训练，而不是 3 组。大训练量训练日的深蹲、卧推和推举的重量约是该周高强度训练日 5RM 的 90%。深蹲的小重量训练日或者说恢复日使用的重量应比同一周的大训练量训练日所用重量减少 10%~20%。推举、卧推、翻举和抓举在恢复日使用的重量应比上一个大训练量训练日所用重量减少 5%~10%。

将硬拉安排在高强度训练日，训练者会受益于比初级训练阶段更有力的硬拉状态，即使组数和重复次数的设置没有实质性的改变，你仍然能够在不做出调整的情况下继续使用这种动作训练取得进步。如果有必要做出调整，就将所用重量减少 5%~10%。

中级训练阶段早期计划示例

第 1 周

周一：大训练量训练日

深蹲，周五重量的 90% × 5 × 5

卧推，周五重量的 90% × 5 × 5

力量翻 5 × 3

周三：恢复日

深蹲，周一重量的（80%~90%）× 5 ×（2~3）

推举，初级线性增长阶段最后一次训练和随后的周一大训练量训练日所用重量的（90%~95%）× 5 × 3

力量抓，初级线性增长阶段最后一次训练和随后的周一大训练量训练日所用重量的（90%~95%）× 2 ×（3~4）

周五：高强度训练日

深蹲，初级线性增长阶段最后一次训练的重量加 5 磅（2.3 千克）× 5

卧推，初级线性增长阶段最后一次训练的重量加 2~3 磅（0.91~1.36 千克）× 5

硬拉 1 × 5

（续表）

第2周

周一：大训练量训练日

深蹲 5×5

推举，周五所用重量的 $90\% \times 5 \times 5$

力量抓（6~8）$\times 2$

周三：恢复日

深蹲，周一所用重量的（80%~90%）$\times 5 \times$（2~3）

卧推，周一大训练量训练所用重量的（90%~95%）$\times 5 \times 3$

力量翻，周一大训练量训练所用重量的（90%~95%）$\times 3 \times 3$

周五：高强度训练日

深蹲 1×5

推举 1×5

硬拉 1×5

基础得州训练法 8 周渐进式模板

假设训练者初级训练阶段结束时能够达到的水平如下：

深蹲 $310 \times 5 \times 3$，卧推 $250 \times 5 \times 3$，硬拉 400×5，推举 $160 \times 5 \times 3$，力量翻 $190 \times 3 \times 5$

注意：为了简单起见，所有的重量增幅都是每周 5 磅（2.3 千克）。在实际完成时，根据训练者力量水平的差异，很多动作进步的速度可能会更慢。

		第1周	第3周	第5周	第7周
周一	深蹲	$285 \times 5 \times 5$	$295 \times 5 \times 5$	$305 \times 5 \times 5$	$315 \times 5 \times 5$
	卧推	$230 \times 5 \times 5$	$235 \times 5 \times 5$	$240 \times 5 \times 5$	$245 \times 5 \times 5$
	力量翻	$195 \times 3 \times 5$	$200 \times 3 \times 5$	$205 \times 3 \times 5$	$210 \times 3 \times 5$
周三	深蹲	$225 \times 5 \times 2$	$235 \times 5 \times 2$	$245 \times 5 \times 2$	$255 \times 5 \times 2$
	推举	$135 \times 5 \times 3$	$140 \times 5 \times 3$	$145 \times 5 \times 3$	$150 \times 5 \times 3$
	力量抓	$125 \times 2 \times 4$	$130 \times 2 \times 4$	$135 \times 2 \times 4$	$140 \times 2 \times 4$
周五	深蹲	315×5	325×5	335×5	345×5
	卧推	255×5	260×5	265×5	270×5
	硬拉	405×5	415×5	425×5	435×5

		第2周	第4周	第6周	第8周
周一	深蹲	$290 \times 5 \times 5$	$300 \times 5 \times 5$	$310 \times 5 \times 5$	$320 \times 5 \times 5$
	推举	$150 \times 5 \times 5$	$155 \times 5 \times 5$	$160 \times 5 \times 5$	$165 \times 5 \times 5$
	力量抓	$135 \times 2 \times 8$	$140 \times 2 \times 8$	$145 \times 2 \times 8$	$150 \times 2 \times 8$

（续表）

		第 2 周	第 4 周	第 6 周	第 8 周
周三	深蹲	230 × 5 × 2	240 × 5 × 3	250 × 5 × 3	260 × 5 × 3
	卧推	210 × 5 × 3	215 × 5 × 3	220 × 5 × 3	225 × 5 × 3
	力量翻	185 × 3 × 3	190 × 3 × 3	195 × 3 × 3	200 × 3 × 3
周五	深蹲	320 × 5	330 × 5	340 × 5	350 × 5
	推举	165 × 5	170 × 5	175 × 5	180 × 5
	硬拉	410 × 5	420 × 5	430 × 5	440 × 5

得州训练法阶段 2：全力以赴

下面的计划大致上是得州训练计划的第2阶段。在高强度训练日 5RM 的增长潜力得到充分挖掘后，可以用这个计划来代替前面的计划。在训练生涯的这个阶段，周五的训练强度应当更高一些，同时大训练量训练日继续使用每组 5 次重复的训练组。第一次经历这个阶段时，训练者应当以尽可能简单的方式保持进步。训练者会在高强度训练日倾尽全力，从完成每组 3 次重复开始，在几周内一路过渡到完成单次组训练。

训练者仍需争取在高强度训练日完成总共 5 次重复，但现在，他将通过每组 3 次重复、2 次重复和单次组的多组组合来完成这一目标。大训练量训练日仍然安排 5×5 的训练，同时调整重量，使训练者能够保持高质量的技术动作，同时在组间休息 8~10 分钟的情况下完成全部 5 组训练。在这个阶段刚开始时，如果有需要的话，训练者可以稍微下调大训练量训练日使用的重量（减重5%~10%）。

实际上，当训练者感觉无法继续在高强度训练日完成 5RM 时，他就需要改用 2 组3 次重复的训练来继续增加重量。对经历了一段时间 5 次重复的极限训练组的训练者来说，改用 2 组、每组 3 次重复的训练可以为其带来一些精神和身体上的放松。几周后（一般只有 2~4 周，因为每组 3 次重复的训练无法持续太久），训练者要将每组重复次数减少到 2 次，并争取完成 2~3 组。训练者每组 2 次重复的进步可能会持续 3~4 周，之后的训练会进入到完成单次训练组的阶段，通常需要完成 5 组。训练者将持续增加 5 个单次组使用的重量，直到这种方式无法继续。训练者可能会在这个周期的最后一周决定完成 1 组单次大重量训练。由于整个训练周期累积了很多疲劳，这或许不是训练者真正的 1RM 水平，但这个数据对其了解自己真实的 1RM 仍然是有用的。

下面是这个方法的示例（只列出了高强度训练日）。

425 × 5

430 × 5

435 × 5

440 × 5

445 × 5（几乎无法完成）

450 × 3 × 2

455 × 3 × 2

460 × 2 × 2

465 × 1 × 5

470 × 1 × 5

475 × 1 × 3

480 × 1 × 3

485 × 1 × 3

尝试 1RM 505 × 1

到了这时候，训练者可以开始新的训练周期，高强度训练日安排完成 1 组 5 次重复的训练，所用重量要反映新的 1RM 水准，并维持大训练量训练日的负荷。现在有了最新的精确训练记录，训练者可以为每个阶段设定一个现实的目标，并能够自信地推测出该训练周期结束时新的 1RM。

关于失败的说明。在理想情况下，训练者在做出转变之前，其高强度训练日不同重复次数对应的组数都应当力保成功。换句话说，转为每组 3 次重复是因为你的计划如此，而不是因为你完成不了 5RM。重复次数的逐渐减少能让训练者得以稍微放松身心，在高强度训练日执行计划失败是无法达到这个目的的。对训练者来说，无法完成完整的深蹲训练是件大事，会在接下来的一周使你的恢复变得极为困难。

到目前为止，训练者的训练生涯几乎都是围绕每组 5 次重复的训练展开的。训练者可能已经对完成 5RM 的大重量训练感到身心俱疲了，此时他会很愿意做出一些改变。即使只是训练计划的细微调整也能让一个疲倦的训练者重新提起精神、燃起热情。没有计算公式可以专门确定完成每组 3 次重复所用重量的百分比，在 5RM 训练结束时的重量基础上增加 5 磅（2.3 千克）重量是个不错的开始。通常，训练者不会在每组 3 次重复的训练阶段持续很长时间。但它可以用来让训练者从 5RM 的大重量训练中稍微放松 1~2 周，并且有利于衔接到接下来的单次组训练中。一开始，训练者会觉得每组 3 次重复的训练比之前的训练要相对轻松，但很快就不会轻松了，因此以每组 3 次重复的方式只能取得数周的进步而已。一旦训练者感到无法继续创造每组 3 次重复的个人纪录，就可以继续将重复次数减少到每组 2 次或 1 次了。切换到单次组模式通常是有道理的，因为这样可以使训练者在完成 5 次重复和 3 次重复的训练阶段后获得更多身体和精神上的放松，尽管单次组使用的重量会更大些。训练者通过单次组训练取得进步的时间要比完成每组 3 次重复的训练持久得多，这对那些第一次接触大重量单次组训练的训练者来说尤其明显。

长期使用得州训练法应当注意，在高强度训练日里，当训练者从一种重复次数转变为另一种重复次数时，比如从 5 次重复减少到 1 次的过程中，中间跳过一次会很有用。每组 4 次重复或 2 次重复绝对没有什么不对，只是从 5 次重复减少到 4 次重复减量非常有限。从每组 3 次重复减少到 2 次重复也存在同样的问题。如果每组完成的重复次数从 5 次依次减少到 4 次、3 次、2 次和 1 次的话，整个过程将会拉得过长。当一个训练者无法通过某种重复次数的训练继续取得进步时，他应当在接下来的几周持续增加重量的同时能够使身心得到适当的放松。每次减少 2 次重复（每组完成的重复次数从 5 次减少到 3 次、从 3 次减少到 1 次）允许训练者在继续加重的同时可以从大重量极限组的训练中稍作喘息。再强调一遍，这并不是一定要遵守的法则，而只是制订计划的工具，基本的理念会非常有用，特别是对那些每周都尝试使用极限重量的训练者来说。

得州训练法第 2 阶段计划示例。 在第 2 阶段中，训练者周五的训练强度会在未来 12 周内逐渐升高。12 周这个时间框架以及每组 3 次重复、2 次重复和单次组的小周期时长都只是为了用来说明示例而已。这个阶段实际要持续多久，以及每组 3 次重复、2 次重复和单次组的小周期的持续时间要根据训练者执行计划的情况决定，可能会很短，也可能会比较长。

我们同样假设示例中的训练者在大训练量训练日所使用的重量都下调了 5%~10%。

这能在周期开始时使之前累积的疲劳消退，但仍然可以让训练者每周创造大训练量训练日的个人纪录。

硬拉重量会上调 5%，并恢复每组 5 次重复的设置，直至创造新的 5RM 的个人纪录。在第 2 阶段进行到大概一半的时候，每组硬拉训练的重复次数会减少到 3 次、2 次，并最终降到每组 1 次。

力量翻也要调整，安排力量翻的目的在于保持拉力训练的大训练量，而非冲击 1RM。因此，为了保持训练量，在这个假设的 12 周周期里，训练者需要完成多次力量翻或力量抓的调整。在计划刚开始时，不需要对力量抓训练做出调整，因为相比于其他动作，训练者对力量抓还不够熟悉。

周次	周一	周三	周五
1	深蹲 290 × 5 × 5 卧推 240 × 5 × 5 力量翻 200 × 3 × 5	深蹲 230 × 5 × 2 推举 135 × 5 × 3 力量抓 145 × 2 × 4	深蹲 355 × 3 × 2 卧推 275 × 3 × 2 硬拉 425 × 5
2	深蹲 295 × 5 × 5 推举 150 × 5 × 5 力量抓 155 × 2 × 8	深蹲 235 × 5 × 2 卧推 225 × 5 × 3 力量翻 185 × 3 × 3	深蹲 360 × 3 × 2 推举 185 × 3 × 2 硬拉 435 × 5
3	深蹲 300 × 5 × 5 卧推 245 × 5 × 5 力量翻 205 × 3 × 5	深蹲 240 × 5 × 2 推举 140 × 5 × 3 力量抓 150 × 2 × 4	深蹲 365 × 3 × 2 卧推 280 × 3 × 2 硬拉 445 × 5
4	深蹲 305 × 5 × 5 推举 155 × 5 × 5 力量抓 160 × 2 × 8	深蹲 245 × 5 × 2 卧推 230 × 5 × 3 力量翻 190 × 3 × 3	深蹲 370 × 3 × 2 推举 190 × 3 × 2 硬拉 450 × 5
5	深蹲 310 × 5 × 5 卧推 250 × 5 × 5 力量翻 210 × 3 × 5	深蹲 250 × 5 × 2 推举 145 × 5 × 3 力量抓 155 × 2 × 4	深蹲 375 × 2 × 3 卧推 285 × 2 × 3 硬拉 455 × 5

（续表）

周次	周一	周三	周五
6	深蹲 315×5×5 推举 160×5×5 力量抓 165×2×8	深蹲 255×5×2 卧推 235×5×3 力量翻 195×3×3	深蹲 380×2×3 推举 195×2×3 硬拉 460×5
7	深蹲 320×5×5 卧推 255×5×5 力量翻 215×3×5	深蹲 260×5×2 推举 150×5×3 力量抓 160×2×4	深蹲 385×2×3 卧推 290×2×3 硬拉 465×3
8	深蹲 325×5×5 推举 165×5×5 力量抓 170×2×8	深蹲 265×5×2 卧推 240×5×3 力量翻 200×3×3	深蹲 390×1×5 推举 200×2×3 硬拉 470×3
9	深蹲 330×5×5 卧推 260×5×5 力量翻 220×3×5	深蹲 270×5×2 推举 155×5×3 力量抓 165×2×4	深蹲 395×1×5 卧推 295×1×5 硬拉 475×2
10	深蹲 335×5×5 推举 170×5×5 力量抓 175×2×8	深蹲 275×5×2 卧推 245×5×3 力量翻 205×3×3	深蹲 400×1×5 推举 205×1×5 硬拉 480×2
11	深蹲 340×5×5 卧推 265×5×5 力量翻 225×3×5	深蹲 280×5×2 推举 160×5×3 力量抓 170×2×4	深蹲 405×1×5 卧推 300×1×5 硬拉 485×2
12	深蹲 345×5×5 推举 175×5×5 力量抓 180×2×8	深蹲 285×5×2 卧推 250×5×3 力量翻 210×3×3	深蹲 410×1×5 或 1RM 推举 210×1×5 硬拉 495[+]×1

得州训练法阶段 3：高强度训练日循环

进行了数周或数月的得州训练法模式的训练计划后，训练者会变得更加强壮，也更有经验。训练者会建立起基于不同重复次数范围的个人纪录数据库，并更加了解自己的身体对不同训练量和训练强度的承受度。

到了这个时候，或许转向一个比得州训练法更为轻松的训练体系会更加合理，比如分割训练。但如果训练者通过这种模式的训练计划已经取得了出色的进步，那么为了改变而改变就毫无意义了。事实上，更长久地使用这个体系意味着需要更细微的调整，同时不必为了大幅修改计划而在试错过程中浪费宝贵的训练时间。此时，训练者下一步要做的就是再次尝试"榨干"得州训练法。我们假设的训练者实际上会重复其刚刚完成的大约20周的训练过程，唯一的变化是杠铃重量更大了。第二次完成这个过程应当更为顺畅。训练者现在有更多的数据和经验可供参考，并且不再需要重新感受整个过程。这一次，他可以设计出一个更具预测性的时间表来安排训练，可能是一个18周的计划，含有6周5RM的训练、4周每组3次重复的训练、4周每组2次重复的训练以及4周单次组训练，同时大训练量训练仍然保持5×5的模式。

然而，此时的训练者或许能通过一个更具周期性的方法受益——这是训练者训练生涯前进途中永恒的主题。到目前为止，训练者的初级训练计划和中级训练计划基本都遵循了每周不断加重的模式。这让人身心非常疲惫。得州训练法为每一周的训练负荷引入了一些变化，但每周使用的重量仍然是增加的，这种状况以及大训练量训练日的5×5训练模式会持续到第3阶段。训练者第一次使用周期化的训练方法时，应当将其用在得州训练法的高强度训练日上。

在下面的例子中，训练者会在每周以每组3次重复、2次重复和单次组的形成完成高强度训练日的循环，而不再像之前那样需要几周才能将每种重复次数尝试一遍。与此同时，训练者仍会在5×5模式的大训练量训练中继续增加重量。不论何时，只要开始一个新的训练阶段，训练者都可以重新评估大训练量训练日的训练负荷。在5×5的训练中持续取得进步固然重要，但训练计划的重点是在高强度训练日不断创造新的个人纪录。如果大训练量训练使用的重量过大、持续时间过久，那么周五的表现可能会停滞甚至退步。这就违背了使用该计划的目的。一般而言，大训练量训练日所用重量应至少比高强度训练日使用的重量小10%，并且有必要偶尔调整5×5的训练来保持这种关系。

这个计划对那些已经进行了数周或数月的基本得州式训练计划的训练者来说效果最好，因为在理想情况下，他们已经"经历"了1~2次该过程。训练者最近完成每组重复次数为1~3次的训练中的表现数据能够为其高强度训练日设定现实的正式组目标。

此时，训练者稍微减少高强度训练日的训练量会有所助益。训练者已经足够强壮，周五全力以赴地完成1组3次重复的训练已经足够了。每组2次重复的话可能只需要完成2组，而对单次组来说，训练者仍然可以完成3~5组。

为了便于说明，下面的计划仍将以百分比的形式表示所用重量，但重量百分比通常只具有指导意义。百分比参考点很有用，但应依据常识和最近的训练经历来决定训练者新计划的起点。起始重量应根据实际需要相应调高或调低。

专注于深蹲、推举和硬拉的训练者训练示例。

周一

深蹲，1RM的70%×5×5

推举，1RM的70%×5×5

直腿硬拉3×5

周三

深蹲，周一重量的80%×5×2

卧推，3×5

力量翻3×3

周五

深蹲，1RM 的 90%×3

　　　1RM 的 93%×2×2

　　　1RM 的 96%×1×5

推举，1RM 的 90%×3

　　　1RM 的 93%×2×2

　　　1RM 的 96%×1×5

硬拉 1×3／1×2／1×1

接下来是一个训练者使用该方法训练 9 周的记录。假设这个训练者在上一个训练周期结束时，其深蹲、推举和硬拉的 1RM 分别是 475 磅（215.5 千克）、225 磅（102.1 千克）和 515 磅（233.6 千克）。在第 3 个循环结束之前（第 9 周），训练者将用他之前的 1RM 完成 5 个单次组训练。只要训练者仍在进步，这种 3 周的小周期可以一直重复下去。

周次	周一	周三	周五
1	深蹲 335×5×5 推举 155×5×5 直腿硬拉 365×5×3	深蹲 270×5×2 卧推 300×5×3 力量翻 205×3×3	深蹲 **425×3** 推举 200×3 硬拉 465×3
2	深蹲 340×5×5 推举 157.5×5×5 直腿硬拉 370×5×3	深蹲 275×5×2 卧推 302.5×5×3 力量翻 207.5×3×3	深蹲 **440×2×2** 推举 207.5×2×2 硬拉 480×2
3	深蹲 345×5×5 推举 160×5×5 直腿硬拉 375×5×3	深蹲 280×5×2 卧推 305×5×3 力量翻 210×3×3	深蹲 **455×1×5** 推举 215×1×5 硬拉 495×1
4	深蹲 350×5×5 推举 162.5×5×5 直腿硬拉 380×5×3	深蹲 285×5×2 卧推 307.5×5×3 力量翻 212.5×3×3	深蹲 **435×3** 推举 205×3 硬拉 475×3
5	深蹲 355×5×5 推举 165×5×5 直腿硬拉 385×5×3	深蹲 290×5×2 卧推 310×5×3 力量翻 215×3×3	深蹲 **450×2×2** 推举 212.5×2×2 硬拉 490×2
6	深蹲 360×5×5 推举 167.5×5×5 直腿硬拉 390×5×3	深蹲 295×5×2 卧推 312.5×5×5 力量翻 217.5×3×3	深蹲 **465×1×5** 推举 220×1×5 硬拉 505×1
7	深蹲 365×5×5 推举 170×5×5 直腿硬拉 395×5×3	深蹲 300×5×2 卧推 315×5×3 力量翻 220×3×3	深蹲 **445×3** 推举 210×3 硬拉 485×3

周次	周一	周三	周五
8	深蹲 370×5×5 推举 172.5×5×5 直腿硬拉 400×5×3	深蹲 305×5×2 卧推 317.5×5×3 力量翻 222.5×3×3	深蹲 **465×2×2** 推举 217.5×2×2 硬拉 500×2
9	深蹲 375×5×5 推举 175×5×5 直腿硬拉 405×5×3	深蹲 310×5×2 卧推 320×5×3 力量翻 225×3×3	深蹲 **475×1×5** 推举 225×1×5 硬拉 515×2（用之前的个人纪录试举 2 次）

当使用这个模型时（得州训练法第 3 阶段：高强度训练日循环），高强度训练日加重的幅度可以比大训练量训练日加重的幅度大些。

以推举为例，在这个计划里，5×5 训练每周加重 2.5 磅（1.13 千克），而完成每组 3 次重复、2 次重复和单次组训练时，每次循环可以增加 5 磅（2.3 千克）的重量。因此当训练者在第 4 周开始完成每组 3 次重复的训练时，他可以在先前的 3 次重复训练组的重量基础上直接增加 5 磅（2.3 千克）的重量，而不是 2.5 磅（1.13 千克）的重量。深蹲也是如此。

在这个例子里，训练者的大训练量训练每周增加 5 磅（2.3 千克）重量，而在高强度训练日训练中，在完成每组 3 次重复、2 次重复和单次组训练时，他每次直接增加的重量是 10 磅（4.5 千克）。能够这么做是因为，当训练者重复循环并又回到某种重复次数时，他的大训练量训练所用的重量已经通过三种不同的情景实现了增长。这样带来的刺激足以让训练者在使用每种重复次数时增加更大的重量。

得州训练法阶段 4：引入动态发力法

动态发力组：动态发力组（Dynamic Effort Sets，简称 DE）兴起于路易·西蒙斯（Louie Simmons）的"西部杠铃训练法"（Westside Method），是一种十分适合得州训练法模板的有价值的训练工具。作者十分感激路易和他的运动员为力量训练做出的这一贡献。

高强度训练——即调用占发力能力很高百分比的力量投入训练——是非常有效的，但训练量过大会很难及时得到恢复。不论重复次数是多少，只要使用了相应的最大力量就能训练运动单元的动员能力。产生最大力量最常见的方式是使用每组 3 次重复、2 次重复对应的极限重量完成训练，或者完成 1RM 的训练。使用极限重量的问题在于，训练者极易疲劳并且很难恢复。使用大重量训练显然是有用的，但你必须正视大重量，要正确、保守地使用，否则会引起慢性伤病。对低重复次数、大重量训练的滥用可能会导致肌腱炎、肌腱撕裂、韧带损伤、滑囊炎、软骨损伤以及骨结构的长期改变。

另一种提高运动单元动员数量和动员效率的方法是快速、爆发式地发力，这需要大量运动单元协同一致，同时激发。动态发力组能够提高神经肌肉效率，通过训练神经肌肉系统根据需要动员大量运动单元的能力，使身体能够在平时更容易做到这一点。提高每次动员的运动单元数量的最好方法是，使用较小的重量（约为 1RM 的 50%~75%）并尽可能快速地移动杠铃。相对于使用大重量，这种方式有几点优势：（1）允许训练者完成更多重复次数；（2）易于从中恢复；（3）并且较小的重量对关节和结缔组织的刺激更小，能较长时间使用而不受伤。

但动态发力训练也有三个缺点。

（1）对那些无须加速也能完成的动作（比如卧推）来说，使用较小重量加速会受到训练者专注度的限制。尤其是对没有经验的训练者来说，其通常只能达到最大加速能力的一定比例，即使这个比例相当高。相比之下，力量翻则完全不同，在完成翻举时杠铃必须经过加速才能架在肩膀上，因此力量翻的 1RM 代表着训练者加速杠铃能力的极限。此外，以动态发力的方式完成硬拉只能反映训练者加速杠铃的意愿，无法代表其最大加速能力，因为你不可能因为加速不足而硬拉失败。

（2）对于需要最大力量的动作来说，不能完成真正的 1RM 的训练根本没有动员最大数量运动单元的生理可能性。

（3）第三个缺点在于训练者自身。我们之前讨论过，爆发力的表达存在极强的个体差异，有些人快速动员大量运动单元的效率不太高，这些人也就不会有太强的爆发力。对这些人来说，动态发力训练的效果不会很好，因为他们无法快速动员运动单元进入收缩状态，即使使用动态发力组的重量也无法调动那么多运动单元。这些人只有使用重到无法通过动态发力方式加速的重量来训练，才能动员并训练到足够多的运动单元。

不论怎样，动态发力训练对大多数训练者而言仍不失为一个极具价值的辅助工具。

在动态发力训练中，计时组是一种被证明有效的方式，一般需要训练者在短时间内完成 10 组、每组 2~3 次重复的训练，训练者需要控制组间休息时间，并且每次都要以最快的速度移动杠铃。需要强调的是，尽管这种训练通常使用的重量较小，但训练者仍需尽最大努力完成每次重复。生成力量的大小取决于加速重量的程度，而不是杠铃的重量，而加速完全是由主观意志决定的，训练者必须积极尝试完成每次重复时都比上一次更快。这也是这种训练的难点所在。对很多人来说，维持这样的专注水平是很困难的，你必须在所有的 10 组训练中保持专注，否则无法取得成效。慢速移动 1RM65% 的重量没有什么训练效果，但如果你能在 10 分钟内以爆发式的动作完成 20 次重复的话，这个重量就成了一个可以发展力量和爆发力的强大工具。

在开始动态发力训练时，通常周一会继续保留 5×5 的训练方式，周五的训练则改用动态发力组。假设一位训练者准备尝试动态发力训练，他能够完成 5 组 5 次重复的 250 磅（113.4 千克）卧推，1 组 5 次重复的 275 磅（124.7 千克）卧推，由此估计得到的 1RM 大概在 300 磅（136.1 千克）左右。那么他的动态发力计划第 1 周可以在周一用 240 磅（108.9 千克）的重量完成 5×5 的训练，然后在周五用 185 磅（83.9 千克）的重量完成 10 组 3 次重复的训练，组间休息设置为 1 分钟。动态发力组所用的重量应当是能够完成 30 次重复的爆发式动作的最大重量。即使只有最后一组最后一次重复的完成速度变慢了，也说明使用的重量过大了。事实上，在前几次进行这样的训练时，完成最后一组的速度应当比第一组快得多才对。

这种训练的目标是最大限度地加速杠铃，并以最快速度完成每一个训练组。通常需要 2~3 次训练才能找到合适的重量，然后保持这个重量训练几周，同时仍要在其他训练组增加重量。比如，周五的动态发力组使用的重量是 185 磅（83.9 千克），可能会持续 4~5 周，与此同时，周一使用的重量以正常方式增加，逐渐回到并超过原来的 5 组 5 次重复、250 磅（113.4 千克）的水平。记住，周一的目标是完成大重量训练组并且每周增加一点重量，而周五的目标是比上个周五更快地移动同样的重量。

这可能是你第一次完成这种训练时的最好方式。你很难做错，即使没有每周增加重量，试着加速杠铃也能提高动员更多运动单元的能力，并帮助你在 5 组 5 次重复的训练中继续进步。

动态发力组适用于大多数的多关节动作，但不同动作习惯使用的组数和重复次数安排会有所不同。深蹲的动态发力训练一般需要 10 组、每组 2 次重复，而卧推和推举训练通常需要完成 10 组、每组 3 次重复。组间休息时间都是一样的，设置为 1 分钟。对硬拉训练来说，完成 15 个单次组、组间休息 30 秒的效果是不错的。负重反手引体向上也可以这么做。最好的方式是每组训练在 1 分钟内完成，然后迅速准备下一组，休息期间训练者应把注意力集中到下一组上。

一般的中级训练计划模板都可以很好地兼容动态发力组，因为最初的训练没有发展快速移动较小重量的能力，而速度型训练也不会带给身体太大的刺激。用速度训练取代周五的冲击个人纪录的训练，同时保持周一的大训练量训练作为主要的刺激因素。这种类型的训练带来的独特的神经肌肉刺激不仅能够保持周一的训练稳定进步，而且不会因为刺激强度过大超出身体的恢复能力。但随着训练者对动态发力训练变得更加熟悉，每周的训练需要提供足够的刺激，一般会用较低刺激的训练取代周一的 5×5 训练，在每周的最后安排几组大重量的单次组训练。

针对动态发力训练法，人们的困惑主要集中在使用多大的重量百分比才能产生最佳的发力效果。这主要是因为动态发力法与西部杠铃训练法的重装备力量举（深蹲背心、绑膝、卧推背心、强力内裤等）训练之间有着密不可分的关系，西部杠铃训练法还会使用可变阻力（阻力带、铁链等）、木箱、特制的杠铃以及其他工具来帮助训练。网络和文献上建议的动态发力训练使用的百分比在 1RM 的 50%~85%，范围相当大。我们对下面计划的建议默认没有使用深蹲背心、卧推背心、绑膝、可变阻力、木板和特制杠铃。几十年来，仅靠腰带、护膝或者弹力较小的绑膝、杠铃杆和配重片的训练体系依然造就了很多力量传奇。

因为我们不使用力量举装备，也不用阻力带、铁链来改变负荷，所以动态发力使用的重量在 1RM 的 60%~70% 效果就很好。有些训练者甚至可以用高达 1RM 的 75% 的重量完成动态深蹲，用高达 1RM 的 70%~80% 的重量完成动态硬拉。如果训练者的爆发力足够强，力量翻所用重量超过了硬拉重量的 50%，那他应当用力量翻代替动态硬拉。但如果训练者使用低于 1RM 的 60% 的重量都无法产生足够的加速度的话，那么动态发力训练对该训练者来说可能并不适合，他应当使用更为传统的方法进行训练。

动态发力训练首先被引入得州训练法的高强度训练日中。训练者将继续在大训练量训练日完成每组 5 次重复的大重量训练，然后用数周时间来学习如何完成爆发式的深蹲、卧推和推举。在其爆发力潜力允许的范围内，训练者练习得越多，他的速度就会越快。训练者可能也需要一些时间来调整每次训练的最佳负荷。有些训练者使用接近 1RM 的 60% 的重量训练效果较好，另外一些人则可能使用接近 1RM 的 70% 的重量更有效。重量的选择因训练者的个体差异和动作的不同而不同。最佳重量应当足够大，使训练者必须非常用力才能加速杠铃，但也要足够小，以保证完成每一次重复时都不会减速。比如深蹲，如果训练者起身时杠铃杆会稍微离开身体一些，说明重量太轻了，而如果训练者无法让配重片在到达深蹲顶部时嘎嘎作响，那说明重量太大了。再说一遍，百分比无法准确预测应该使用多大的重量，它只是为训练提供了一个起始的参考点。

当高强度训练日以 1~5RM 的强度训练时，训练者在大训练量训练日的训练量一定不要太大。但因为这个计划中的高强度训练日所用重量实际上更小了，尤其是在刚开始的时候，所以在几周之后、动态发力训练的效率提高之前，这段时间是帮助训练者创造 5×5 个人纪录的绝佳时段。因此，这是一个大训练量的训练计划，对你后续要完成的重量更大、高强度的训练计划是一个很好的铺垫。

下面是一个引入动态发力训练法的计划示例。这个计划对田径项目，特别是铅球运动极为有效。

我们假设示例中的训练者可以深蹲 500 磅（226.8 千克）、推举 250 磅（113.4 千克）、硬拉 550 磅（249.5 千克）。

在上面的例子中，动态发力组大概会基于一个重量百分比，每 3 周为一个小周期波动变化。如果在尝试这个方法之后，训练者预测的 1RM 百分比为 60%，那么就以此为起点开始训练，并在接下来的 2 周每次增加 5% 的重量。由于力量翻训练可以量化，所以应该用力量翻代替动态硬拉。此外，拉力训练的安排也应与深蹲、推举训练的安排相反——在周一完成动态硬拉（安排在大重量深蹲之后），在周五完成大重量硬拉（安排在动态深蹲之后）。这样的安排允许训练者能以较好的腿部状态完成大重量硬拉训练。

周一	周三	周五
深蹲 5×5	力量抓（4~6）×2	动态深蹲 1RM 的 60%/65%/70%×2×10
推举 5×5	卧推 3×5	推举 1RM 的 60%/65%/70%×3×10
力量翻 15×1（组间休息 60 秒）	前深蹲 3×3	硬拉 1×5

该计划的 6 周内容摘要如下（两波循环）

周次	周一	周三	周五
1	深蹲 400×5×5 推举 200×5×5 力量翻 205×1×15	力量抓（4~6）×2 前深蹲 3×3 卧推 3×5	深蹲 300×2×10 推举 150×3×10 硬拉 440×5
2	深蹲 405×5×5 推举 202.5×5×5 力量翻 207.5×1×15	力量抓（4~6）×2 前深蹲 3×3 卧推 3×5	深蹲 325×2×10 推举 162.5×3×10 硬拉 450×5
3	深蹲 410×5×5 推举 205×5×5 力量翻 210×1×15	力量抓（4~6）×2 前深蹲 3×3 卧推 3×5	深蹲 350×2×10 推举 175×3×10 硬拉 460×5
4	深蹲 415×5×5 推举 207.5×5×5 力量翻 212.5×1×15	力量抓（4~6）×2 前深蹲 3×3 卧推 3×5	深蹲 300×2×10 推举 150×3×10 硬拉 470×5
5	深蹲 420×5×5 推举 210×5×5 力量翻 215×1×15	力量抓（4~6）×2 前深蹲 3×3 卧推 3×5	深蹲 325×2×10 推举 162.5×3×10 硬拉 480×5
6	深蹲 425×5×5 推举 212.5×5×5 力量翻 217.5×1×15	力量抓（4~6）×2 前深蹲 3×3 卧推 3×5	深蹲 350×2×10 推举 175×3×10 硬拉 490×5

当训练者不能在 5×5 的深蹲训练中继续创造个人纪录时，该计划就可以停止了。

动态发力训练法计划示例 2。合理的下一步应当是将动态发力组作为刺激因素引入到大训练量训练日中。在冲击了数周的 5×5 训练的个人纪录之后，动态发力组会使身体得到适当的放松。以动态发力训练作为大训练量训练日的刺激因素时，可以稍微增加一些重量。训练者现在应当知道增加多少重量才能达到训练效果了。在高强度训练日，训练计划应当从尝试新的 5RM 开始。这是一种延续大重量 5×5 训练的有效策略。每经过 1 个 3 周的小周期，训练者可以降低一次高强度训练日的重复次数。在之前的训练计划里训练者已经完成了 5RM 的硬拉训练，因此这个周期需要从大重量的 3 次重复组开始。

此时的训练计划大概是这样的。

周一	周三	周五
动态深蹲 1RM 的 65%/70%/75% × 2 × 10	力量抓 4 × 2	深蹲 1~5RM
动态推举 1RM 的 65%/70%/75% × 3 × 10	前深蹲 3 × 3	推举 1~5RM
硬拉 1~3RM	卧推 3 × 5	力量翻 15 × 1

该方法的 9 周周期示例（三波循环）

周次	周一	周三	周五
1	深蹲 325 × 2 × 10	力量抓 4 × 2	深蹲 445 × 5
	推举 165 × 3 × 10	前深蹲 3 × 3	推举 220 × 5
	硬拉 500 × 3	卧推 3 × 5	力量翻 220 × 1 × 15
2	深蹲 350 × 2 × 10	力量抓 4 × 2	深蹲 455 × 5
	推举 175 × 3 × 10	前深蹲 3 × 3	推举 225 × 5
	硬拉 510 × 3	卧推 3 × 5	力量翻 222.5 × 1 × 15
3	深蹲 375 × 2 × 10	力量抓 4 × 2	深蹲 465 × 5
	推举 185 × 3 × 10	前深蹲 3 × 3	推举 230 × 5
	硬拉 520 × 3	卧推 3 × 5	力量翻 225 × 1 × 15
4	深蹲 325 × 2 × 10	力量抓 4 × 2	深蹲 475 × 3
	推举 165 × 3 × 10	前深蹲 3 × 3	推举 235 × 3
	硬拉 530 × 2	卧推 3 × 5	力量翻 227.5 × 1 × 12
5	深蹲 350 × 2 × 10	力量抓 4 × 2	深蹲 485 × 3
	推举 175 × 3 × 10	前深蹲 3 × 3	推举 240 × 3
	硬拉 540 × 2	卧推 3 × 5	力量翻 230 × 1 × 12
6	深蹲 375 × 2 × 10	力量抓 4 × 2	深蹲 495 × 2
	推举 185 × 3 × 10	前蹲 3 × 3	推举 245 × 3
	硬拉 550 × 2	卧推 3 × 5	力量翻 232.5 × 1 × 12
7	深蹲 325 × 2 × 10	力量抓 4 × 2	深蹲 505 × 1
	推举 165 × 3 × 10	前深蹲 3 × 3	推举 255 × 1
	硬拉 560 × 1	卧推 3 × 5	力量翻 235 × 1 × 8
8	深蹲 350 × 2 × 10	力量抓 4 × 2	深蹲 515 × 1
	推举 175 × 3 × 10	前深蹲 3 × 3	推举 260 × 1
	硬拉 570 × 1	卧推 3 × 5	力量翻 237.5 × 1 × 8

周次	周一	周三	周五
9	深蹲 $375 \times 2 \times 10$ 推举 $185 \times 3 \times 10$ 硬拉 $580^+ \times 1$	力量抓 4×2 前深蹲 3×3 卧推 3×5	深蹲 $525^+ \times 1$ 推举 $265^+ \times 1$ 力量翻 $240 \times 1 \times 8$

动态发力训练法计划示例 3。可以把前面两个计划合在一起，形成一个极其强力的训练计划，持续 12~18 周。第一个计划为第二个计划打下坚实基础，而第二个计划使第一个计划更进一步。一旦训练者通过这种类型的训练找到了感觉，就可以一次次地重复使用该方法，每次只须做一些细微的改动。

训练计划总览

阶段 1：共 3~9 周

周次	周一	周三	周五
1	5×5	恢复日	动态发力 1RM 的 60%
2	5×5	恢复日	动态发力 1RM 的 65%
3	5×5	恢复日	动态发力 1RM 的 70%

执行这个循环 1~3 次，重点放在冲击 5×5 的个人纪录上。

阶段 2：9 周

周次	周一	周三	周五
1	动态发力 1RM 的 65%	恢复日	5RM
2	动态发力 1RM 的 70%	恢复日	5RM
3	动态发力 1RM 的 75%	恢复日	5RM
4	动态发力 1RM 的 65%	恢复日	3RM
5	动态发力 1RM 的 70%	恢复日	3RM
6	动态发力 1RM 的 75%	恢复日	3RM
7	动态发力 1RM 的 65%	恢复日	1~2RM
8	动态发力 1RM 的 70%	恢复日	1~2RM
9	动态发力 1RM 的 75%	恢复日	1RM

动态发力训练法计划示例 4。接下来的计划稍有不同，任何有经验的或者了解自己身体及能力的训练者都可以使用。在这个例子中，力量翻成了训练重点，训练者会每周冲击力量翻的个人纪录。在之前的训练计划中，力量翻的主要作用是积累拉力训练的训练量。现在，在力量翻的个人纪录之后，训练者会以当天个人纪录重量的 90% 完成中等训练量的训练。动态硬拉会在此时被加入到训练计划中，用来积累训练量，具体安排是每 3 周完成一次训练，要使用更大的重量（高于 1RM 的 90%）完成几个单次组，以保持训练者对大重量硬拉的熟悉。与之前的训练计划相同，拉力训练的安排要与深蹲、推举的安排交错开来。

高强度训练日的训练会比目前介绍过的其他训练计划都要更为主观。在这个训练阶段，训练者在特定的训练日里只须完成每组 3 次重复、2 次重复的训练或单次组训练。这样的尝试未必一定要创造个人纪录，但可能的话训练者还是应试着打破个人纪录。如果没有打破个人纪录，训练者会在当天使用他所能用的最大重量完成预定的重复次数。这个训练计划的训练量和训练强度的设定可以让训练者在任何一个训练日充分发挥其全部潜力。动态训练让训练者能够在当天尽可能快地移动杠铃；高强度训练日则允许训练者在当天可以使用尽可能大的重量完成预定

周次	周一	周三	周五
1	深蹲 1RM 的 65% × 2 × 10 卧推 1RM 的 60% × 3 × 10 **力量翻 3RM**（3RM 的 90% × 3 × 3）	深蹲 2 × 5 推举 3 × 5 反手引体向上 3 × 10	深蹲 3RM 卧推 3RM 硬拉 1RM 的 70% × 1 × 10
2	深蹲 1RM 的 70% × 2 × 10 卧推 1RM 的 65% × 3 × 10 **力量翻 2RM**（2RM 的 90% × 2 × 3）	深蹲 2 × 5 推举 3 × 5 反手引体向上 3 × 10	深蹲 2RM 卧推 2RM 硬拉 1RM 的 75% × 1 × 10
3	深蹲 1RM 的 75% × 2 × 10 卧推 1RM 的 70% × 3 × 10 **力量翻 1RM**（1RM 的 90% × 2 × 3）	深蹲 2 × 5 推举 3 × 5 反手引体向上 3 × 10	深蹲 1RM 卧推 1RM 硬拉 1RM 的 80% × 1 × 10 1RM 的 85% × 1 1RM 的 90% × 1 1RM 的 95% × 1

的重复次数。

对那些参与了很多运动项目，无法一直准确估计专项运动和体能训练对其力量训练计划影响的运动员来说，这种训练模式很适合他们。这种计划也很适合比赛存在重量级别划分的运动员。不同重量级的运动员通常会在比赛前几周开始减重，而减重的过程会影响其在举重室的表现。在这种情况下，进步会更加难以预测。

这个简单的周期可以重复多次。在第 3 周结束的时候，训练者会在动态发力训练后使用更大的重量（高达 1RM 的 95%）完成 3 组单次组硬拉。在第 2 次或第 3 次完成 3 周周期时，运动员可能需要减少动态硬拉的组数，并尝试冲击硬拉的 1~3RM。其他变化还包括从以卧推为重点的训练计划切换到以推举为重点的训练计划上。周三要完成 3 × 5 的卧推训练，周一和周五则进行推举训练。还可以用杠铃划船代替反手引体向上。这样就得到了一个通用的训练计划。

在最后几个例子中，大训练量训练日使用动态发力训练代替先前的 5 × 5 大训练量训练。训练者不必把动态发力或者 5 次重复组作为所有动作的大训练量训练的选择。比如，训练者在具备一定经验后可能会发现，动态发力训练对深蹲更有效，而 5 次重复组训练卧推和推举的效果更好。可能在大训练量训练日，我们假设的这名训练者会完成 10 组、每组 2 次重复的动态发力深蹲，并以 5 × 5 的形式完成卧推或推举训练。

最大发力训练和动作轮换。在训练了几个月的基础动作之后，训练者可以用辅助动作代替基础动作，完成 1RM、2RM 和 3RM 的训练并从中获益。将周一的动态发力训练与周五的高强度（1~3RM）、小训练量的基础动作训练组合起来是发展最大力量的非常有效的方式，但也给关节和肌肉带来了巨大的刺激。一般来说，训练者只能短期使用这种训练模式，然后进步就会停滞，无法继续打破个人纪录。如果训练者进步停滞甚至出现退步，有时候有必要安排一个低强度训练周期。一般来说，切换到相似的动作变式，就可以保持训练强度，继续完成1~3RM的训练，并避免进步的停滞。训练者能从引入基础动作的基本变式中受益，这些变式包括从基础动作衍生得到的部分动作幅度的辅助动作，或者基础动作的其他类型的变式，比如下蹲至大腿上表面低于水平位置的箱式停顿深蹲。这样可以使用更大的重量或低效的力学机制，以提高变式的难度。

我建议将轮换动作的数量控制在一个合理的范围内。如果把每种基础杠铃动作的所有变式都加入其中，用于轮换的动作数量就会达到数十种，这很容易让人分心并且收效甚微。开始这种训练时，只需要选择少数几种变式。随着训练者经验的积累，他可以加入新的变式，并去掉那些被证明对其无效的变式。训练者可以在基础动作的基础上加入2~4种辅助动作，并重复训练几个周期，这是个不错的策略。

每周交替进行架上硬拉和下半程硬拉是一种很受欢迎的方式。这种没有训练标准硬拉又能提高硬拉力量的方法已被证明效果显著。这种简单轮换能让训练者保持训练强度，同时每周完成部分动作幅度的变式带来的负荷变化不会使训练者的进步出现停滞。

在得州训练法的第3阶段，训练者要引入不同的重复次数进行循环，以改变高强度

训练日的刺激，从而避免因每周完成同样的动作和重复次数产生倦怠。最大发力训练和动作轮换的最终目标与之前的训练计划是相同的。下面是对二者的简单比较。

选项一（动作相同，负荷不同）

第1周：深蹲3RM

第2周：深蹲2×2

第3周：深蹲5个单次组

选项二（动作不同）

第1周：深蹲1RM

第2周：箱式深蹲1RM

第3周：从完全静止状态启动、在框式深蹲架内完成的部分深蹲1RM

二者并无优劣之分。在整个训练生涯中，训练者可以两种方法都试一下，得到的反应往往会因人而异。

同样要理解的是，这种方法不一定适合所有动作。如果训练者想要将这种方法用于深蹲训练，他仍然要在该周的某一天完成标准的深蹲训练。这一点非常重要。因为深蹲动作很容易走样，所以训练者必须经常训练标准动作。经验表明，硬拉对这种轮换的反应是最好的。即使对硬拉训练使用的重复次数做出波动性调整，硬拉对高级或中级末期阶段的训练者来说依然十分费力，这就是交替进行架上硬拉和下半程硬拉能起到不错效果的原因。

再强调一次，训练者没有必要同时为深蹲、推举和硬拉制订轮换方案。很多训练者会发现，轮换使用辅助动作对某种动作有效果，但却未必适用于其他动作。每种动作的轮换周期也可以有一定变化。训练者可以设定6种硬拉变式（使用不同的深蹲架高度和

抓举握距），但训练卧推只有两种新动作可用。正如示例所示，训练者的训练并不局限于完成单次组。训练者可能会发现，有的变式对大重量单次组的响应更好，而有些变式则更适合 5RM 的训练。到了这个训练阶段，可以使用的变化几乎是无限的。

将最大发力训练引入得州训练法的示例

	基本分割	与深蹲交替安排的计划分割
周一	深蹲 1RM 的 60%~70% × 2 × 10	深蹲 5 × 1
	卧推 1RM 的 60%~70% × 3 × 10	卧推 1RM 的 60%~70% × 3 × 10
	硬拉 1RM 的 70%~80% × 1 × 10	硬拉 1RM 的 70%~80% × 1 × 10
周三	深蹲 2 × 5	深蹲 2 × 5
	推举 3 × 5	推举 3 × 5
	力量翻 3 × 3	力量翻 3 × 3
周五	深蹲 5 × 1	深蹲 1RM 的 60%~70% × 2 × 10
	最大发力卧推	最大发力卧推
	最大发力硬拉	最大发力硬拉

交替训练的计划分割方式对那些非常强壮的、处于中级阶段末期的训练者效果非常好。唯一的变化是，深蹲的计划安排不同于卧推和硬拉。这样就避免了训练者同时在周五完成 3 种动作的大重量训练的情况。

3 周轮换示例（用交替训练分割计划，不包含最大发力深蹲）

周	周一	周三	周五
1	深蹲 5 × 1	深蹲 2 × 5	深蹲 1RM 的 60%~65% × 2 × 10
	卧推 1RM 的 60% × 3 × 10	推举 3 × 5	卧推 1RM，1 × 5*
	硬拉 1RM 的 70% × 1 × 10	力量翻 3 × 3	架上硬拉 1RM，1 × 5*
2	深蹲 5 × 1	深蹲 2 × 5	深蹲 1RM 的 65%~70% × 2 × 10
	卧推 1RM 的 65% × 3 × 10	推举 3 × 5	窄距卧推 1RM，1 × 5*
	硬拉 1RM 的 75% × 1 × 10	力量翻 3 × 3	下半程硬拉 1RM，1 × 5*
3	深蹲 5 × 1	深蹲 2 × 5	深蹲 1RM 的 70%~75% × 2 × 10
	卧推 1RM 的 70% × 3 × 10	推举 3 × 5	架上卧推 1RM，1 × 5*
	硬拉 1RM 的 80% × 1 × 10	力量翻 3 × 3	抓举握距硬拉 1RM，1 × 5*

注：* 在完成 1RM 训练后再完成 1 组 5 次重复的退行组；退行组重量一般为 1RM 的 85%。

上述 3 周轮换计划的示例是使用此方法的计划示例，并不是一个成熟的计划方案。训练者选择的最大发力轮换动作是高度个性化的。

如何选择用于最大发力训练的动作。正如前文所述，不宜选择过多的轮换动作。为了简单起见，开始时每种练习项选择三种轮换动作即可。用基础动作占据一个轮换位置，然后再选两种变式动作安排在另外 2 周。随着经验的增长，训练者可以根据需要增减轮换动作。通常可行的策略是选择一种超负荷动作，同时搭配一种低负荷动作。以硬拉为例，架上硬拉就属于超负荷动作，因为它可以使用比标准硬拉更大的重量，让训练者有机会体验非常大的重量。而抓举握距硬拉比标准硬拉使用的重量要小，因此它属于低负荷动作。

对卧推来说，架上锁定动作能使卧推超负荷，长时间停顿卧推则属于低负荷动作。通常，超负荷动作的动作幅度只是标准动作动作幅度的一部分，并且不会涉及动作中潜在的所有薄弱区域。而低负荷动作通常比标准动作的动作幅度更大，或者其起始动作的位置从力学角度看不利于发力。一般来说，相比超负荷动作，低负荷动作的力量增长更能体现进步的程度。换句话说，如果训练者的 5 秒停顿卧推的最好成绩提高了 50 磅（22.7 千克），那么他的标准卧推水平肯定也提高了。但部分动作幅度的架上锁定卧推则不然。

在最大发力训练中只进行超负荷动作的训练绝对是一个严重的错误。如果只关注超负荷的辅助动作，即使训练者可以创造那些动作的个人纪录，也很难在基础动作上取得进步。训练者应该更关注那些可以锻炼薄弱区域的辅助动作，这样的训练可以帮助训练者收获更多自信，并将增长的力量用于提高基础动作的训练水平。

退行组。随着训练者越来越强壮、水平越来越高，训练量的积累对 5 次重复组的依赖性会逐渐降低。5×5 的训练方式可以在一年内短时间做几次，但长期这样训练会使身体过于疲劳。这也是那些十分强壮的运动员喜欢动态发力组的原因。但要永远记住，发展力量最好的方法仍然是基本的每组 5 次重复的训练，不论对初级训练者、中级训练者还是高级训练者来说都是如此。将大部分时间集中在动态发力和最大发力训练的人应当每年安排几次 5 次重复组的训练。

在较为高级的计划中加入 5 次重复组的绝佳方法是，将其作为退行组安排到高强度训练后完成。很多训练者发现，他们的 5 次重复组的个人纪录大多是在完成大重量单次组后创造的。大重量的单次组训练不会产生过多疲劳，所以训练者在完成退行组时精力是有保障的。在完成大重量单次组后，神经肌肉系统得到了"活化"，为高水平的力量输出做好了准备。训练者可以充分利用这一点，减掉一点重量，尝试打破 5 次重复组的个人纪录。刚开始训练时，训练者可能会觉得 455 磅（206.4 千克）很重，但在完成 500 磅（226.7 千克）的 2 个单次组后，再完成 455 磅（206.4 千克）的训练就会感觉轻松多了。训练者可能会发现，相比按照传统方式热身后完成这个重量的训练，以退行组的方式安排训练可以完成更多重复次数。

奥林匹克举重混合模型

下面的训练计划示例适用于想要提高力量并重点训练奥林匹克举重的中级训练者。训练者可能想要成为奥林匹克举重的竞技选手——中级训练者通过训练同样有参赛的希望。即使训练者仍然每周都在变得更强壮，他依然可以从一次减量训练中受益，并在比赛的那个周六达到力量和爆发力的峰值。爆发力训练对很多运动项目都有好处，即使没有参加比赛，这样的训练计划也能让训练者在力量翻、挺举和抓举上投入更多的时间和精力。如果需要，训练者可以使用这样的训练周期，在最后安排一周削减训练量和训练强度的训练，并在这周最后安排一次测试或比赛。

这个训练计划的深蹲部分基于得州训练法，周二完成大训练量的后深蹲训练，周四安排前深蹲训练，然后在周六安排高强度的后深蹲训练。

在这个训练计划中，大训练量训练实际上被分到了两个训练日中。周一主要训练奥林匹克举重动作，周二则训练深蹲和推举。高强度训练则被分到了周四和周六，周五则被安排作为两次艰苦训练之间的休息日。这个计划的结构本质上是得州训练法和分割训练的混合体。

在周一的大训练量训练日，力量抓和挺举要分别完成约 15 次重复。这些训练的重点是在保证动作不失败的前提下，使用尽可能大的重量，组间休息只有 2 分钟左右。虽然这两种练习都可以安排单次组的训练，但挺举完成 15 个单次组、力量抓完成 8 个 2 次组的效果更好些。每次训练可以使用上个周四训练重量的 90% 作为开始，然后逐渐增加重量。如果为了备赛需要减少训练量，那么在计划最后的 1~2 周完成 6~8 个单次组就可以了。

在训练周期的前六周，大训练量训练日的深蹲和推举训练以 5×5 的方式完成，到了最后三周，大训练量训练需要改用动态发力法累积训练量。在比赛或测试之前，应稍微削减训练量、降低训练强度，为深蹲训练减量，并引入速度训练，以提高峰值发力的效果。

在前六周的高强度训练日，训练者要使用大重量完成深蹲和推举的单次组训练，而到了最后三周，训练者将会减轻所用重量，去冲击 5 次重复组的个人纪录。前六周的 5 次重复组以及大重量的单次组的绝佳组合会为测试前的 5 次重复组做好铺垫。动态发力深蹲的加入和后深蹲的 5 次重复组训练提供了强有力的刺激，这样在比赛之前，当训练者削减其使用的最大重量时，他的力量会高涨而出。

在训练周期的前六周，硬拉可以从大重量的 5 次重复组开始。顺利的话，训练者可以在第六周创造新的 5RM。然后在最后三周，训练者可以通过 5 组大重量单次组的训练提高力量水平。然后再次回到 5 次重复组的大重量硬拉训练并增加重量，这种减量过程应当能为训练者的硬拉力量带来峰值冲刺的效果。

训练者将在周四的训练中挑战两种奥林匹克举重动作的极限力量。真正的极限力量可能每天都会不同，训练者应当尽可能频繁地打破个人纪录。这一天的训练允许试举失败，但一个重量的试举不应当超过 3 次。

奥林匹克举重版的得州训练法示例

周次	周一	周二	周四	周六
1	抓举 8×2 挺举 15×1	深蹲 1RM 的 75%×5×5 推举 1RM 的 75%×5×5 反手引体向上 3×（5~8）	极限抓举 极限挺举 前深蹲 3×3	深蹲 5×1 推举 5×1 硬拉 1×5
2	抓举 8×2 挺举 15×1	深蹲 1RM 的 75%×5×5 推举 1RM 的 75%×5×5 反手引体向上 3×（5~8）	极限抓举 极限挺举 前深蹲 3×3	深蹲 5×1 推举 5×1 硬拉 1×5
3	抓举 8×2 挺举 15×1	深蹲 1RM 的 75%×5×5 推举 1RM 的 75%×5×5 反手引体向上 3×（5~8）	极限抓举 极限挺举 前深蹲 3×3	深蹲 5×1 推举 5×1 硬拉 1×5
4	抓举 8×2 挺举 15×1	深蹲 1RM 的 75%×5×5 推举 1RM 的 75%×5×5 反手引体向上 3×（5~8）	极限抓举 极限挺举 前深蹲 3×3	深蹲 5×1 推举 5×1 硬拉 1×5
5	抓举 8×2 挺举 15×1	深蹲 1RM 的 75%×5×5 推举 1RM 的 75%×5×5 反手引体向上 3×（5~8）	极限抓举 极限挺举 前深蹲 3×3	深蹲 5×1 推举 5×1 硬拉 1×5
6	抓举 8×2 挺举 15×1	深蹲 1RM 的 75%×5×5 推举 1RM 的 75%×5×5 反手引体向上 3×（5~8）	极限抓举 极限挺举 前深蹲 3×3	深蹲 5×1 推举 5×1 硬拉 1×5
7	抓举 8×1 挺举 8×1	深蹲 1RM 的 70%×2×10 推举 1RM 的 60%×3×10 反手引体向上 3×（5~8）	极限抓举 极限挺举 前深蹲 3×3	深蹲 5RM 推举 5RM 硬拉 5×1
8	抓举 8×1 挺举 8×1	深蹲 1RM 的 75%×2×10 推举 1RM 的 65%×3×10 反手引体向上 3×（5~8）	极限抓举 极限挺举 前深蹲 3×3	深蹲 5RM 推举 5RM 硬拉 5×1
9	抓举 8×1 挺举 8×1	深蹲 1RM 的 80%×2×10 推举 1RM 的 70%×3×10 反手引体向上 3×（5~8）	极限抓举 极限挺举 前深蹲 3×3	深蹲 5RM 推举 5RM 硬拉 5×1

力量举得州训练法

在过去的 10 年中，"专项运动体能"（Sport-Specific Conditioning）这个术语在私教和竞技界兴起。这导致了很多训练员和教练错误地让训练者在举重室里模仿专项运动的动作和训练要求。他们认为，因为游泳、骑行等耐力项目需要长时间、多回合的重复发力，那么举重室里的运动形式也应当是这样的。比如，他们甚至会让一个棒球投手去"投掷"哑铃。他们没能领会到关键点在于，力量提供的是一种整体的适应能力，它能够提高所有代谢途径的表现。体能则是一种更为具体的适应状态。游泳运动员必须训练游泳，跑步运动员必须训练跑步。但这两种运动的表现都能够通过在计划里加入力量训练来提高，而变强壮最有效的方法就是使用基础杠铃动作完成 5 次重复组的训练。大体来说，运动持续时间越短，力量训练对该运动表现的提高程度就越明显。换句话说，大重量深蹲训练带给百米短跑运动员的益处要大于马拉松运动员从中获得的助益。

得州训练法是一个极为有效的综合力量训练计划，但其缺点在于训练者从中恢复比较困难，而且很多训练需要很长时间才能完成。对大多数竞技运动员来说，得州训练法或许并不是最佳选择，因为它对身体的要求与这些运动并不兼容。既要完成专项训练、又要安排体能训练的运动员可能很难有足够的时间和精力在大训练量训练日完成 2 小时的训练。然而，对某种运动来说，得州训练法却可能是最"专项化"和最有效的方法，这种运动就是力量举。

就像标准的得州训练法那样，力量举比赛持续时间长，身体难以及时恢复，并同样遵循深蹲-推举-硬拉的运动模式。因此，得州训练法能为训练者提供一个对其实际力量的准确预测，并使其为比赛的体能需求做好准备。

很多力量举运动员都喜欢为一种动作每周安排一天训练的计划，比如：

周一——深蹲训练

周二——卧推训练

周三——硬拉训练

很多训练者用这种方式在比赛中取得了出色的成绩，但仍有很多人遇到了问题：他们无法进入"比赛状态"。因为每天只能训练一种动作，所以到了比赛中，他们在首先完成 3 次大重量深蹲的情况下无法准确估计后面的卧推和硬拉的力量。3 次大重量深蹲试举对下半身和整个身体系统带来的负荷很大。如果训练者习惯在每周的单项训练日里首先完成卧推或硬拉（尤其是硬拉）训练，那么比赛时他可能会惊诧地发现，杠铃好像变重了。参加过力量举比赛的人都明白，完成深蹲试举后，腿部、臀部和下背部会产生疲劳感。卧推比赛持续的时间通常很长（因为参加卧推专项的人实在太多了），这样从深蹲的最后一次试举结束到开始硬拉的第一次试举之间，间隔的时间可能长达数小时。结果到了硬拉试举开始时，运动员已经完全没有了力量充沛的感觉。运动员在备赛周期显然应当做好体能准备，使其可以在训练结束后——至少应在深蹲训练结束后——仍然可以完成硬拉。

传统的得州训练法通常会根据前一周的表现来安排下一周的训练进度。提前安排好整个计划周期通常是高级训练者的做法。但是在备赛时，尤其是在训练者第一次参加比赛时，赛前的几周最好保守一点，确保其不会因为用力过猛导致进步停滞。除非备赛周期经过了一定程度的规划，否则训练者无法确切地知道将会发生什么，也无法预测进步的幅度。在赛前的几周才试图修正一个失败的计划没有任何意义。制订 8~12 周的训练计划，并在计划的最后几周设置比较保守的个人纪录，这是确保这种事情不会发生的最佳方法。因为这会包含一次调整过程，所以这并不是个严格的中级计划，但如果训练者能够顺利完成整个周期，并且没有出现动作失败或状态不佳的状况，这个过程能够帮助他在第一次登上竞技舞台时建立起强大的自信。

下面是一个备赛周期示例。训练者不必全年按照这个特殊的周期训练，但在赛前的 8~12 周执行这个计划会极有帮助。训练者将会有足够的体能在一次训练中完成深蹲、卧推和硬拉，并会对比赛时的真实力量做到心中有数。下面是训练周期概览。

大训练量训练日
___
深蹲（3~5）×5（以 1RM 的 70% 开始）
卧推（3~5）×5（以 1RM 的 70% 开始）
直腿硬拉或站姿躬身（早上好）（2~3）×5
或者力量翻（总共 10~15 次重复）或动态硬拉 10×1，或者不做拉力训练

恢复日
___
深蹲（2~3）×5（小重量）
推举 3×5
小重量力量翻 3×3

高强度训练日或比赛模拟日
___
深蹲 5×1（1RM 的 90%）
停顿卧推 5×1（1RM 的 90%）
硬拉 3×1，直腿硬拉 2×5（如果周一没有安排拉力训练的话可选）

大训练量训练日显然是从深蹲开始的，使用 5 次重复组是因为这是增强力量和增长肌肉的最好方式。根据训练者的年龄和力量水平，可完成 3~5 组深蹲训练。有时候，超过 30 岁的训练者稍微减少一些训练量（3~4 组）会比较好。同理，体重较轻的训练者在使用 2 倍于（甚至 2 倍以上）自身体重的重量完成 5 次组的深蹲训练时，3 个 5 次组或许已经能够产生足够的刺激了，完全没有必要冒着过度训练的风险去完成 4~5 组。训练者可以从每次完成 5 组深蹲训练开始周期，随着重量增加、比赛临近，再把训练量减少到 3 组，以保证在动作不失败的情况下完成训练计划。

卧推的指导原则基本上与深蹲相同。尽管训练者不太可能出现由于完成组数过多导致过度训练的情况，但年龄较大的或者非常强壮的训练者可以通过 3 组或 4 组训练获得与 5 组训练同样的甚至更多的益处。同样，训练者可以从每次完成 5 组卧推开始训练周期，然后随着重量的增加和身体恢复变得更加困难，把训练量减少到 3 组以完成训练计划。在卧推的大训练量训练中，没有必要每次重复都要停顿。只要动作标准，完成触胸离开式卧推即可。

这里展示的计划示例比较保守，大训练量训练日的重量从 1RM 的 70% 开始，大多数使用该计划的训练者可能需要做出调整。对卧推来说，训练者会发现这样的重量很容易完成。为了"增加小重量训练的难度"，训练者可能会决定在最初的几周大训练量训练中改用窄距卧推（食指放在杠铃杆中央光滑处）。随着时间的推移和杠铃重量的增加，训练者可以逐渐增加双手间距，慢慢接近比

赛中的握距。窄距卧推能够增强标准卧推的力量，因此这是将其纳入计划中的好方法。有些训练者尤其钟爱窄距卧推，他们甚至会把大训练量训练日的训练分割为两部分：一部分以竞技卧推的方式完成，另一部分以窄距卧推的方式完成。在这种情况中，训练者可以完成 3 组竞技式卧推，之后稍微削减重量完成 2 组窄距卧推。

大训练量训练日的最后一种动作是拉力动作。因为大重量的硬拉训练会保留到高强度训练日完成，所以安排在大训练量训练日的拉力动作有几种选择。

第一种选择是，使用动态硬拉或力量翻完成动态拉力训练。力量翻的主要优点在于进步可以量化：如果你能够接住杠铃杆，说明拉动得足够快，而动态硬拉具有很强的主观性，很难准确评估。然而，对那些还不是很强壮，或者力量翻的技术不够熟练的训练者来说，训练动态硬拉被实践证明更有利，因为它使用的重量更大。如果硬拉的重量是500 磅（226.8 千克），其 70% 就是 350 磅（158.8 千克），大多数可以硬拉 500 磅（226.8千克）的人不太可能完成 350 磅（158.8 千克）的力量翻。如果由于技术欠缺或缺乏爆发力导致力量翻所用的重量偏小，那么动态硬拉训练对提高硬拉力量的帮助会更大一些。不论采取哪种方式，训练者都要学会在完成几组 5 次重复的深蹲训练后腿部用力完成随后的拉力训练，从而帮助训练者为漫长、疲惫的比赛做好体能储备。

第二种选择是，选择一种"慢速"的硬拉变式，其中包括直腿硬拉、抓举握距硬拉以及站姿躬身。这些动作都能有效地发展后链力量。这种方法的缺点在于，很多训练者无法从一周内的两次"慢速"拉力训练的"研磨"中恢复过来，并且周五还要完成大重量硬拉训练。因此，为这些动作安排 2~3个 5 次重复组就足够了。为了提高在举重室的运转效率，站姿躬身可以安排在深蹲后（卧推前）完成，因为杠铃和深蹲架已经设置好了，训练者也已完成了热身。只要在完成深蹲训练后去掉些配重，就可以直接训练站姿躬身了。

最后一种选择是完全去掉拉力训练。尤其是对那些训练量很大、已经很强壮的训练者来说，使用接近 5RM 的重量完成 3~5 组5 次重复的深蹲，这个过程产生的对体内平衡的干扰已经足以驱动深蹲和硬拉在高强度训练日取得进步了。这可能得益于训练者没有在周一给自己增加拉力训练的负担。然而，在漫长的备赛期，训练者还是有必要完成一定训练量的拉力训练的。一个简单的解决方法是，在高强度训练日的最后加入 1 组5 次重复的退行组。如果训练者周五硬拉使用了 500 磅（226.8 千克）的重量，那么他可以将重量削减到 405 磅（183.7 千克）左右完成 1 组 5 次重复的硬拉训练，或者可以改用直腿硬拉或抓举握距硬拉等变式完成退行组训练。这里的关键在于，训练者应该在完成硬拉的单次组训练之后积累一定的训练量，而不是在每周开始时。很多训练者会发现，这样的安排比每周完成多次大重量硬拉更容易恢复。

恢复日的含义不言自明。深蹲需要使用比周一小 20% 左右的重量完成 2~3 组训练。确切的组数和相比周一削减的重量百分比都不重要——重要的是你应当以完整的动作幅度完成训练，并保证重量足够小，不会给这周的训练增加额外的刺激。推举是恢复日训练的理想动作，因为这种动作仍需努力才能完成，并且仍然算作"小重量"训练，其所用重量比一周的 2 次卧推训练使用的重量都要小得多。此外，推举能保护肩关节免于伤病困扰，它不仅可以作为卧推的辅助动作，还应被视为一种预防性的"预康复"动作。推举同样是个极佳的发展肱三头肌长头的动作，不亚于训练者所能选择的任何孤立动作。对卧推来说，这是个保持卧推力量的关键部位。推举通常安排 3 组 5 次重复的训练就足够了。

恢复日的拉力训练是可选项。可能是因为这天的拉力训练使用的重量小，对很多训练者来说没有什么益处。如果要安排拉力训练的话，训练者应该以小重量力量翻或力量抓的形式完成动态训练。

备赛周期的**高强度训练日**也被称为"比赛模拟日"。尤其是当比赛日期临近时，训练者和教练都应当向着尽可能接近比赛情景的方向努力。虽然并不建议训练者在动作之间间隔 2 个小时，但最好详细了解下比赛的规则。每种动作的口令有哪些？卧推的间歇通常是多久？比赛时允许使用什么装备？如果赛事允许使用绑膝这样的装备，训练者应当练习缠绕绑膝的顺序，并了解缠绑膝需要耗费的时间，同时额外准备一副绑膝，做好丢弃一副的准备。在比赛时，训练者缠绕绑膝的时间不能太晚，当然也不能过早，以免开始深蹲时脚已经麻木了。训练时，教练和训练伙伴应当使用深蹲和卧推的比赛口令，如果自己训练的话，训练者应当在脑海中进行预演。

最重要的模拟对象是训练刺激。这样的训练安排能让训练者的身心都做好一次性完成深蹲、卧推和硬拉的准备。此外，因为力量举只比拼单次极限力量，所以备赛周期也应该安排一些单次组的训练。深蹲和卧推训练从 5 个单次组开始比较实际；硬拉只须安排 3 个单次组，并且随着比赛临近，重量变得很大，可以减少到只做 1 组单次大重量训练。在赛前的最后几周，深蹲和卧推可以只完成 3 组单次组的训练。在训练中尝试 1RM 是毫无意义的。如果训练者在比赛前试举失败，或者因为挑战极限重量而身心疲惫，那么这个训练周期的安排就过于激进了，训练者很可能会在比赛中错过峰值水平。

减量和峰值表现（Tapering and Peaking）。有效备赛的关键在于让峰值表现出现在比赛当天。如果计划安排不当，比赛时很容易出现过度训练或训练不足的状态。两种状态都无法带来最佳比赛成绩。过度训练一般是训练者在训练减量期没有削减足够的训练量或在临近比赛时尝试了过大的重量造成的。训练不足则是因为训练者没有尝试削减训练量，而是完全停止了训练。

根据训练历史、力量水平和伤病情况，高级训练者会在赛前设计持续数周的减量期。中级训练者需要的减量期则短得多，因为他们仍然可以每周取得实质性的进步。高级训练者会提前几个月开始备赛，而中级训练者只是决定参加比赛，并在短期内有效提高成绩以获得参赛资格。高级训练者按照其年度规划在比赛中冲击个人纪录，而我们的中级训练者仍能每周取得某种形式的进步。实际上，中级训练者原本就要在比赛的那个周六打破个人纪录，他只需要保证良好的状态就够了。因此，大约在比赛的 10 天前，其训练量和训练强度就要开始降低了。在赛前的 1 周到 10 天这段时间，训练者不应当继续安排大训练量的 5 次重复组训练，也不应当去尝试极限重量。大部分中级训练者只须在赛前一直保持训练，并降低训练量和训练强度来促使身体恢复，并使力量在比赛时达到峰值水平。

备赛减量最好的方法是在制订训练计划时，从比赛日期向前回溯完成计划的制订。大部分比赛是在周六举行的，因此我们会把比赛那一周的最后一次训练放在周二或周三。这次训练将会是一次大训练量的训练，但总训练量和所用重量会比备赛周期使用的大幅降低。从这周开始前推，赛前的最后一个周六将是小重量的"比赛模拟日"。通常，训练者会在这一天确定比赛时所用的开把重量。这一天，每个比赛项目都要以一个中等程度的大重量完成一个单次组。这是训练周期开始削减训练量、降低训练强度后的第一次训练。在此之前，几乎所有的训练都是沉重而艰难的。这种减量的方法在赛前为训练者提供了大约一周半的时间来促进恢复。

下面是参赛前最后 2 周训练的概要。

周六：最后一次大重量比赛模拟（最好能创造个人纪录）

周二：最后一次大重量的大训练量训练日——创造 5 次重复组的个人纪录

周四：恢复日

周六：小重量的比赛模拟——练至开把重量（1RM 的 90%~95%）

周二或周三：小重量的大训练量训练日（1RM 的 80%×2×3）

周六：比赛日

基于重量百分比的 12 周力量举备赛周期示例

第 1 周

周一	周三	周五
深蹲 1RM 的 70%×5×5	深蹲 1RM 的 60%~65%×5×3	深蹲 1RM 的 90%×1×5
站姿躬身 2×5	推举 3×5	卧推 1RM 的 90%×1×5
卧推 1RM 的 70%×5×5	力量翻 3×3	硬拉 1RM 的 90%×1×3

注：大训练量训练日和高强度训练日使用的重量感觉上应该相当轻。训练者在这周应专注于打磨技术和控制好杠铃的速度。大训练量训练日的卧推可以使用窄握距完成。高强度训练日的卧推则应当使用比赛规定的握距和技术完成。

第 2~6 周

周一	周三	周五
深蹲 5×5	深蹲 3×5	深蹲 5×1
站姿躬身 2×5	推举 3×5	卧推 5×1
卧推 5×5	力量翻 3×3	硬拉 3×1

周期中调整。训练者已经到达了训练周期的中间点，是时候对训练计划做出一些调整，以继续向前推进了。训练者此时已无法用窄握距完成大训练量训练日的所有卧推训练了，但仍想把窄距卧推留在计划中。所以他会将大训练量训练日的训练一分为二：3组训练以竞技卧推的方式完成，另外2组训练以窄距卧推的方式完成。他可以继续按照计划保持前三组的进展，然后取下足够的重量以完成2×5的窄距卧推。在剩下的训练周期中，窄距卧推仍将以每周2.5磅（1.13千克）的速度继续进步。

由于每周的3次拉力训练，训练者开始感受到下背部出现的累积性疲劳，因此他会决定把每周所有的大重量或"慢速"拉力训练放到1天内完成。此时站姿躬身将被移出计划，直腿硬拉的退行组将被加入到周五的单次组硬拉之后。这种动作的调整主要是为了提高运转效率。在健身房里，深蹲后安排站姿躬身、标准硬拉后完成直腿硬拉会更有效率。训练者还会决定在周五完成1组大重量的单次组训练，而不是之前的3组，并且在恢复日不安排任何拉力训练。力量翻将改在大训练量训练日完成，大约要做10个单次组。这实际上可以帮助训练者提高体能，以顺次完成深蹲、卧推和硬拉训练。训练者刚完成严酷的深蹲训练，身体疲惫不堪，把力量翻的每组3次重复改为单次训练组能让训练更易于完成，并保证其以良好的姿势完成爆发式的拉力训练。

训练计划最后一个需要调整的方面是训练周的安排。因为大部分比赛都在周六上午举行，所以让身体开始适应早上训练是个不错的主意。如果训练者习惯于在下午或晚上训练，那他在早上10点的比赛时间完成大重量深蹲时可能会很不适应，他可能会感觉重量比平时训练时更沉重一些。训练时间表的改变将促使训练者在新的时间框架下提高表现，同时还能检验其他可变因素，比如该几点起床、什么时候吃早饭等。

第7~9周

周二	周四	周六（早上10点）
深蹲 5 × 5	深蹲 3 × 5	深蹲 5 × 1
卧推 3 × 5	推举 3 × 5	卧推 5 × 1
窄距卧推 2 × 5		硬拉 1 × 1
力量翻 10 × 1		直腿硬拉 1 × 5

第10周

周二	周四	周六*
深蹲 5 × 5	深蹲 3 × 5	深蹲 5 × 1
卧推 3 × 5	推举 3 × 5	卧推 5 × 1
窄距卧推 2 × 5		硬拉 1 × 1**
力量翻 10 × 1		直腿硬拉 1 × 5

注：* 训练周期最后一次大重量高强度训练日；** 不要冲击极限重量。

第 11 周

周二 *	周四	周六 **
深蹲 5 × 5	深蹲 3 × 5	深蹲 1 × 1，开把重量
卧推 3 × 5	推举 3 × 5	卧推 1 × 1，开把重量
窄距卧推 2 × 5		硬拉 1 × 1，开把重量
力量翻 10 × 1		

注：* 训练周期最后一次大重量大训练量训练日；

　　** 小重量比赛模拟，练至预期的比赛个人纪录 1RM 的 90%~95%。

第 12 周（比赛周）

周三	周六
深蹲 1RM 的 75%~80% ×（2~3）× 3	比赛
卧推 1RM 的 75%~80% ×（2~3）× 3	

　　上面的训练计划是一个基于虚构的重量百分比的计划，只用于说明减量的趋势，并不是实际的训练计算器。百分比在这样的计划框架内很有用，但实际重量的调整应反映训练者的个体能力。

　　有时候，训练者会以自己的方式通过备赛周期，很明显，5 × 5 的训练方式取得的进步无法一直持续到比赛前。如果训练者无法在大训练量训练日完成 5 × 5 的训练，那他可以使用退行组来保持大训练量，同时稍微削减总训练负荷。训练者通常可以成功完成第一个 5 次重复组，但是因为其产生的疲劳，会无法完成第 2 到第 5 组的训练。这个问题在较为强壮的训练者身上尤为明显。解决方案是继续完成 1 组大重量的 5 次重复组，然后减重 5%~10% 完成另外的 4 组 5 次重复的训练。

　　另一种选择是继续完成 5 组等重组，但把每组的重复次数减少到 3 次。不过，这种做法的效果并不理想。大重量的 3 次重复组很快就会失去作用，如果可能，训练者仍然应当通过 5 次重复组的训练保持进步。数十年的经验已经证明了，5 次重复组是促进力量增长的主要催化剂。

　　下面是一个示例。

　　第 8 周：455 × 5 × 5

　　第 9 周：460 × 5（460 × 4，3，3，3）

　　——训练者无法完成 2~5 组的 5 次重复

　　第 10 周：465 × 5（445 × 5 × 4）

　　第 11 周：470 × 5（450 × 5 × 4）

　　第 12 周：比赛周

　　辅助训练。在力量举专项计划中，任何深蹲、卧推和硬拉之外的动作都被视为辅助动作。只有少数几种可用的辅助动作能被加入到备赛计划中。所有的辅助动作都应当为提高训练者的表现服务，而不应使训练者分心。严格控制推举、力量翻、直腿硬拉、窄距卧推等辅助动作的训练量和训练强度是非常重要的。一般来说，辅助动作永远不应该超过 3 组，大部分情况下每组应完成 5 次重复（力量翻应每组完成 3 次或更少的重复）。对其他杠铃动作来说，训练者在完成 10~12

次的较高重复次数后可能会产生过度酸痛，并影响后续的训练。三种比赛项目每周各完成一次大重量的单次组训练已经使神经肌肉系统非常疲劳了，如果其他杠铃动作每组完成低于 5 次重复的训练会使神经肌肉系统的负担过大。因此当计划写着推举 3×5 时，那么就要以 3×5 的形式完成。重量也必须每周进行调整，以避免试举失败导致每组完成的重复次数不足 5 次。这意味着在整个计划执行期间，辅助动作需要进行多次调整。

分割训练模型

到目前为止，每周 3 天的全身训练计划是一种非常有效的训练安排。事实上，大部分人在整个训练生涯中一直使用这种基础训练计划已经足够了。这种方法可以有效地利用时间，并提供了完整的训练体系。不过，改变这个模型是有原因的。

可能的原因之一就是无聊。训练应当充满乐趣，这样可以取得更大的进步。不同的人对变化性有着不同的心理需求，对重复性的计划也有着不同的承受度。有些人一想到要年复一年地完成每周 3 次的全身训练就会受不了。这些人对一周内变化更多，甚至每周都有些变化的计划反应更好。

对有些人来说，改变训练目标或者将健身房训练与更具体的竞技项目训练结合起来的需求会促成改变。这可能是由时间限制造成的，或是需要避免全身训练带来的系统性疲劳，以免这种疲劳影响运动专项的训练。分割训练根据动作的功能性和解剖学差异，通过把训练负荷分为多个可控的分段解决了这个问题。

一般来说，随着时间的推移和训练者力量的增长，他们会逐渐从得州训练法转换到分割训练计划。一个非常强壮的训练者在使用得州训练法时经常需要两个半小时才能完成一次艰苦的大训练量训练，这种情况并不罕见。很多人无法为一次力量训练投入这么多时间，也没有能力从中恢复。按照身体部位，将一次长时间的训练进行分割并分几天完成通常是最好的解决方案。

分割训练还能让训练者更加专注于每种动作的训练。一个很强壮的训练者在以 5×5 的方式完成超过 500 磅（226.8 千克）的深蹲后基本上没有多少体力再去完成其他动作了。在同一次训练中，安排其他动作甚至会极大地影响上半身的表现。

分割训练也比传统的全身得州训练法更加灵活。因为训练者每次训练安排的主项动作更少，所以如有需要，训练者一般都有能力加入辅助动作。然而，灵活性是把双刃剑。使用得当时，辅助动作可以成为强有力的工具，但计划中过多的灵活性会使训练者偏离基础动作，并因为辅助动作过多导致精力分散（事实上很多辅助动作缺乏训练效果）。如果训练者在辅助动作上花费的时间多于在主要杠铃动作上的投入，就产生了"目标偏离"（Mission Creep），那么训练者就应该重新考虑自己的训练了。

组织或分割训练内容的方法很多。大多数时候，训练者会把推力训练安排在一天，把深蹲和拉力训练安排在另一天。从恢复的角度来看，这样安排十分合理。然后，你可以通过几种不同的方式安排辅助动作。首先要把所有的上半身动作安排在推力训练日，把下半身动作安排到深蹲-拉力训练日。背部训练——反手引体向上和背阔肌下拉——由于手臂和背阔肌参与的程度都很大，因此要将其归入到上半身训练日中。

上半身，周一／周四

卧推或推举
胸部／肩部辅助动作
背阔肌训练
手臂训练

下半身，周二／周五

深蹲
拉力训练

另一种方法能带来额外的刺激分配的波动。在下面的四天分割训练计划中，训练者将有 2 天比较"轻松"的训练，另外 2 天的训练则比较"困难"。一周内刺激的波动有利于训练者长期进步。通过把所有的背阔肌和上背部训练归入下半身的训练日中，波动效果可以得到最大化。因为拉力训练基本都有背部的参与，同时这样也能保证有足够的时间和精力来安排肱三头肌的辅助动作，以提高卧推和推举的力量，所以这样的安排很合理。

按照这种思路安排的训练计划应该是这样的。

第 1 天："轻松"训练日

卧推或推举
胸部／肩部辅助动作
肱三头肌辅助动作

第 2 天："艰苦"训练日

深蹲
拉力训练（硬拉、力量翻等）
上背部辅助动作（引体向上、划船等）

一个不同类型的、改变一周训练计划安排的代表示例是竞技铅球运动员从每周 3 天改为每周 4 天的计划，如下所示。

周一

深蹲和推举

周三

力量翻、力量抓等拉力训练，以及其他背部训练

周四

深蹲和推举

周六

爆发式动作

这样安排的合理性体现在几个方面。从事铅球一类运动的训练者通常每周会安排多日的技术性训练，训练使用不同工具投掷，进行某种形式的弹震式训练和冲刺训练。在全身训练后很难进行高质量的技术训练，这与你在完成 30 次投掷训练后的一两个小时内，深蹲、硬拉和推举训练也会受到影响是一样的。很多人会把他们认为对铅球运动最重要的动作——力量抓、力量翻、挺举以及相关动作等动态发力训练自行安排，以确保可以为其投入适当的精力。

很多竞技力量举运动员使用类似于下面的训练计划。

周一

卧推及相关动作

周二

深蹲和硬拉动作

周四

卧推及相关动作

周五或周六

深蹲和硬拉动作

对力量举运动员来说，分割训练的目的与铅球运动员不同。运动使用的专门设备延长了完成每个动作的时间。在一次训练中完成 3 种练习往往会给身体带来巨大的负担，并且训练会持续 4 个小时，大部分人不会想要这样，也不可能做得到。卧推训练最好安排在深蹲的前一天，以免被深蹲和硬拉产生的疲劳所影响。由于深蹲和硬拉动作在功能性和解剖学上相关，2 种练习可以合并在一天完成。注重大重量训练，并使用深蹲背心、卧推背心和绑膝等装备，大部分的竞技力量举运动员无法每周完成 1 次以上的大重量的深蹲和硬拉训练。因为使用了同样的基本肌群，一次训练安排大重量的深蹲和小重量的硬拉，另一次训练安排大重量的硬拉和小重量的深蹲则很方便。

四天得州训练法：版本 1

从得州训练法风格的计划转换到分割训练时，符合逻辑的做法是，保持同样的模式，在每周开始时安排大训练量 / 低强度的训练，然后到每周的后半段安排高强度 / 小训练量的训练。因为训练安排很相似，这种方法被称为"四天得州训练法"。基本上，任何得州训练法风格的训练计划都可以被分割为 4 次训练并以这种方式进行训练。在这个基本框架内，安排动作、组数和重复次数的方式有数十种。但对大多数安排而言，得州训练法模板的所有规则同样适用于分割训练。这个计划最大的不同之处在于周中没有恢复日。这对计划有多大影响完全取决于个体的差异和承受度。

在讲得州训练法的部分，我们讨论过多种促进基础动作提高的方法，其中两种基本方法为：（1）全力以赴；（2）高强度训练日循环。下面是对这种方法在四天分割训练计划中的使用概述。第一个四天分割训练计划的版本看起来很眼熟，会在不安排大重量训练时每周交替完成小重量的卧推或推举训练。这个计划不会在同一周内安排卧推和推举的大训练量训练和高强度训练。后面的计划会做这样的调整。

基础四天分割得州训练法

第 1 周

周一：大训练量卧推训练	周四：高强度卧推 / 小重量推举训练
卧推 5 × 5	卧推 1 × 5，2 × 3，3 × 2，5 × 1
卧推辅助动作	小重量推举 3 × 5
周二：大训练量的深蹲和拉力训练	周五：高强度深蹲和拉力训练
深蹲 5 × 5	深蹲 1 × 5，2 × 3，3 × 2，5 × 1
力量翻 5 × 3	硬拉 1 × 5，1 × 3，1 × 2，1 × 1

（续表）

第 2 周

周一：大训练量推举训练	周四：高强度推举 / 小重量卧推训练

推举 5 × 5

推举辅助动作

周二：大训练量深蹲和拉力训练

深蹲 5 × 5

力量翻 5 × 3 或力量抓（6~8）× 2

周四：高强度推举 / 小重量卧推训练

推举 1 × 5，2 × 3，3 × 2，5 × 1

小重量卧推 3 × 5

周五：高强度深蹲和拉力训练

深蹲 1 × 5，2 × 3，3 × 2，5 × 1

硬拉 1 × 5，1 × 3，1 × 2，1 × 1

使用这个计划训练时，训练者会遵循与使用得州训练法基础版本相同的模式。从第 1 周开始，训练者将尝试在高强度训练日建立新的 5RM，并尽可能久地持续这样的趋势。当每种动作的进步趋于停滞时，训练者会继续加重，同时将训练量降至 2 组、每组 3 次重复的程度，然后是 2~3 组、每组 2 次重复，最终完成 5 个单次组。在完成几轮计划之后，训练者可以循环使用高强度训练日的重复次数（这种方式在得州训练法部分讲过）。

下面是对 6 周循环计划结构的概述（以深蹲和推举为例）

周次	周一	周二	周四	周五
1	深蹲 5 × 5	推举 5 × 5	深蹲 2 × 3	推举 2 × 3
2	深蹲 5 × 5	推举 5 × 5	深蹲 3 × 2	推举 3 × 2
3	深蹲 5 × 5	推举 5 × 5	深蹲 5 × 1	推举 5 × 1
4	深蹲 5 × 5	推举 5 × 5	深蹲 2 × 3	推举 2 × 3
5	深蹲 5 × 5	推举 5 × 5	深蹲 3 × 2	推举 3 × 2
6	深蹲 5 × 5	推举 5 × 5	深蹲 5 × 1	推举 5 × 1

四天得州训练法：版本 2

第二种方法是一种难度更大的四天分割训练版本，并且引入了新的变化——每周的训练会同时安排卧推和推举的大训练量训练和高强度训练，并且两种练习安排在同一次训练中完成。这与先前的计划示例不同。在先前的计划中，每周不会同时安排卧推和推举的大训练量和高强度训练，当其中一种练习以高强度完成时，另一种练习只须完成小重量训练。

下面是这个计划的整体结构

周一	周二	周四	周五
大训练量卧推	大训练量深蹲	高强度卧推	高强度深蹲
大训练量推举	大训练量拉力训练	高强度推举	高强度拉力训练

到了训练生涯的这个阶段，很多训练者会在推举和卧推中选择一种优先训练——比如竞技力量举运动员更倾向于选择卧推，此时推举和卧推之间的精确平衡已无关紧要。然而，很多运动员和普通的力量训练者仍想均衡地发展这两种练习的力量。在这种情况下，训练者应当每周改变动作的优先级别。为了避免出现停滞，在一个训练日同时安排大重量的推举和卧推训练时，改变每种动作的训练方式是个不错的办法。

在这个阶段，在训练计划中引入 8 次重复组会很有用。8 次重复组能很好地为基础杠铃动作积累训练量，并能稍微减轻训练负荷，让训练者可以从日复一日的 5 次重复组训练中稍作喘息。8 次重复组最适合周一的次要动作。

训练计划示例
第 1 阶段：5RM 的深蹲和硬拉训练
第 2 阶段：每组单次或 2 次重复的深蹲和硬拉训练

周次	周一	周二	周四	周五
1	卧推 5×5	深蹲 5×5	卧推 5×1	深蹲 5RM/5×1
	推举 3×8	力量翻 5×3	推举 3~5RM	硬拉 5RM/1×2
	仰卧臂屈伸 3×（10~12）	臀胭挺身/反手引体向上 3×10	屈臂撑 3×15	杠铃划船 3×10
2	推举 5×5	深蹲 5×5	推举 5×1	深蹲 5RM/5×1
	卧推 3×8	力量抓 6×2	卧推 3~5RM	硬拉 5RM/1×2
	仰卧臂屈伸 3×（10~12）	臀胭挺身/引体向上 3×10	屈臂撑 3×15	杠铃划船 3×10

注：5RM/5×1 的意思是在第 1 阶段完成 5RM 的训练，在第 2 阶段完成 5 个单次组训练。

这个计划极为简单灵活。很多训练者喜欢这个计划，因为它各个方面都照顾到了：力量、爆发力和增肌。这个计划的重点主要在于单次组和 5 次重复组。在完成大训练量训练日的第 2 种练习时，卧推和推举分别使用了 8 次重复的训练组。这样能保持较大的训练量，并能稍微减轻负荷，让训练者从单调的 5 次重复组训练中得到缓解。

在这个训练计划中，当训练者深蹲和硬拉训练的 5RM 进步停滞时，第 1 阶段基本上就结束了，然后要将训练切换到每组 1 次或 2 次重复的模式。推举和卧推不分阶段，只是每周将训练的重点在二者之间切换。如果训练者参加力量举比赛，他会将全年的重点都放在卧推训练上。这个计划的比较保守的起始重量为（用百分比表示）：单次组所用重量为 1RM 的 90%，5RM 组所用重量为 1RM 的 80%，5×5 的训练组所用重量为 1RM 的 70%，3×8 的训练组所用重量为 1RM 的 60%。

力量举或爆发力运动的训练计划示例

第 1 阶段：大训练量训练以 5×5 的方式完成，高强度训练以动态组的方式完成。

第 2 阶段：高强度训练以动态组的方式完成，大训练量训练以 1~5RM 的方式完成。

只要能够取得进步，中级训练者可以选择任意一个阶段的训练安排。第 1 阶段的目标是尽可能持续地刷新 5×5 训练的个人纪录，同时在高强度训练日微调动态发力训练。当进步停滞时，训练者可以提升大训练量训练日的刺激，改为稍微增加重量的动态发力训练。高强度训练日可以使用大重量的单次组训练，训练者应尽可能地争取长时间

的进步，最终创造新的 1RM。在第 2 阶段中，可以从大训练量训练中去掉动态硬拉，训练者要尽可能长时间地使用大重量完成 2 次重复的训练组或单次训练组。

因为这是个力量举训练计划，所以并没有对推举训练给予同等的关注，但训练者仍有必要定期安排推举训练。其他所有辅助动作的安排都要围绕增强训练者在基础动作中的薄弱环节展开。

下面是训练者使用这个计划 6 周的训练概况。

在训练计划示例的最后三周，训练者会尝试突破极限，创造新的 5×5 训练纪录，然后转入第 2 阶段。

第 1 阶段

周次	周一	周二	周四	周五
1	卧推 315×5×5 负重屈臂撑 2×（10~12） 肱三头肌下压 3×（10~15）	深蹲 425×5×5 站姿躬身 3×5 背阔肌下拉 4×10	卧推 225×3×10 推举 3×5 仰卧臂屈伸 3×（8~10）	深蹲 300×2×10 硬拉 385×1×10，455×1，515×1 杠铃划船 4×10
2	卧推 320×5×5 负重屈臂撑 2×（10~12） 肱三头肌下压 3×（10~15）	深蹲 430×5×5 站姿躬身 3×5 背阔肌下拉 4×10	卧推 245×3×10 推举 3×5 仰卧臂屈伸 3×（8~10）	深蹲 325×2×10 硬拉 405×1×10，475×1，525×1 杠铃划船 4×10
3	卧推 325×（5，5，5，4，4） 负重屈臂撑 2×（10~12） 肱三头肌下压 3×（10~15）	深蹲 435×（5，5，5，4，3） 站姿躬身 3×5 背阔肌下拉 4×10	卧推 265×3×10 推举 3×5 仰卧臂屈伸 3×（8~10）	深蹲 350×2×10 硬拉 425×1×10，485×1，535×1 杠铃划船 4×10

第 2 阶段

周次	周一	周二	周四	周五
4	卧推 235×3×10 推举 3×5 肱三头肌下压 3×（10~15）	深蹲 315×2×10 直腿硬拉 3×5 背阔肌下拉 4×10	卧推 355×1×5 哑铃卧推 3×（6~8） 仰卧臂屈伸 3×（8~10）	深蹲 475×1×5 硬拉 550×（1~2） 杠铃划船 4×10
5	卧推 255×3×10 推举 3×5 肱三头肌下压 3×（10~15）	深蹲 340×2×10 直腿硬拉 3×5 背阔肌下拉 4×10	卧推 365×1×5 哑铃卧推 3×（6~8） 仰卧臂屈伸 3×（8~10）	深蹲 485×1×5 硬拉 555×（1~2） 杠铃划船 4×10
6	卧推 275×3×10 推举 3×5 肱三头肌下压 3×（10~15）	深蹲 365×2×10 直腿硬拉 3×5 背阔肌下拉 4×10	卧推 375×1×5 哑铃卧推 3×（6~8） 仰卧臂屈伸 3×（8~10）	深蹲 495×1×5 硬拉 560×（1~2） 杠铃划船 4×10

大训练量 / 低强度 – 小训练量 / 高强度训练模式。第三种方法如下

周一	周二	周四	周五
高强度卧推	高强度深蹲	高强度推举	高强度硬拉
大训练量推举	大训练量拉力训练	大训练量卧推	大训练量深蹲

这种计划安排的优势是，训练者每周都能在身体完全恢复的状态下使用大重量完成每种动作的训练，每周每种动作都能使用最大重量。这个方法的缺点是，缺乏系统性的刺激波动。把大部分的刺激集中安排在每周的开始是有好处的。该方法每次训练都要使用大重量，同时每次训练都是大训练量。这个方法对大多数训练者来说难度比较大。

下面是对几个基于这种理念的训练计划示例的简单描述

周一	周二	周四	周五
卧推 5RM	深蹲 5RM	推举 5RM	硬拉 5RM
推举 5×5	力量翻 5×3	卧推 5×5	深蹲 5×5

使用这种计划安排，训练者在试图维持大训练量训练组数设置的同时，会将每种动作在高强度训练中的潜力充分挖掘出来。一旦 5RM 训练的潜力被挖掘殆尽，训练者就要开始将每组的重复次数依次降到 3 次、2 次和 1 次。

与充分挖掘高强度训练日的进步潜力不同，这种训练法同样可以采用循环的方式安排高强度训练。

这样训练计划就变成了下边这样。

日期	动作	第1周	第2周	第3周
周一	卧推	2×3	3×2	5×1
	推举	5×5	5×5	5×5
	仰卧臂屈伸	3×（10~12）	3×（10~12）	3×（10~12）
周二	深蹲	2×3	3×2	5×1
	直腿硬拉	3×5	3×5	3×5
	杠铃划船	3×10	3×10	3×10
周四	推举	5×1	2×3	3×2
	卧推	5×5	5×5	5×5
	屈臂撑	3×（8~10）	3×（8~10）	3×（8~10）
周五	硬拉	1RM	3RM	2RM
	深蹲	5×5	5×5	5×5
	臀腘挺身/反手引体向上	3×10	3×10	3×10

周一和周二的训练安排（卧推和深蹲）与周四和周五（推举和硬拉）稍有不同。卧推和深蹲训练按照 3、2、1 的顺序进行，而推举和硬拉训练按照 1、3、2 的顺序完成。虽然并不是必须按照这种顺序完成训练，但这种波动可以使训练者避开在同一周为所有动作安排大重量的单次组训练。训练负荷的波动可以防止训练者过于疲劳以及过早出现进步停滞。

在使用这种计划安排时，训练者应当保持较大的训练量。重量的选择固然重要，但大训练量训练日所用的重量绝不应当重到训练者无法完成预定重复次数的程度。为了能够继续完成 5 次重复组，训练者可能需要在执行训练计划的过程中进行几次调整。

下面是另一个训练计划的示例，同样采用大训练量和高强度训练交替进行的安排。在这个例子中，训练者会综合运用动态发力训练、大重量单次组和 5×5 的训练方式。为了防止训练者的进步停滞，架上硬拉和抓举握距硬拉会与常规硬拉一起轮换安排。此外，为了避免训练者每次训练都安排大重量的单次组，该计划会安排两个不同的周期。在第一个周期中，会安排深蹲和卧推使用单次组的训练方式，推举和硬拉则使用 5 次重复组的训练方式。几周之后，训练者可以转为以 5 次重复组的方式训练卧推和深蹲，以单次组的方式训练推举和硬拉。

阶段 1

	动作	第 1 周	第 2 周	第 3 周
周一	卧推 推举	5 × 1 1RM 的 60% × 3 × 10	5 × 1 1RM 的 65% × 3 × 10	5 × 1 1RM 的 70% × 3 × 10
周二	深蹲 硬拉	5 × 1 1RM 的 70% × 1 × 10	5 × 1 1RM 的 75% × 1 × 10	5 × 1 1RM 的 80% × 1 × 10
周四	推举 卧推	5 × 5 1RM 的 60% × 3 × 10	5 × 5 1RM 的 65% × 3 × 10	5 × 5 1RM 的 70% × 3 × 10
周五	深蹲 架上硬拉	1RM 的 60% × 2 × 10 5RM	1RM 的 65% × 2 × 10 5RM	1RM 的 70% × 2 × 10 5RM

阶段 2

	动作	第 1 周	第 2 周	第 3 周
周一	卧推 推举	5 × 5 1RM 的 60% × 3 × 10	5 × 5 1RM 的 65% × 3 × 10	5 × 5 1RM 的 70% × 3 × 10
周二	深蹲 力量翻	5 × 5 5 × 3	5 × 5 5 × 3	5 × 5 5 × 3
周四	推举 卧推	5 × 1 1RM 的 60% × 3 × 10	5 × 1 1RM 的 65% × 3 × 10	5 × 1 1RM 的 70% × 3 × 10
周五	硬拉与架上硬拉、抓举握距硬拉轮换 深蹲	1~（1 × 2） 1RM 的 60% × 2 × 10	1~（1 × 2） 1RM 的 65% × 2 × 10	1~（1 × 2） 1RM 的 70% × 2 × 10

　　每个周期的长度是可以改变的。上述 3 周的周期只是为了方便演示训练计划的安排。更重要的一点在于，当训练者计划每周安排 4 次高强度训练时，每周使用的负荷应适当波动。4 种动作每周都安排大重量单次组训练的话，训练者可能会很快停止进步。只须简单地交替安排大重量单次组与大重量 5 次重复组，训练者就可以在很长一段时间里保持进步。

内布拉斯加模型

下面要介绍的训练计划是以内布拉斯加大学（University of Nebraska）的博伊德·爱普利（Boyd Epley）推广并发扬光大的训练模型为基础建立的，是美国最早的在运动力量训练中强调奥林匹克举重动作的力量与体能训练计划之一。这种模型的调整同样按照每周从大训练量训练到高强度训练的安排，但每周的4次训练都是全身训练。这种训练是按照"快和慢"来划分的。

内布拉斯加模型概览

周一	周二	周四	周五或周六
力量抓 6×2	深蹲 5×5	力量抓 5×1	深蹲 5RM
力量翻 6×3	卧推/推举 5×5	力量翻 5×1	卧推/推举 5RM
架上挺 3×2	杠铃划船 4×8/反手引体向上（$3 \sim 5$）$\times 8^+$	架上挺 3×1	硬拉 5RM

注：卧推和推举每周轮流进行；杠铃划船和反手引体向上每周轮流进行。

分割计划——大重量训练日与小重量训练日

随着训练者变得愈加强壮，训练者可以把大训练量训练和高强度训练分开，而不是放在同一周里，并从这种每周的训练刺激略有减少的计划中获益。年龄较大的训练者恢复较为困难，这个训练计划对他们尤其有帮助。与之对应的训练方案是，每周每种动作分别完成大重量和小重量的2次训练。需要注意，这里的小重量训练日与大训练量训练日并不是一回事。大训练量训练日使用的重量的确比高强度训练日的要小，但相比其对应的重复次数范围，其使用的重量并不算小。设置小重量训练日的目的是促进身体恢复，并保持每种动作用到的神经肌肉通路的效率。其中，小重量的深蹲训练日最为实用，尤其是对年长的训练者来说。

很多训练者和教练并不喜欢在这个训练阶段安排小重量训练日，也的确有很多训练者用或不用小重量训练日取得的结果没有显著差别。因此，是否需要加入小重量训练日往往取决于个人的情况。

训练计划示例。

周一	周二	周四	周五
卧推	深蹲	推举	小重量深蹲
小重量推举	小重量硬拉	小重量卧推	硬拉

多大的重量才算"重"？你可以把"重"简单理解为"刺激大"。大重量训练日必须产生足够的干扰才能刺激身体产生适应状态，并在接下来的1周取得进步。这通常意味着，大重量训练日必须具备一定的训练量。一般来说，5次重复的等重组效果非常好。当训练者无法通过5次重复组继续进步时，可以经历短暂地减少重复次数的阶段，

然后再恢复到 5 次重复组的训练。每组训练的重复次数从 5 次逐渐减少到 1 次的短周期训练同样有效。

那么,多大的重量才算"小"呢?小重量训练本质上包含两层含义。训练者可以只是使用中等负荷(1RM 的 65%×5×3)完成几组基础动作,或者使用基础动作刺激较小的变式动作作为替代。只要训练量控制得当,这种方法能取得不错的效果。比如,重量适中、以 3×5 的方式安排训练的窄距卧推可以替代小重量卧推,而力量翻或力量抓可以是小重量训练日硬拉的绝佳替代。

分割计划——大重量训练日/小重量训练日交替进行

周一	周二
卧推 6×3	深蹲 6×3
小重量推举 6×2	力量抓 6×2
屈臂撑 3×(10~15)	臀腘挺身/反手引体向上 3×10
周四	周五
推举 6×3	小重量深蹲 6×2
窄距卧推 6×2	力量翻 6×3
屈臂撑 3×(10~15)	硬拉 1×3

上述的分割训练计划适合体能条件良好的整体力量训练者。这个训练计划并不容易完成,但只要求训练者每天完成 1 种"高难"动作。这个"6 组"训练计划源于一种古老的俄式深蹲计划,并针对中级训练者进行了改良。对长期完成 5 次重复组的训练者来说,用这个计划来改变下节奏挺不错的。这是一个很好的短期训练计划,可以安排在 5 次重复组的训练计划之间。在这个训练计划中,深蹲、推举/卧推和拉力训练的分配很均衡,并兼顾了力量、爆发力和肌肉量的训练。每种动作每周要训练 2 次,一次使用大重量,一次使用小重量。在深蹲和推举的小重量训练日,训练者要使用大重量的 3 次重复组 80% 的重量完成 2×6 的训练。在整个训练周期中,训练者都不必增加小重量训练日的重量。训练者应当试着每次更快地移动重量,而完成 6×3 的训练则要每周增加重量。在这个计划中,卧推和硬拉使用了更小的重量和刺激更小的基础动作的变式——在这个例子中对应的动作分别是小重量的窄距卧推和力量抓。

在这个训练计划中,并不需要在同一周内安排大重量的大训练量训练日和大重量的高强度训练日。安排在每周后半段的小重量训练日是为了保持每种动作的运动通路,而不是增加额外的刺激。在这个计划中,安排大重量训练日的方式很简单:以 6×3 的训练方式保持每种动作尽可能持续地进步,之后将训练量大幅削减到只有 3×3 的程度(小重量训练日则削减到只有 3×2 的程度)。训练者接下来会继续以 3×3 的方式训练并保持每周增加重量,同时利用减量效应继续取得进步。当训练者无法继续以 3×3 的方式保持进步时,这个训练周期就结束了,训练者此时应当可以完成 3RM 或 2RM 的极限重量。到了这个阶段,训练者可以重新开始并完成新一轮的周期——但要使用比之前的训练周期更大的重量,并再次以 6×3 的方式开始训练,或者切换到另一个中级训练计划继续训练。

每天训练 1 种动作

最直截了当分割训练的方式就是每个训练日只训练 1 种动作，并且每周每种动作只训练 1 次，没有小重量训练日，也没有单独的大训练量或高强度训练。再强调一遍，中级训练者之所以是中级训练者，是因为他可以每周打破个人纪录。如果训练者每周每种基础动作只训练 1 次的话，那他必须在该次训练中产生足够的刺激才能促使身体产生适应状态，并在下一周提高表现水平。

如果训练者无法在每周每种动作只完成 1 次训练的情况下做到这一点，那么他可能需要切换到一个本章前面讲过的刺激更大的计划。很多每个训练日只训练 1 种动作的训练者会在完成主项动作之余，安排大训练量的辅助动作训练来产生足够的刺激，从而在下一周取得进步。

这样做的原因主要是受时间限制。人们的生活都很忙碌，很多训练者每天能用来训练的时间不足 1 小时。在训练者的力量达到一定水平之后，仅仅一种杠铃动作的大重量热身组、正式组和组间休息时间加起来就需要 30~60 分钟。完成极限的 5×5 深蹲训练时，如果组间休息 10 分钟的话，仅休息时间就要 40 分钟。因此，训练者每天只安排 1 种难度较大的动作，并在正式组之后增加一些刺激不那么大、不那么费时的辅助动作更为可行。这种计划同样适用于那些正在花费大量时间进行运动专项和体能训练的高

水平运动员。比如综合格斗（Mixed Martial Arts，简称 MMA）运动员，通常需要每天训练 2 次（1 次缠斗，1 次对练），在比赛前还要找时间完成高阈值的体能训练。这样留给力量训练的时间和精力就不多了。

与其匆匆忙忙把两三件事压缩到短时间内完成，不如集中精力把一件事做好。在力量举训练中，训练者会长年使用下面的分割训练方式。

周一：深蹲 + 辅助动作
周三：卧推 + 辅助动作
周五：硬拉 + 辅助动作

下面的例子适用于那些想通过增肌来改善体格的一般力量训练者。每天训练的重点在于完成主项杠铃动作，之后如果训练者还有时间和精力，可以继续完成辅助训练。

周一：卧推训练日 + 辅助动作（肩部肌肉和肱三头肌）
周二：深蹲训练日 + 辅助动作（腘绳肌和背部肌肉）
周四：推举训练日 + 辅助动作（胸部肌肉和肱三头肌）
周五：小重量深蹲训练 + 硬拉 + 辅助动作（背部肌肉）

因为硬拉的训练量通常会比其他三种杠铃动作要小，因此在训练计划中额外增加一次深蹲训练（如果可能的话）是个不错的主意。因为此次深蹲训练为小重量深蹲训练，所以组间休息时间会更短，以匹配训练者的日程安排。

		第 1 周	第 2 周	第 3 周
周一	卧推	5×5	5×3	5×1
	坐姿哑铃推举	（3~5）×（10~12）	（3~5）×（10~12）	（3~5）×（10~12）
	坐姿臂屈伸（法式推举）	（3~5）×（10~12）	（3~5）×（10~12）	（3~5）×（10~12）

（续表）

		第1周	第2周	第3周
周二	深蹲	5×5	5×3	5×1
	直腿硬拉	（2~3）×（8~10）	（2~3）×（8~10）	（2~3）×（8~10）
	背阔肌下拉	（3~5）×（10~12）	（3~5）×（10~12）	（3~5）×（10~12）
周四	推举	5×1	5×5	5×3
	负重屈臂撑或哑铃卧推	（3~5）×（10~12）	（3~5）×（10~12）	（3~5）×（10~12）
	仰卧臂屈伸	（3~5）×（10~12）	（3~5）×（10~12）	（3~5）×（10~12）
周五	小重量深蹲（5次重复组所用重量的80%）	3×5	3×5	3×5
	硬拉	1RM或大重量单次组	5RM	3RM
	杠铃划船	（3~5）×（10~12）	（3~5）×（10~12）	（3~5）×（10~12）

在上述训练计划中，主项动作的重复次数范围从头到尾都在波动。这样可以避免出现在某一周训练者必须在所有的4个训练日完成大重量单次组训练的情况。在第2周，卧推和深蹲要以3次重复组的形式完成，推举和硬拉训练则要安排5次重复组。在第3周，卧推和深蹲需要完成单次组的训练，推举和硬拉则安排3次重复组的训练。

斯塔尔模型

马克·贝瑞（Mark Berry）在1933年提出了一种不同的按周安排的周期化模型，该模型要求训练者每周训练3次，每次的训练负荷都会有所变动。在这个模型中，每次训练会安排同样的动作进行全身训练，但每次训练的重量都会有所变化：一次大重量训练日，一个小重量训练日和一个中等重量训练日——即HLM（High–Low–Medium）模型。数十年来，这个模型出现了多种不同的版本，其中最受欢迎的是由比尔·斯塔尔（Bill Starr）在其1976年出版的《强者生存》一书中设计的版本。斯塔尔版的训练计划与本章前面所讲的得州训练法很相似，同样是一个每周训练3次的模型，而负荷变化的顺序为大重量、中等重量和小重量，负荷-休息之间的关系与之略有不同。

斯塔尔5×5

《强者生存》中的训练计划是大重量-小重量-中等重量系统中最为著名的。斯塔尔的体系基本上是围绕如何训练大批大学运动员，尤其是橄榄球运动员展开的。斯塔尔发现，他的运动员对高频率、大训练量的深蹲训练反应最好，并且如果在每次训练时不使用极限负荷，运动员的表现会达到最佳。

斯塔尔的学员可能算得上出色的运动员，但他们中的大多数人可能算不上出色的力量训练者。他们需要在力量训练计划的要求、运动专项的要求、学业表现以及作为20岁左右的男性的正常社交之间找到平衡。这种情况在休闲性训练者和专项运动员身上非常常见。

对身体处在巅峰阶段、经验丰富的竞技

型力量训练者来说，频繁使用极限负荷进行训练不仅是可行的，而且是取得最佳进展所必需的。但大部分杠铃训练者的目的并不是参加力量比赛。家庭、职业、旅行、年龄、伤病，坦率地说，还包括自律和动力的缺乏，各种因素交织在一起使大多数训练者无法完成取得最大收益的训练计划所需的所有准备工作。出于身体或心理上的原因，训练者总是无法"打起精神"每周完成 3~4 天全力以赴的训练。

在这个问题上，斯塔尔给出的解决方案就是大重量-小重量-中等重量训练系统。它能为训练者提供进步所需的训练量和训练频率，并且每周只须为每种动作安排 1 次大重量训练。斯塔尔在《强者生存》中所描述的训练计划是基于深蹲、卧推和力量翻的。所有的动作都以 5×5 的方式完成，每次训练使用的重量会在一周内波动。这其实并不是最好的训练组织方式，但它对斯塔尔必须在有限的空间内同时训练大批运动员是有帮助的。想要做到这一点，你的确需要一个简单的训练系统，而斯塔尔的方法可能是最佳解决方案。

在这种情况下，"大重量"可以被定义为使技术动作开始出现变形的重量，或者是更有经验的训练者主观感觉很重的重量。"中等重量"意味着技术动作能够被正确执行，训练者感觉训练非常努力，但仍留有很大的进步空间。"小重量"通常意味着动作可以得到完美的执行，并且以这个重量完成多组训练不会累积产生明显的训练刺激。只有经验丰富的教练才能有效地使用这种方法。如果没有这样的教练，新计划的起始重量应当从热身组重量开始一点点地增加，直

到重量达到符合该计划起始重量的目标。

按照斯塔尔系统，一周的训练计划会是这样的（以深蹲为例）。

周一：
　　深蹲 5 × 135，165，195，225，255
周三：
　　深蹲 5 × 95，125，155，185，215
周五：
　　深蹲 5 × 115，145，175，205，235

同样的设计原则也适用于卧推和力量翻训练。

再强调一遍，这个计划有一些缺陷，即选择的动作过少，并且没有包含硬拉。当然，所有的运动员都应当训练深蹲、卧推和力量翻，但大多数运动员和普通的健身爱好者能够从较多的动作选择中获益，并获得长期的进步。而且，尝试 5×5 以外的训练方式是完全可行的——因为斯塔尔的《强者生存》很受欢迎，很多人认为，大重量-小重量-中等重量的训练安排必须严格按照他的 5×5 的训练方式执行，这样理解这个模型就过于肤浅了。

大重量-小重量-中等重量的概念看起来十分简单，但正确运用这种方法却较为复杂。在小重量训练日使用 1RM 的 70% 完成 1 组 3 次重复的训练比较轻松，并能促进训练者以"主动休息"的方式得到恢复。但如果使用 1RM 的 70% 完成 5 组 10 次重复的训练呢？每个中级训练者都有确切的训练目标：力量、爆发力或肌肉量，而每种目标都有与之对应的特定的重复次数范围。每种重复次数范围同样有对应的、能够产生最大刺激的相对强度（以 1RM 百分比的形式表示）。

比如，训练者使用 1RM 的 75% 完成 3 组 10 次重复的训练，这样的训练很难完成，因此这个重复次数对应的相对强度是很高的。了解了这一点之后，训练者可以通过降低训练强度而不改变重复次数的方式来安排减重日或恢复日的训练。如果训练者在大重量训练日使用 1RM 的 70% 完成了 3 组 10 次重复的训练，那他使用 1RM 的 50%~60% 完成 3 组 10 次重复的训练就属于减重训练。但如果训练者使用 1RM 的 80% 完成了几个 5 次重复组，那他使用 1RM 的 70% 完成几组 10 次重复的训练就不能算作减重训练，因为这样无法促进恢复。理解重复次数与训练强度之间的关系，正确处理二者之间的关系，重视训练者的反应（见 111 页表 7–1），这非常重要。

记住，任何按周安排的训练计划，其目标都是通过训练日的累积效应来干扰体内平衡，然后在小重量训练日和休息中获得超量恢复。小重量训练日是该计划的必要组成部分，是训练者的恢复日。小的训练重量不足以产生超负荷并干扰体内平衡，它并不是超负荷活动的一部分。小重量训练日的负荷应当足够小，从而促进身体的恢复，同时又能通过动作模式提供足够的训练量以保持训练者对训练重量的新鲜感。如果训练者的训练计划中没有安排小重量训练日，说明训练者对该计划的实际运用缺乏理解。训练重量为 1RM 的 70% 的训练日看起来过于容易，好像是在浪费时间，但这种减轻负荷的过程是训练者进步所必需的。去健身房"锻炼"的人通常关注的点在于每次训练过程中和训练后的感受——"哥们，今天的训练让我感受到了十足的泵感！"——运动员则不同，他

们是为了长期的提高而"训练"的。不要因为大重量的诱惑而在小重量训练日中调高设定的重量。再次提醒自己：你不是在训练过程中变强的，而是通过训练之后的恢复来变强的。

恢复过程在每次训练结束后会立即开始，身体开始修复训练刺激造成的损伤，从而使身体产生适应状态，所有明显的损伤都来自于大重量训练的过程中。小重量训练日不会加重这种损伤。通过增加流经酸痛区域的血流量，使用完整的动作幅度活动关节，用亿万年来大自然形成的方法——通过在不可避免的持续活动中强制恢复的方式来处理疲劳，小重量训练日可以促进身体的恢复。因此小重量训练日在一周中所处的时段就是身体的恢复期。在这个模型中，把小重量训练日放在哪一天并不重要。如果把小重量训练安排在周五，那么训练者在周一应当已经恢复，并为完成更大重量的训练做好了准备；如果把小重量训练安排在周一，那么训练者会在周三或周四得到恢复，并做好使用更大重量训练的准备。

付诸实践

一般来说，使用大重量–小重量–中等重量训练计划的最佳方式是把训练日按照周一、周三、周五这样的方式安排，每周完成 3 次全身性训练。每次训练应当包括深蹲、一种推力动作和一种拉力动作。动作的选择应符合训练者的目标和训练水平。

深蹲。对一般性的力量训练者来说，完成 3 次深蹲的训练效果最佳。这能对系统整体产生积极的激素影响，并加速力量和肌肉量的增长。此外，很多人对深蹲的技术性质

并未给予足够的重视。就像其他身体技术一样，深蹲需要勤加练习。每周安排 3 次（其中 2 次训练使用中等重量或较大重量）深蹲训练为训练者磨炼技术、形成正确的动作提供了机会。有些年长的训练者没有足够的训练频率就会失去对动作的"感觉"，但又无法在一周内完成多次大重量训练，这种安排对他们来说格外有益。这种训练计划对那些运动能力欠缺，不经常练习就难以维持正确动作的人也很有用。这种训练者通常被称作"运动白痴"，重复练习这种富有技术性的动作对他们大有裨益。

这个计划的一个问题是，训练者从大重量训练日切换到小重量训练日，再切换到中等重量训练日的过程缺乏精确性。与力量训练中的很多事情一样，这里的重量增减同样没有适合所有人的答案。需要注意的是，减重的幅度会随着训练者最大力量的增长而增加——能够深蹲 500 磅（226.8 千克）的训练者要比只能深蹲 200 磅（90.7 千克）的训练者减重的幅度更大。

一开始可以把小重量训练日使用的重量相比大重量训练日下调 10%~20%，将中等重量训练日使用的重量相比大重量训练日下调 5%~10%。强壮一些的训练者使用的减重幅度可以更大一些，而较弱的训练者（包括年长的训练者、女性训练者等）使用的减重幅度可能会小一些。当训练者心中有数后，可以运用自己的智慧和经验来做出相应的调整。近期的训练史往往要比单纯的百分比更可靠。

推力训练。在斯塔尔的书中，推力训练的基础计划与深蹲的计划安排十分相似——在一周内安排 1 种动作、不变的训练量以及波动的训练强度。在斯塔尔的计划中，3 次训练选择的动作都是卧推。这样安排的好处是理念简单，并且在举重室十分忙碌、已经有那么多的运动员占据深蹲架的情况下，资源分配上也更可行。深蹲是独一无二的，其他腿部动作难以与之相提并论。前深蹲、箱式深蹲、过顶深蹲都是不错的动作选择，但它们都不具备基础的后深蹲的强大的力量转化能力。即使在使用中等重量和小重量的情况下，深蹲仍然是比其他变式更为有效的训练工具。而推力动作的训练效果则没有这么直截了当。任何基础的力量训练计划都应当包含卧推和推举这两种动作，并给予它们同等的关注。很难说哪一种动作带来的训练效果更好——从运动的角度来说，当然是推举更具功能性，但卧推能使用更大的重量，因此同样具有训练价值。即使是那些否认卧推功能性的人也应当意识到，定期训练卧推同样能促进推举力量的稳定进步。

基本的建议是，训练者通常应在训练计划的大重量训练日安排卧推训练（几乎在任何情况下，卧推都能使用比其他推力动作更大的重量）。在小重量训练日安排推举训练则更为合理。相对于其他的杠铃推力动作的变式，推举使用的重量是最小的。中等重量训练日可以选择的动作很多，下面是几个例子。

窄距卧推。这个选项适合那些把卧推作为主项动作的训练者。在将大重量-小重量-中等重量系统运用于力量举训练时，这是个绝佳的选择。多年以来，竞技力量举运动员一直把窄距卧推作为首要的辅助动作使用，这个动作可以使用与标准卧推几乎相当的训练重量。相比大多数竞技风格的卧推动作，窄距卧推显然能够带给肱三头肌更大的刺激，正因为这个原因，它同样是一个适合推举训练的有力的辅助动作。尤其是从动作的中间点向上的后半段过程中，推举非常依赖肱三头肌的力量。任何能够使用大重量使肱三头肌超负荷的训练动作都能转化形成推举和卧推所需的力量。

借力推举。对运动能力更强的训练者来说，借力推举是个不错的中等重量训练日的选择。对很多项目的运动员、大力士竞技者或者任何把提高过顶锁定力量作为第一要务的训练者来说，如果他们仍然追求尽可能地通过全身性的训练来实现目标，那么借力推举是绝佳的选择。

上斜卧推。上斜卧推中杠铃移动的角度介于卧推和推举之间。正因如此，上斜卧推被视为二者的合体动作，能够同时提高推举和卧推所需的力量。不过相比推举，上斜卧推对卧推的帮助更大一些，因为训练者是躺在长凳上完成上斜卧推的，这样对胸肌的刺激要略大于对三角肌的刺激。然而，经常尝试极限推举的人会知道，完成动作需要大幅后仰，此时会用到大量的上胸部肌肉。上斜凳的角度是可变的，通常 25°~45° 这样较小的倾斜角度对提高卧推力量的帮助更大，60° 左右较大的倾斜角度对增加推举力量更为有效。

对那些主要关注肌肉量和体格的训练者来说，上斜卧推是更好的选择。大多数成功的健美运动员会告诉你，他们胸肌训练的主要组成部分是上斜卧推，而不是水平卧推。厚实、发达的上胸部会极大地提高健美运动员的美观程度，并且能让肩膀变得更宽、更厚实。

这里要强调一点，训练者不需要只选择一种动作一直做下去。选择一种动作训练几周或几个月，然后换成其他动作没有任何问题。甚至每周轮换训练这三种动作也是可以的。在这一点上，训练者可以在计划中加入一些多样性，来保持精神和身体对训练刺激的新鲜感。

拉力训练。与深蹲训练和推力训练计划一样，斯塔尔在《强者生存》的基本训练计划中只要求每周完成一种拉力动作——力量翻。与深蹲、卧推训练相同，力量翻训练也是每周按照大重量-小重量-中等重量的顺序安排，并以 5×5 的形式完成的。如果你不得不为一组运动员每周的 3 次训练选择一种拉力动作的话，力量翻可能是最合适的。硬拉能够更好地打造力量，但大部分运动员很难从每周 3 次的硬拉训练中恢复过来。与推力训练计划相似，大多数运动员会从多样化的拉力训练计划中受益更多。

大重量训练日安排硬拉，小重量训练日安排力量抓，中等重量训练日完成力量翻训练，这是一个适合大多数训练者的绝妙的拉力训练计划。想要拥有将杠铃拉离地面的强大启动力量，训练者必须使用比奥林匹克举重动作更大的重量。硬拉符合这个要求。一般情况下，力量抓使用的重量要比力量翻的重量小一些，这样，这两种奥林匹克举重动作的变式就能很好地融入训练体系中。

下面是基本的拉力训练计划示例。

周一：硬拉 1×5

周三：力量抓（5~8）×2

周五：力量翻 5×3

不过，训练者也可以采用不同的安排。

下面提供了几种选择。

去掉一种奥林匹克举重动作的变式，然后把留下的动作训练 2 次。比如，很多训练者由于身体比例不佳——前臂较长、上臂较短，这使得力量翻的接杠会变得很困难。很多训练者无法使杠铃杆正确地落在肩膀上，迫不得已只能用手将其抓住，这样杠铃杆会在三角肌上悬空，或者是肘部向下处在一种糟糕的姿势以支撑负荷。这在重量不大时可能没有什么关系，但是随着运动员力量的增长，以这样的方式完成大重量力量翻的接杠会导致严重的手腕或肘部伤病。即使没有受伤，训练者也会因为接连不断的动作失败而充满挫败感。在这种情况下，训练者可以考虑每周进行 1 次硬拉训练和 2 次力量抓训练——一次使用大重量，一次使用小重量。

力量抓可能也存在同样的问题。特别是年长的训练者，他们在完成力量抓时可能会因为肩部柔韧性不足而很难顺利接杠。有时候，这种情况可以通过拉伸和训练来改善，但有时候则不行。比如，肩袖做过手术或有关节炎的训练者就很难改善肩部的柔韧性。在这种情况下，训练者可以把力量抓从计划中去掉，改为每周训练 2 次力量翻，一次使用大重量，一次使用小重量，并继续每周完成 1 次大重量的硬拉训练。

这样安排计划的好处是，训练者会变得非常擅长那种每周训练 2 次的动作。出于这样的考虑，一些两种动作都能顺利完成的训练者也会专注于其中一种来完善技术动作。在这种情况下，我建议训练者选择力量翻而不是力量抓，因为力量翻能使用的重量更大，重量越大通常训练效果会越好。

注意，奥林匹克举重动作的变式不需要削减太多的重量，设置小重量训练日，因为力量翻和力量抓不受最大力量的限制，极限力量翻和极限硬拉所需的力量完全不是一回事。400 磅（181.4 千克）的深蹲重量减掉 20 磅（9.1 千克）仍不算小，训练者仍然需要付出很大的努力才能深蹲 380 磅（172.4 千克）的重量。而奥林匹克举重动作并不是这样。能够完成 3 次 225 磅（102.1 千克）力量翻的训练者在使用 205 磅（93.0 千克）的重量训练时会感觉相当轻松。因此在设置小重量训练日的重量时，减重 5%~10% 应当足够了。还是那句话，百分比仅供参考。训练者始终要根据自己的经验和常识去选择合适的训练重量。

每周可以完成 2 次慢速硬拉，1 次动态拉力训练。在这个例子中，训练者可能会觉得力量翻和力量抓对提高自己的硬拉力量帮助不大。这种情况常见于训练者的硬拉力量很强，同时不擅长力量翻和力量抓的时候。如果训练者的力量抓所用重量停滞在了不足 200 磅（90.7 千克）、力量翻所用重量停滞在了 200 磅（90.7 千克）出头的话，这些动作的训练对 600 磅（272.2 千克）的硬拉很可能没有帮助。为了继续提高硬拉力量，训练者可以加入其他的"慢速"拉力动作，比如直腿硬拉、罗马尼亚硬拉或者站姿躬身。如果训练者想要在计划中加入这些动作，可以将其安排在中等重量训练日。

训练计划示例。

周一：硬拉，练至 1 个大重量 5 次组

周三：力量翻 6 × 2

周五：直腿硬拉 3 × 5

很多训练者的下背部会无法从每周 2 次的"慢速"拉力训练中恢复过来。有些人没有问题，但也只能维持较短的周期，比如6~12 周。

关于拉力训练计划，最后要注意的一点是，少数硬拉力量很强的人有一个通病。我们在这里假设训练者执行标准的拉力训练计划，周一完成大重量硬拉训练，周三安排力量抓训练，周五训练力量翻。在这种情况下，训练者会因为每周都安排标准硬拉而感到身心疲惫，进步也会开始停滞。此时最好在计划中加入其他的大重量硬拉变式进行轮换。这样既保持了大重量训练日的重量足够大，同时在每周引入了负荷的波动，从而有利于打破训练者的倦怠。常见的轮换方式为大重量 5 次重复组的架上硬拉和 8 次重复组的停顿硬拉每周轮换。这些动作都可以用来代替标准硬拉。或者，训练者可以选择包含标准硬拉在内的最多 4 种大重量拉力动作进行轮换。此时，大重量训练日所选动作的轮换示例如下。

第 1 周：标准硬拉 1~5RM

第 2 周：抓举握距硬拉 1~5RM

第 3 周：架上硬拉 1~5RM

第 4 周：直腿硬拉 3~5RM

在这种情况中，训练者要继续在小重量训练日完成力量抓，在中等重量训练日安排力量翻。

下面是一些基于大重量-小重量-中等重量系统的训练计划。记住：它们只是中级训练者进步过程中的一部分，并不代表训练周期会像高级训练者那样以较小重量起始。

大重量—小重量—中等重量——一般力量训练或力量举训练（计划 1）

基本情况概览：

周一：大重量训练日	周三：小重量训练日	周五：中等重量训练日
深蹲 5 ×（1~5）	深蹲 3 × 5（相比周一减重 20%）	深蹲 3 × 5（相比周一减重 10%）
卧推 5 ×（1~5）	推举 3 × 5	窄距卧推 3 × 5
硬拉 1 ×（1~5）	力量翻 3 × 3	直腿硬拉 3 × 5

12 周训练计划进展示例

周次	周一	周三	周五
1	深蹲 350 × 5 × 5	深蹲 280 × 5 × 3	深蹲 315 × 5 × 3
	卧推 275 × 5 × 5	推举 155 × 5 × 3	窄距卧推 225 × 5 × 3
	硬拉 415 × 5	力量翻 205 × 3 × 3	直腿硬拉 325 × 5 × 3
2	深蹲 355 × 5 × 5	深蹲 285 × 5 × 3	深蹲 320 × 5 × 3
	卧推 280 × 5 × 5	推举 160 × 5 × 3	窄距卧推 230 × 5 × 3
	硬拉 420 × 5	力量翻 210 × 3 × 3	直腿硬拉 330 × 5 × 3

（续表）

周次	周一	周三	周五
3	深蹲 $360 \times 5 \times 5$ 卧推 $285 \times 5 \times 5$ 硬拉 425×5	深蹲 $290 \times 5 \times 3$ 推举 $165 \times 5 \times 3$ 力量翻 $215 \times 3 \times 3$	深蹲 $325 \times 5 \times 3$ 窄距卧推 $235 \times 5 \times 3$ 直腿硬拉 $335 \times 5 \times 3$
4	深蹲 $365 \times 5 \times 5$ 卧推 $290 \times 5 \times 5$ 硬拉 430×5	深蹲 $295 \times 5 \times 3$ 推举 $170 \times 5 \times 3$ 力量翻 $220 \times 3 \times 3$	深蹲 $330 \times 5 \times 3$ 窄距卧推 $240 \times 5 \times 3$ 直腿硬拉 $340 \times 5 \times 3$
5	深蹲 $370 \times 3 \times 5$ 卧推 $295 \times 3 \times 5$ 硬拉 435×5	深蹲 $300 \times 5 \times 3$ 推举 $175 \times 5 \times 3$ 力量翻 $225 \times 3 \times 3$	深蹲 $335 \times 5 \times 3$ 窄距卧推 $245 \times 5 \times 3$ 直腿硬拉 $345 \times 5 \times 3$
6	深蹲 $375 \times 3 \times 5$ 卧推 $300 \times 3 \times 5$ 硬拉 440×5	深蹲 $305 \times 5 \times 3$ 推举 $177.5 \times 5 \times 3$ 力量翻 $227.5 \times 3 \times 3$	深蹲 $340 \times 5 \times 3$ 窄距卧推 $247.5 \times 5 \times 3$ 直腿硬拉 $350 \times 5 \times 3$
7	深蹲 $380 \times 3 \times 5$ 卧推 $305 \times 3 \times 5$ 硬拉 445×5	深蹲 $310 \times 5 \times 3$ 推举 $180 \times 5 \times 3$ 力量翻 $230 \times 3 \times 3$	深蹲 $345 \times 5 \times 3$ 窄距卧推 $250 \times 5 \times 3$ 直腿硬拉 $355 \times 5 \times 3$
8	深蹲 $385 \times 3 \times 5$ 卧推 $310 \times 3 \times 5$ 硬拉 450×5	深蹲 $315 \times 5 \times 3$ 推举 $182.5 \times 5 \times 3$ 力量翻 $232.5 \times 3 \times 3$	深蹲 $350 \times 5 \times 3$ 窄距卧推 $252.5 \times 5 \times 3$ 直腿硬拉 $360 \times 5 \times 3$
9	深蹲 $390 \times 3 \times 5$ 卧推 $315 \times 3 \times 5$ 硬拉 455×5	深蹲 $320 \times 5 \times 3$ 推举 $185 \times 5 \times 3$ 力量翻 $235 \times 3 \times 3$	深蹲 $355 \times 5 \times 3$ 窄距卧推 $255 \times 5 \times 3$ 直腿硬拉 $365 \times 5 \times 3$
10	深蹲 $395 \times 1 \times 5$ 卧推 $320 \times 1 \times 5$ 硬拉 460×5	深蹲 $325 \times 3 \times 3$ 推举 $187.5 \times 3 \times 3$ 力量翻 $237.5 \times 2 \times 4$	深蹲 $360 \times 5 \times 1$ 窄距卧推 $257.5 \times 5 \times 3$ 直腿硬拉 $370 \times 5 \times 3$
11	深蹲 $400 \times 1 \times 5$ 卧推 $325 \times 1 \times 5$ 硬拉 465×5	深蹲 $330 \times 3 \times 3$ 推举 $190 \times 3 \times 3$ 力量翻 $240 \times 2 \times 4$	深蹲 $365 \times 5 \times 1$ 窄距卧推 $260 \times 5 \times 3$ 直腿硬拉 $375 \times 5 \times 3$

周次	周一	周三	周五
12	深蹲 $405 \times 1 \times 5$ 卧推 $330 \times 1 \times 5$ 硬拉 470×5	深蹲 $335 \times 3 \times 3$ 推举 $192.5 \times 3 \times 3$ 力量翻 $242.5 \times 2 \times 4$	深蹲 $370 \times 5 \times 1$ 窄距卧推 $262.5 \times 5 \times 3$ 直腿硬拉 $380 \times 5 \times 3$

注：除了力量翻，训练者的每个动作都是以 5 次重复组起始的。随着重量逐渐增加，大重量训练日的训练会从 5×5 变为 5×3，并最终变为 5×1，以适应大重量。小重量和中等重量训练日的训练以 3×5 的方式完成，直到所用重量不能再算作小重量或中等重量。此时，小重量训练日的训练调整为 3×3，中等重量训练日的训练调整为 1×5。此外，推举和力量翻的训练分别调整为 3×3 和 4×2，以保持每周可以继续加重。

大重量–小重量–中等重量——一般力量训练或力量举训练（计划 2）

下面是同样的训练计划经过细微调整后的 6 周情况概述：

周次	周一	周三	周五
1	深蹲 $350 \times 5 \times 5$ 卧推 $275 \times 5 \times 5$ 硬拉 415×5	深蹲 $280 \times 5 \times 3$ 推举 $155 \times 5 \times 3$ 力量翻 $205 \times 3 \times 3$	深蹲 $315 \times 5 \times 3$ 窄距卧推 $225 \times 5 \times 3$ 直腿硬拉 $325 \times 5 \times 3$
2	深蹲 $355 \times 5 \times 5$ 卧推 $280 \times 5 \times 5$ 架上硬拉 465×5	深蹲 $285 \times 5 \times 3$ 推举 $160 \times 5 \times 3$ 力量翻 $210 \times 3 \times 3$	深蹲 $320 \times 5 \times 3$ 架上卧推 $260 \times 1 \times 10$ 直腿硬拉 $330 \times 5 \times 3$
3	深蹲 $360 \times 5 \times 5$ 卧推 $285 \times 5 \times 5$ 硬拉 425×5	深蹲 $290 \times 5 \times 3$ 推举 $165 \times 5 \times 3$ 力量翻 $215 \times 3 \times 3$	深蹲 $325 \times 5 \times 3$ 窄距卧推 $235 \times 5 \times 3$ 直腿硬拉 $335 \times 5 \times 3$
4	深蹲 $365 \times 5 \times 5$ 卧推 $290 \times 5 \times 5$ 架上硬拉 475×5	深蹲 $295 \times 5 \times 3$ 推举 $170 \times 5 \times 3$ 力量翻 $220 \times 3 \times 3$	深蹲 $330 \times 5 \times 3$ 架上卧推 $265 \times 1 \times 10$ 直腿硬拉 $340 \times 5 \times 3$
5	深蹲 $370 \times 3 \times 5$ 卧推 $295 \times 3 \times 5$ 硬拉 435×5	深蹲 $300 \times 5 \times 3$ 推举 $175 \times 5 \times 3$ 力量翻 $225 \times 3 \times 3$	深蹲 $335 \times 5 \times 3$ 窄距卧推 $245 \times 5 \times 3$ 直腿硬拉 $345 \times 5 \times 3$
6	深蹲 $375 \times 3 \times 5$ 卧推 $300 \times 3 \times 5$ 架上硬拉 485×5	深蹲 $305 \times 5 \times 3$ 推举 $177.5 \times 5 \times 3$ 力量翻 $227.5 \times 3 \times 3$	深蹲 $340 \times 5 \times 3$ 架上卧推 $270 \times 1 \times 10$ 直腿硬拉 $350 \times 5 \times 3$

这个计划在拉力训练中加入了架上硬拉，在推力训练中加入了从完全静止状态启动的架上卧推，从而增加了一些变化。架上硬拉与标准硬拉每周交替进行，二者都以5次重复组的方式完成。架上卧推与窄距卧推每周交替进行。架上卧推需要完成 10 个单次组，组间休息时间为 30~60 秒，因为这个动作以单次组的形式训练效果最好。

用于爆发力运动的大重量-小重量-中等重量训练计划

大学排球运动员实际使用的计划——1 个月的情况概览

周次	周一	周三	周五
1	深蹲 $155 \times 5 \times 5$ 借力推举 $105 \times 3 \times 5$ 硬拉 205×5	力量抓 $90 \times 2 \times 6$ 深蹲 $125 \times 5 \times 3$ 卧推 $115 \times 5 \times 3$	力量翻 $120 \times 3 \times 5$ 箱式深蹲 $140 \times 2 \times 8$ 推举 $85 \times 5 \times 3$
2	深蹲 $157.5 \times 5 \times 5$ 借力推举 $107.5 \times 3 \times 5$ 硬拉 210×5	力量抓 $92.5 \times 2 \times 6$ 深蹲 $127.5 \times 5 \times 3$ 卧推 $117.5 \times 5 \times 3$	力量翻 $122.5 \times 3 \times 5$ 箱式深蹲 $142.5 \times 2 \times 8$ 推举 $87.5 \times 5 \times 3$
3	深蹲 $160 \times 5 \times 5$ 借力推举 $110 \times 3 \times 5$ 硬拉 215×5	力量抓 $95 \times 2 \times 6$ 深蹲 $130 \times 5 \times 3$ 卧推 $120 \times 5 \times 3$	力量翻 $125 \times 3 \times 5$ 箱式深蹲 $145 \times 2 \times 8$ 推举 $90 \times 5 \times 3$
4	深蹲 $162.5 \times 5 \times 5$ 借力推举 $112.5 \times 3 \times 5$ 硬拉 220×5	力量抓 $97.5 \times 2 \times 6$ 深蹲 $132.5 \times 5 \times 3$ 卧推 $122.5 \times 5 \times 3$	力量翻 $127.5 \times 3 \times 5$ 箱式深蹲 $147.5 \times 2 \times 8$ 推举 $92.5 \times 5 \times 3$

这个训练计划与力量举训练计划最大的不同在于更强调奥林匹克举重动作，并将其作为第一个训练动作安排在小重量和中等重量训练日，以保证训练者可以精力充沛地将其完成。中等重量训练日的深蹲训练由之前的 3×5 调整为现在的 8×2，并以箱式深蹲的方式完成，注意深蹲的速度。每周的推力训练计划按照中等重量-大重量-小重量的顺序安排，这样就能用卧推将两种过顶推举动作分隔开了。

一般的大重量-小重量-中等重量训练计划。这个计划不含有奥林匹克举重动作。因此很适合那些较为年长或者主要关注体格塑造的训练者。

周一	周三	周五
深蹲 5×5	深蹲 3×5	深蹲 3×5
卧推 4×5	推举 4×5	上斜卧推 4×5
杠铃划船 4×8	硬拉 1×5	正手/反手引体向上（3~5）×（5~8）

增加训练日

迈克·斯通博士早在 1976 年就使用过另一版本的大重量-小重量-中等重量训练计划，并将其发表在 20 世纪 80 年代早期奥本大学（Auburn University）的国家力量研究实验室的几篇文献上。斯通的方法需要每周训练 4 次（而不是前面示例中的 3 次），并使用简单的负荷调整方式。除了负荷的变化，斯塔尔和斯通的模型都要求每次训练改变使用的动作。对大多数力量型和爆发力型运动员来说，这种调整在三天和四天训练阶段的早期效果不错。有些教练会随着训练者水平的提高和对逐渐增加的训练负荷的适应（见表7-2），加入第 5 次和第 6 次训练，把这种计划调整为一种奥林匹克举重训练计划。对一般的力量发展和力量举来说，每周训练 5~6

次过多了，但由于举重训练的性质——特别是抓举和挺举动作中的离心阶段的训练量明显很少，并强调大重量的单次组训练——额外增加训练日不会带来最大力量训练那么大的刺激，因此训练者能够从更多的训练次数中及时恢复。

额外增加一天训练来提高训练量实际上与前面所说的四天分割计划并不相同，四天分割计划本质上是把 2 次训练分成 4 次来完成。当训练者在一个三天训练计划的基础上提高训练量时，增加的是另一个完整的全身训练日，它与其他 3 次的训练是一样的，只是训练强度不同。

一定要记住，只有在能够小心地控制好恢复的前提下，训练者才能以额外增加训练日的方式提高训练量。如果一个训练计划已经造成了过度训练，那么再增加一个训练日

表 7-2　训练频率和训练强度的变化发展。记住，每次增加训练日，其训练强度都是中等的。每次调整都可以使用几周或几个月，直到进步停滞，然后再尝试更高级别的要求。另外要注意，每周只有 1 个小重量训练日，并且至少安排 1 天作为完整的休息日。五天和六天版本的训练计划是以奥林匹克举重训练为主的。如果为每种频率-负荷的调整提供 3 个月的适应期，这个表格能够代表 2 年的训练以及训练量和训练强度的进展

	周一	周二	周三	周四	周五	周六	周日
3	中等重量		大重量		小重量		
	大重量		大重量		小重量		
4	大重量	中等重量		大重量	小重量		
	大重量	大重量		大重量	小重量		
5	大重量	中等重量	大重量		大重量	小重量	
	大重量	大重量	大重量		大重量	小重量	
6	大重量	大重量	中等重量	大重量	大重量	小重量	

无疑是雪上加霜，因此训练者必须在正确的情境中慎重使用斯塔尔模型。如果能够确定，运动员进步停滞的原因不是过度训练的话，小心地加入第 4 次训练能够促使训练者重新取得进步。如果无法确定，训练者通过回顾恢复状况应当可以找出问题所在，然后再对训练计划作出相应的调整。

改变训练强度

斯塔尔模型必须在一周内以某种形式来改变训练刺激。改变训练强度——也就是 1RM 的百分比——是唯一的办法。每周安排 2 个大重量训练日，2 次都完成相同的大重量训练，以这种方式取得进步不会维持很长时间。当一周包含多次大重量训练时，每次使用大重量训练的方式必须不同，否则进步就会停滞。在上面的例子中，周一的 5 个 5 次重复组的训练搭配周三使用更大的重量完成的 1 个 5 次重复组的训练，形成了提高大重量训练日的训练效果并保持高训练强度的绝佳策略。保持相同的训练强度，使用不同的重复次数也能获得不错的效果：如果一周有 3 次大重量训练，可以在周一安排大重量的 5 组 5 次重复的训练，周二安排 1 组大重量的 3 次重复组的训练，周四则完成 5 组大重量单次组的训练。关键在于为大重量训练引入变化，在保持高水平的整体刺激的同时提高训练的完成质量。

组间休息时间也是个比较容易控制的变量。在先前讨论动态发力组训练时，我们曾经提到，组间休息时间是个重要的变量。为此，每个训练场所都应当配备带秒针的钟表。把休息时间限制在 1 分钟以内的话，本应当很容易完成的组数可能会变得难以顺利

完成，由于身体只能得到部分恢复，所以每一个后续的训练组都是在累积疲劳的状态下进行的。

有些动作本身就比其他动作更易令人疲劳，从而使恢复更加困难。大重量、极限水平的硬拉会给整个生理系统带来极大的刺激，这会对这一周接下来的训练产生巨大影响，所以使用非常接近 1RM 的重量完成多组硬拉训练不是个好主意。1 组大重量硬拉通常已经能提供足够的刺激，完全没有必要再做更多的组。相比之下，大重量力量翻带来的刺激有所不同，因为限制力量翻所用重量的因素不包括最大力量，因此力量翻不会给肌肉的收缩部分、韧带、肌腱和神经系统带来硬拉那么大的刺激。大重量力量翻产生的与接杠相关的刺激类型十分独特，但完全不同于硬拉产生的刺激。一般来说，相比依赖于技术执行和爆发力输出、通常没有明显离心过程的动作，严格依赖于最大力量的动作在以大重量完成时会使身体的恢复更加困难。这就是为什么奥林匹克举重动作能够使用比基础动作更高的频率进行训练，以及为什么运动员的训练计划必须考虑到计划中的训练主体部分的相对强度。

不论使用哪种方法，如果想长期使用按周安排的训练计划，高强度训练的部分必须有变化。如果没有引入变化，或者没有改变训练刺激的适当方法，进步速度就会过早地放缓。

改变训练频率

在斯塔尔模型中增加训练量最直接的方法就是增加训练次数。每次增加 1 个训练日，然后以这个训练量保持几周或几个月，直到

这个训练量带来的进步开始放缓，然后可以再次增加训练日。每周的训练次数和小重量-中等重量-大重量的训练模式存在多种可能的组合，因此这个训练模型可以有效使用2~3年，这可能比其他两种模型的效用都要持久，尤其是对奥林匹克举重训练而言。当增加新的训练日时，一开始要将其设置为中等强度训练日。随着训练者逐渐适应了训练负荷，稍后可以增加这个训练日的相对训练强度。

增加每周训练次数的方法要求密切关注训练者对每次新增训练的承受情况。有些训练者一开始能轻松应对每周4次的训练频率，但2~4周后就受不了了：训练承受度下降、表现下滑、小伤病或疼痛开始变得明显。这个点可能触及了训练者训练能力的上限，越过这个点就会导致过度训练。这种情况下，训练者必须在短期内削减训练负荷，可以通过将一个大重量训练日调整为小重量训练日，或者去掉一次训练（不是去掉小重量训练日），这样维持2周，或者直到训练者感觉身体恢复正常。如果训练者不这么做，会很容易导致其出现第一次过度训练，这不仅会浪费宝贵的训练时间，还会产生挫败感，甚至可能产生影响长期进步的慢性伤病。第一次应对过度训练的方式对以后处理这类问题至关重要。正确减轻训练负荷并进行恢复能让训练者懂得恢复在整个训练过程中的重要性，并建立起明智应对过度训练的范例。

每周训练3次的模型

大重量	小重量	中等重量
深蹲 5×5	极限抓举	极限挺举
推举 5×5	前深蹲 3×3	箱式深蹲（3~4）×5
硬拉 1×5	卧推 5×5	借力推举 5×3

3次训练模型是针对立志成为奥林匹克举重选手的训练者的入门模型。第1天的训练目标是通过大训练量的大重量深蹲、推举和硬拉来提高训练者的整体力量基础。虽然这些动作不具有运动专项性，但力量对竞技举重选手来说仍然是最重要的影响因素。大训练量能提高训练能力和肌肉量。尽管严格来说，卧推是使用重量最大的推力动作，但我们仍把它安排在小重量训练日，也就是安排在两种过顶推举动作之间。这个变化使推力训练是按照小重量-大重量-中等重量的顺序安排的。这种偏差的影响相比训练计划的整体安排来说是次要的。

当训练到抓举和挺举的极限重量时，训练者每次试举都只做单次组，每次增加2.5千克的重量，直到出现第一次试举失败。接下来，训练者要削减约10千克的重量，再继续小幅加重试举，直到再次试举失败。他可能会成功超越第一次试举失败的重量，这样的话就再增加2.5千克重量尝试一下。直到再次试举失败，这次训练就算完成了。在整个训练计划中，"极限"这个术语就是这样与训练方案关联的。

因为这是个中级训练计划，所以所有动作都要争取每周打破个人纪录，并在尽可能长的时间尺度上保持进步。

每周训练 3 次的模型——阶段 2

大重量	小重量	中等重量
极限抓举	抓举 1RM 的 75% × 1 × 5	抓举 1RM 的 85% × 1 × 5
极限挺举	挺举 1RM 的 75% × 1 × 5	挺举 1RM 的 85% × 1 × 5
深蹲 5 × 5	前深蹲 3 × 3	箱式深蹲（3~4）× 5
* 硬拉 1 × 5/ 抓举握距硬拉 1 × 5	推举 5 × 5	* 借力推举 5 × 3/ 卧推 3 × 5

注：* 每周交替进行。

在第 2 阶段中，拉力训练的训练量大幅增加，并且因为训练者力量的增长，极限试举也必须调整到大重量训练日。由于竞技举重动作训练量的增加，需要对训练计划的其他部分做出细微调整。5RM 的硬拉训练是发展强大的拉力所必需的，但如果每周都做对训练者来说负担过大。因此，可以把硬拉与抓举握距硬拉每周交替安排，并都以 5RM 的方式完成。周五的借力推举和卧推训练同样可以每周交替进行。

每周训练 4 次的模型——阶段 1（增加了一个中等重量训练日）

周一-大重量	周二-中等重量	周四-小重量	周五 / 周六-中等重量
极限抓举	抓举 1RM 的 85% × 1 × 5	抓举 1RM 的 75% × 1 × 5	力量抓 4 × 2
极限挺举	挺举 1RM 的 85% × 1 × 5	挺举 1RM 的 75% × 1 × 5	力量翻 4 × 2
架上挺（2~3）× 1	前深蹲 1RM 的 85% × 1 × 3	前深蹲 1RM 的 75% × 3	前深蹲 1RM 的 80% × 2 × 2
深蹲 3 × 5	借力推举 4 × 3	推举 3 × 5	硬拉 5RM/ 卧推 3 × 5

在每周 4 次训练模型的第 1 阶段，增加了包含爆发力版本动作的中等重量训练日，而竞技举重动作还是和之前一样，按照标准的大重量-小重量-中等重量的顺序安排。在大重量训练日，可以在挺举之后加入几组单次组的架上挺训练。

深蹲的训练频率增加到每周 4 次，其中 3 次是前深蹲，而中等重量训练日的箱式深蹲则被去掉了。由于深蹲的训练频率增加了，所以必须对组数和重复次数的设置做出一些调整。后深蹲要安排在每周的第一个训练日，因为此时腿部的力量状态最好，可以持续地打破个人纪录。为了适应训练频率的增加，深蹲的训练组数从 5 组减少到 3 组。这个阶段的前深蹲主要以单次组和 2 次重复组的形式完成，以免造成过度的肌肉酸痛或疲劳。

硬拉和卧推训练每周交替进行。这两种动作要安排在每周训练的最后，这样就不会影响训练计划中其他动作的训练效果了。发展力量需要训练硬拉和卧推，但由于这两种动作带来的刺激较大，所以最好将其安排在最有利于运动员恢复的时段，并且有必要对周一的训练做出相应的调整。

每周训练 4 次的模型——阶段 2（将新增的中等重量训练日改为大重量训练日）

周一-大重量	周二-小重量	* 周四-大重量	周五 / 周六-中等重量
极限抓举	抓举 1RM 的 75%×1×5	前深蹲 1×1	力量抓 4×2
极限挺举	挺举 1RM 的 75%×1×5	极限挺举	力量翻 4×2
架上挺（2~3）×1	前深蹲 1RM 的 75%×3	极限抓举	前深蹲 1RM 的 85%×1×5
后深蹲 3×5	推举 3×5	借力推举 4×3	硬拉 5RM/ 卧推 3×5
		前深蹲 1×1	

注：* 在每周的第 2 次大重量训练日，训练者可以使用从吉姆·摩斯（Jim Moser）教练那里学来的方法。这种方法要求在测试竞技项目的水平之前首先将前深蹲的训练强度提升至大重量的单次组。这可以使架上挺的恢复过程超负荷，使训练者接下来完成小重量的力量翻时感觉更有力。

这是训练者第 1 次尝试在 1 周内完成多次极限水平的训练。训练者在每周第 2 次大重量训练中无法打破个人纪录很正常，不过如果能打破纪录的话，他仍应该去尝试。

每周训练 5 次的模型——阶段 1

周一-大重量	周二-中等重量	周三-小重量	周五-大重量	周六-中等重量
极限抓举	抓举 1RM 的 85%×1×5	抓举 1RM 的 75%×1×5	前深蹲 1×1	力量抓 4×2
极限挺举	挺举 1RM 的 85%×1×5	挺举 1RM 的 75%×1×5	极限挺举	力量翻 4×2
架上挺（2~3）×1	前深蹲 1RM 的 85%×1×3	前深蹲 1RM 的 75%×3	极限抓举	前深蹲 1RM 的 85%×2×2
后深蹲 3×5		推举 3×5	硬拉 1×5/ 抓举握距硬拉 1×5	借力推举 4×3/ 卧推 3×5

到目前为止，大多数训练者训练生涯的绝大部分时间都是采用每周 3 次和每周 4 次的训练计划。第 5 次训练的加入可能会使训练量出现前所未有的提高。因此，周二的第 5 次训练要安排中等重量的训练，训练内容被严格限制为竞技举重动作和适量的前深蹲单次组训练。

有了额外的训练日，一些辅助动作的训练方式也可以更加灵活。在下面的这个示例中，训练者选择稍微增加一些大重量的拉力训练，因此在周五的大重量训练日，硬拉和抓举握距硬拉交替进行。在每周训练 4 次的模型里，训练者每 2 周才安排 1 次大重量的拉力训练。现在，如果训练者想要训练借力推举和卧推的话，可以将其安排在周六交替进行。

每周训练5次的模型——阶段2（将新增的中等重量训练日调整为大重量训练日）

周一-大重量	周二-大重量	周三-小重量	周五-大重量	周六-中等重量
极限抓举	前深蹲 1×1	抓举 1RM 的 75%×1×6	前深蹲 1×1	力量抓 4×2
极限挺举	极限挺举	挺举 1RM 的 75%×1×6	极限挺举	力量翻 4×2
架上挺 (2~3)×1	极限抓举	前深蹲 1RM 的 75%×3	极限抓举	前深蹲 1RM 的 85%×2×2
后深蹲 3×5		推举 3×5	硬拉 1×5/抓举握距硬拉 1×5	借力推举 4×3/卧推 3×5

每周训练6次的模型——阶段1（新增1个中等重量训练日）

一旦训练者转为每周训练6次，必须尽可能地重视身体的恢复。在这个特定的训练计划中，训练者将利用周中的中等重量训练日来减重，并将动作数量限制在3种。每周最后的小重量训练日也遵循同样的原则。

大重量	大重量	中等重量	大重量	中等重量	小重量
极限抓举	前深蹲 1×1	抓举 1RM 的 85%×1×5	前深蹲 1×1	力量抓 4×2	抓举 1RM 的 75%×1×5
极限挺举	极限挺举	挺举 1RM 的 85%×1×5	极限挺举	力量翻 4×2	挺举 1RM 的 75%×1×5
架上挺 (2~3)×1	极限抓举	前深蹲 1RM 的 85%×1×5	极限抓举	前深蹲 1RM 的 80%×2×2	前深蹲 1RM 的 75%×3
后深蹲 3×5	推举 3×5		借力推举 4×3/卧推 3×5	硬拉 1×5/抓举握距硬拉 1×5	

每周训练6次的模型——阶段2（将新增的中等重量训练日调整为大重量训练日）

大重量	大重量	中等重量	大重量	大重量	小重量
极限抓举	前深蹲 1×1	力量抓 4×2	前深蹲 1×1	前深蹲 1×1	抓举 1RM 的 75%×1×3
极限挺举	极限挺举	力量翻 4×2	极限挺举	极限挺举	挺举 1RM 的 75%×1×3
架上挺 (2~3)×1	极限抓举	前深蹲 1RM 的 85%×1×3	极限抓举	极限抓举	前深蹲 1RM 的 75%×3
后深蹲 3×5	推举 3×5		借力推举 4×3	前深蹲 1×1	卧推 3×5/硬拉 1×5
	前深蹲 1×1		前深蹲 1×1		

在这个训练计划的示例中，训练者重新回到 2 周完成 1 次硬拉训练的安排，从而能够把力量翻和抓举安排在第 4 次大重量训练日。这样的决定并不是永久性的。一段时间后，训练者可以重新回到周六交替进行硬拉和抓举握距硬拉、周四交替完成借力推举和卧推的安排中来。

大多数运动员并不需要每周的训练超过 4 次。除非自身的专项训练有特殊要求，几乎没有任何运动可以从超过每周 4 次的训练中受益。传统的力量举训练的频率通常也不会超过每周 4 次，但有些更为激进的运动员通过这样的训练安排取得了不错的成绩，他们的训练方式可能做出了相应的调整。但对于田赛项目、高地赛、大力士比赛和团体项目来说，相应的杠铃训练频率一般不需要超过每周 4 次。因此，有兴趣每周训练 5 次或 6 次的训练者很可能是某种杠铃项目的运动员——举重或力量举——或者健美运动员。

对这些运动员来说，每次增加训练量都需要仔细衡量。在每次训练进度变慢需要增加训练量时，必须首先正确分析进步停滞的成因，确保进步的减缓不是由训练量之外的训练变量导致的。可能是由于一个或多个大重量训练日的训练强度过高了，或者一个以上的大重量训练日的训练强度过低了，或者身体没有得到及时的恢复。如果确定造成平台期的原因不是训练量，那么在再次增加训练量之前应首先修正这些问题，使进步恢复正常。

能够承受每周 5 次或 6 次训练频率的强健训练者可以从每周 1 日或多日的每日 2 次训练中进一步受益。凯约·哈基宁（Keijo Hakkinen）博士表示，将 1 天的训练量分 2 次完成而不是一次性地完成能更有效地促进力量增长。很多国家队运动员的训练安排完全不受时间和身体恢复的限制，可以采用这种训练系统。相比一次性在健身房花两三个小时训练，每天 2 次或多次、每次 1 小时左右的训练可以让身体在训练刺激之间获得额外的恢复时间。在大学项目和职业体育项目中，力量教练的责任是帮助运动员，而运动员的责任是尽其所能提高竞技水平。但大多数的运动员无法使用这样的时间安排，因为这种安排显然与学业、工作和家庭生活存在冲突。在高中阶段的训练计划中，时间表是由可用的时间决定的，而不是由对训练来说最为理想的状况决定的。

对于这样的训练计划安排，中级训练者可以使用很久。随着力量的增长，通过改变组数和重复次数的设置以及训练强度，系统地增加训练频率，训练者进步的空间仍然很大。这种周期化训练模型每周训练次数的限制因人而异。个人的日程安排、家庭责任、工作、生理和心理对大训练量训练的适应能力都有影响。在某种程度上，增加训练量到最大承受度的能力决定了运动员最终的成就。每周安排 5 个大重量训练日和 1 个小重量训练日，坚持 3 个月，很少有人能从这样的训练中得到充分的恢复；大部分人会因为如此苛刻的时间表导致过度训练。绝大多数人甚至推进不到有机会过度训练的程度。只有那些最具天赋，并能够把所有必需的时间都用在训练和身体恢复上的运动员才能使用如此高水平的负荷进行训练，并且不会产生大问题。能做到这一点说明运动员在向着人类的生理极限发起挑战，这正是精英级运动员所必备的品质。

　　如果训练者能够确定，按周规划的训练
计划安排对其已不再有效，那么训练者就需
要使用高级训练计划了。

8
高级训练

高级训练者对力量训练的适应性已经达到了按周规划无法继续取得进步的程度。达到这个级别的训练者，一次超负荷活动和之后的身体恢复可能需要 1 个月的时间，甚至更久。除非是杠铃项目或大力士比赛的竞技选手，大多数的训练者和力量型运动员永远不会达到这个级别。这个级别代表着多年艰苦训练的成果，并且训练者已经实现了对大部分适应性潜力的挖掘。

再重复一遍，高级训练者是力量运动领域的竞技选手。其他需要力量训练的运动领域的运动员，比如从事美式橄榄球、棒球、英式橄榄球、田赛投掷类项目的运动员，他们或许非常强壮，经过高中和大学漫长的力量训练阶段达到了这样的水平，这些力量很大程度上并不是单纯地源于天赋。但能将第 7 章所讨论的中级训练计划的所有潜在复杂性全都演绎出来的情况十分罕见，尤其是在还需要投入大量时间参加比赛的情况下。绝大多数的高级训练者都是力量举、奥林匹克举重或大力士项目的竞技运动员。比赛计划通常会影响到力量训练的进步，并阻碍训练者对超出第 7 章所描述的训练计划的需求。一个只在自家车库训练永远不参加比赛的训练者也不会有足够的动力去使用更高级的训练计划。

投身于力量运动项目的训练者才是真正需要高级周期化训练计划的人，这些人牺牲了生活中的其他方面以取得竞技领域的成功，并且从这里开始，不论好坏，他们都会把自己视为真正的举重运动员。

周期化训练的历史

把力量训练计划划分为几个时段，每个时段的长度都要超过两次训练之间的间隔，这种安排通常被称为"周期化"。这种安排的中心组织原则是通过调整训练量和训练强度来达到训练目标。前苏联的列昂尼德·马特维耶夫的周期化模型是最常被文献引用的模型之一，因此被称为经典的周期化模型。传统观念认为，马特维耶夫的模型是唯一能为任何人制订阻力训练计划的模型，不管训练者的训练水平如何，只要测试一下 1RM，运用马特维耶夫模型，你就可以得到一个前沿的、高技术水平的、效果拔群的力量训练计划。正如我们所了解的那样，不管这个模型的复杂度看起来多么令人满意，这样都过于简化了。

周期性地改变训练量和训练强度的概念由来已久。古希腊运动员很可能已经使用大重量和小重量交替的周期化训练了，尤其是考虑到他们比赛的安排取决于战争和农业的周期。到了 20 世纪初，出现了"阳光周期"

（Photoperiod）这样的术语，用来描述运动员在夏末秋初表现更好的现象。当时的人们推测，阳光照射量能够提高运动表现，并因此将刺激最大的训练安排在了春天和夏天。

早在 1933 年，马克·贝瑞就为他的健美运动员和举重运动员制订了每周引入变化的训练计划，并将其发表在很多出版物上。在 20 世纪 50 年代，匈牙利科学家、教练拉兹洛·纳多利（Lazlo Nadori）为他的运动员开发了一种周期化模型。这种特殊的模型对匈牙利来说是独一无二的，因为并没有将其翻译为俄文，所以该模型与前苏联的模块周期化理论是彼此并行、独立发展的。到了 20 世纪 60 年代，迈克尔·耶西斯（Michael Yessis）博士将尤里·沃克霍山斯基（Yuri Verkhoshansky）、阿纳托利·邦达尔丘克（Anatoliy Bondarchuk）和弗拉基米尔·伊苏林（Vladimir Issurin）的观点从俄文翻译成英文，呈现给存在众多运动困惑的美国读者。与此同时，前苏联举重教练列昂尼德·马特维耶夫建立了自己的周期化概念，并在他 1971 年出版的书里介绍了多种不同的周期化模型。到了 20 世纪 70 年代末期，马特维耶夫的书被译成德语和英语。作为西方第一个撰写周期化书籍的人，他被视为"周期化训练之父"。

此外，在 20 世纪 60 年代，马特维耶夫所憎恶的劲敌尤里·沃克霍山斯基创立了"共轭负荷"系统，并公开宣称周期化是胡说八道。但因为他的共轭负荷系统同样是周期化的，所以他肯定只是认为马特维耶夫的周期化方法是胡说八道。1982 年，前东德的运动科学家迪特里希·哈雷（Dietrich Harre）博士编写了《运动训练原理》（Principle of Sport Training），这本书实际上融合了纳多利和马特维耶夫的周期化体系。几年后，英国田径的领袖人物弗兰克·迪克（Frank Dick）用英语"大胆地重新创作"了哈雷的这部著作。著名的《周期化》（Periodization）文本的作者、来自罗马尼亚的图多尔·博帕（Tudor Bompa）曾经按照前东德的系统训练，他的第一篇和后来的文章基本上都是在哈雷对纳多利与马特维耶夫体系改编的基础上进行的复述和调整。从 20 世纪直到今天，我们也没有再提出新的想法、新的系统，也没有对周期化做出真正的诠释。我们所做的，只是对周期化的本质以及如何使用周期化的错误理解。

高级训练计划简介

正如我们之前所观察的那样，初级训练者用不到复杂的训练计划。他们能够快速地产生适应状态，因此可以一直使用相同的基础动作训练，并能每次增加一点重量。既然初级训练者能够做到这一点，那么他们就应当这么做，不这么做就是在浪费时间。一旦适应水平超出了产生适应状态的能力，即干扰体内平衡所需的刺激超出了身体从中恢复的能力以及在初级训练者反应时间框架内产生适应状态的能力，那么一次超负荷活动的时间就要被拉长至 1 周的训练时间，并且由于需要在持续施加负荷的情况下管控好恢复，计划也会变得更为复杂。在经历了长时间的训练之后，如果训练者按照适应曲线继续训练，就会逐渐达到需要用很多周的时间精心管理超负荷活动与身体恢复才能保持进步的节点（见图 8–1）。

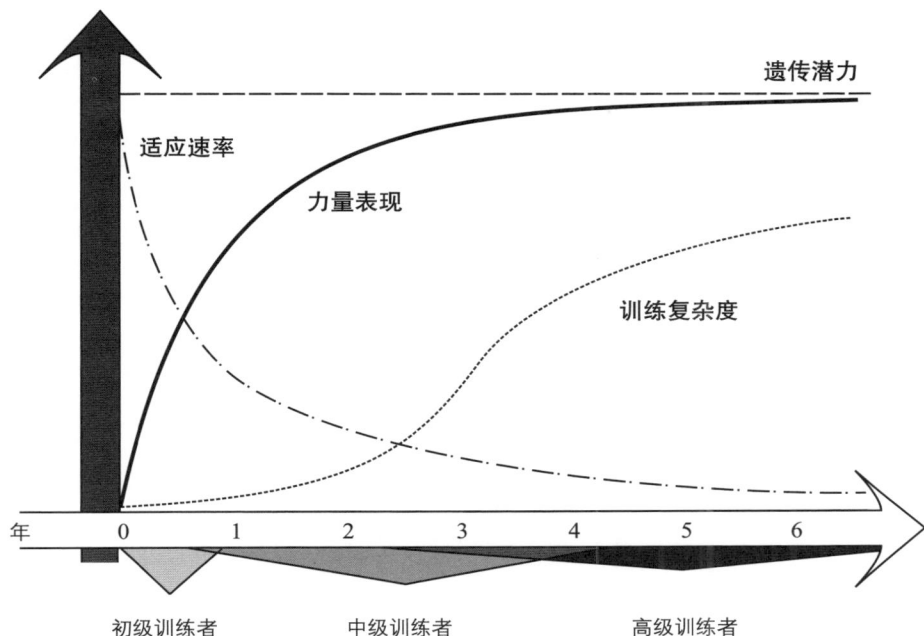

图 8-1　力量表现提高和训练复杂度相对于时间的一般关系。注意，高级训练者的计划需要很高的复杂度才能驱动其进步

我们已经瞥见了高级训练计划必须达到的复杂度。在第 7 章，我们也了解了一些训练计划在几周内的概况，描述了一周内训练负荷的某些变化。不过，这样的展示相对抽象，只有将中级训练计划和高级训练计划放在一起对比才能最直观地说明二者复杂度之间的根本差别。下面的例子比较了一个中级训练者和一个高级训练者是如何向着同一个目标迈进的，目标设定为使用 430 磅（195.0千克）的重量完成 5 个单次组的训练。

中级训练者通常在周一进行大训练量训练，随着身体的恢复，将会在周五创造新的个人纪录。而高级训练者需要一整月（4 周）的时间作为一个刺激周期，并期望在这 4 周的训练周期结束时能够达到至少 1 次训练量的个人纪录。

高级训练者接下来会安排为期 1~3 周的减重和峰值训练周期。在第 5 周和第 6 周的减重周期里则需要完成多次小训练量、次大重量的训练，并在疲劳消退之后、减重周期的最后一两周安排 1 次或多次训练以打破个人纪录。对中级训练者来说，减重周期通常只需要 3 天，只要完成 1 次小重量、小训练量的训练，就足以在周五"冲击"新的峰值水平了。

得州训练法（中级）

积累：周一（以个人纪录水平完成 1 次大训练量训练）；

减重：周二至周四，包括周三进行的一次小重量、小训练量训练；

峰值训练：周五，通过小训练量、高强度训练冲击个人纪录。

金字塔模型（高级）

    积累：持续 4 周，包含多次大训练量训练；

    减重 / 减量：持续 3 周，包含多次小训练量训练，为峰值训练做准备；

    峰值训练：1 周，包含多次小训练量、大重量训练，以冲击个人纪录。

中级训练计划和高级训练计划 8 周进展比较（黑体：个人纪录）

周次	日期	中级深蹲进展	高级深蹲进展
1	周一	**315 × 5 × 5**	315 × 5 × 5
	周三	255 × 5 × 2	255 × 5 × 5
	周五	**395 × 3**	320 × 5 × 5
2	周一	**320 × 5 × 5**	325 × 5 × 5
	周三	260 × 5 × 2	260 × 5 × 5
	周五	**400 × 3**	330 × 5 × 5
3	周一	**325 × 5 × 5**	335 × 5 × 5
	周三	265 × 5 × 2	265 × 5 × 5
	周五	**405 × 3**	340 × 5 × 5
4	周一	**330 × 5 × 5**	**345 × 5 × 5**
	周三	270 × 5 × 2	270 × 5 × 5
	周五	**410 × 2 × 2**	**350 × 5 × 5**
5	周一	**335 × 5 × 5**	350 × 3 × 3
	周三	275 × 5 × 2	275 × 5 × 2
	周五	**415 × 2 × 2**	395 × 1 × 5
6	周一	**340 × 5 × 5**	355 × 3 × 3
	周三	280 × 5 × 2	280 × 5 × 2
	周五	**420 × 1 × 5**	410 × 1 × 5
7	周一	**345 × 5 × 5**	360 × 3 × 3
	周三	285 × 5 × 2	285 × 5 × 2
	周五	**425 × 1 × 5**	420 × 1 × 5
8	周一	**350 × 5 × 5**	365 × 3 × 3
	周三	290 × 5 × 2	290 × 5 × 2
	周五	**430 × 1 × 5**	**430 × 1 × 5**

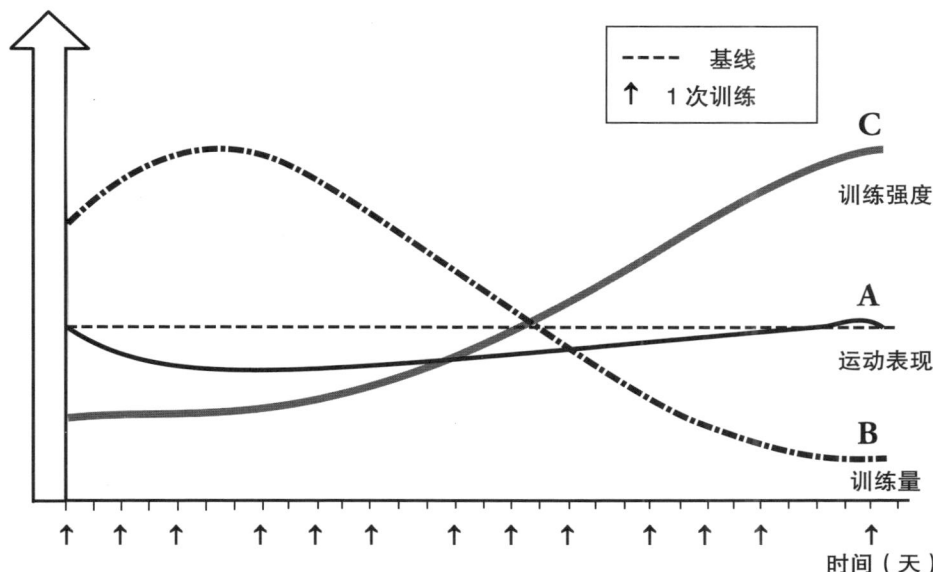

图 8-2　事件 1：高级训练者对周期化计划产生反应需要几周的时间，这要比初级训练者和中级训练者的反应时间更长（A）。事件 2：高级训练者在一个单独的训练周期中，其训练量（B）和训练强度（C）的变化呈相反的趋势

在这个例子中，中级训练者可能体重为 220 磅（99.8 千克），而高级训练者可能是 181 磅（82.1 千克）——体重较大的中级训练者所用的重量比体重较轻、训练时间更久的高级训练者所用的重量还要大。重点在于，中级训练者每周都能创造个人纪录，而高级训练者在整个 8 周的时间里只创造了 3 次个人纪录。对中级训练者来说，训练周期就是 1 周，而高级训练者的训练周期则是 8 周。高级训练者在 4 周的大训练量阶段之后才变得较为强壮是因为：（1）他通过先前 8 周的训练周期变强了，能够在接下来的 4 周回归大训练量训练的状态，以展现 5×5 的训练方式下力量的增加；（2）当前周期的前七周的累积训练效应在第 8 周体现出来，产生了更高水平的力量。

因此，高级训练计划可以，也必须在更长的时间框架内改变训练量和训练强度，因

为产生高级适应状态需要更长的时间。但即使复杂度如此之高，我们仍然可以简明扼要地对高级力量训练计划整体加以描述。基于马克·贝瑞自 20 世纪 30 年代以来的观察，高级运动员准备比赛的基本要点总是包含两件事。

事件 1：运动员越接近其个人身体潜力的极限，一系列训练的累积效应就越为重要（图 8-2A）。

事件 2：较高级的运动员的训练必须安排更长的时间周期，这些周期的训练要从大训练量、低强度的训练模式逐渐过渡到小训练量、高强度的训练模式（图 8-2B、C）。

就像简单的线性进步指引初级训练者训练，简单的周变化引导中级训练者那样，第一件事适用于那些对训练的响应已经提前到了在执行训练计划时必须一次性考虑几周时间的运动员。第二件事是因为高级运动员要

参加比赛，他们会在特定时间参赛，他们必须使个人运动表现的各个方面能够在特定时间达到峰值水平。初级训练者不是竞技运动员，至少不会参加真正意义上的比赛。中级训练者可能会参加比赛，但其仍处在可以快速进步的阶段，每个周末的表现都可以达到峰值水平。高级运动员只能通过"预约"的方式创造峰值表现，并且必须将其提前纳入训练计划中，并为之精确、严格地进行训练。

峰值表现

不论使用哪种周期化训练计划备赛，高级训练者必须在赛前最后的 2~4 周削减训练量和训练强度。降低训练强度是通过削减训练所用重量来实现的。在这段时间里，训练计划中只能保留少数接近极限重量的试举，并要通过一两次训练小心地将每次大重量训练分隔开来（在减重训练阶段，每 1~2 周只能安排 1~3 次大重量试举）。保留的这些较大重量的试举能保持神经肌肉处于准备状态，并防止训练不足。削减训练量需要限制每组的重复次数，只能使用单次组和 2 次重复组，并要减少组数和每次训练选择的动作种类。

最后几周的训练目的是让身体恢复，从而使其在出现挑战时能够以最大努力和最高效率做出响应。一个重要的经验法则是，在距离比赛开始还有 2 天时使用非常小的重量完成 1 次训练，而最后一次大重量训练则安排在比赛开始的 5~7 天之前。这个决定很大程度上取决于训练者个人，高级运动员的个人经验是最终的决定因素。

考虑到这一点，下面我们会介绍两种基本的训练计划版本。首先介绍的是一个非常简单的金字塔模型（Pyramid Model），阐述持续时间较长的训练计划模型的大体设计原则，然后介绍第二种模型：进二退一模型（Two-Step-Forward-One-Step-Back Model）。

金字塔模型

进入较长训练周期的最佳方式是，使用一个与上面的示例相似的非常简单的训练计划，其结构只包含为期 2 个月的金字塔式的训练安排。下面的例子以深蹲为例加以说明，训练者深蹲的 1RM 为 400 磅（181.4 千克），5RM 为 365 磅（165.6 千克），完成 5 组 5RM 训练使用的重量为 340 磅（154.2 千克）。

加载训练阶段概览

周次	1	2	3	4
周一	$300 \times 5 \times 5$	$315 \times 5 \times 5$	$330 \times 5 \times 5$	$335 \times 5 \times 5$
周三	$250 \times 5 \times 5$	$250 \times 5 \times 5$	$250 \times 5 \times 5$	$225 \times 5 \times 5$
周五	$300 \times 5 \times 5$	$325 \times 5 \times 5$	$330 \times 5 \times 5$	$345 \times 5 \times 5$

前四周构成了训练周期的"加载"阶段。每周的总训练量要比训练者之前所做的高出许多，每周的大重量训练由 1 次增加到 2 次，每次需要完成 5 组 5 次重复的大重量

训练，并额外安排了一个减重训练日。这样的训练量会使训练者在第 4 周结束时残留一些疲劳，可能无法打破 5 次重复组的个人纪录。事实上，训练者在第 3 周的周五可能就会很难完成设定的组数和重复次数。但如果疲劳并未累积，身体恢复良好，并且第 4 周的所有既定组数和重复次数都能够成功完成的话，训练者可以在进入峰值训练阶段之前将这个训练周期延长 1 周，创造新的、重要的 5×5 训练的个人纪录。

下面是峰值训练阶段，这 4 周的训练将会与之前完全不同。

峰值训练阶段概览

周次	5	6	7	8
周一	340 × 3 × 3	360 × 3 × 3	380 × 3	350 × 3
周三	250 × 5	250 × 5	250 × 5	250 × 5
周五	350 × 3 × 3	370 × 3 × 3	390 × 3	400 × 3

与加载阶段一样，为了充分利用这个训练周期，在保证恢复和进步的前提下，训练者可以将其延长 1 周。

第 2 阶段的训练通过削减训练量和总体的训练刺激使身体逐渐从先前的大训练量中恢复过来。在第 5 周到第 8 周这段时间，训练者实际上处于从先前的大训练量训练中逐渐恢复的状态，随着疲劳消退并产生适应状态，其运动表现就会得到提高。实际上，第 1 周到第 4 周所做的训练与得州训练法的中级训练计划中周一的大训练量训练是相同的，目的是为身体施加足够的刺激以促使适应状态的产生；而第 5 周到第 8 周的训练则类似于得州训练法中周三和周五的训练安排，允许训练者休息并促成适应状态的出现，以展现出运动表现的提高。只是对高级训练者来说，这个过程的时间框架被大大延伸了。

将简单的金字塔训练周期成功地重复使用几次是可能的，并且除了增加负荷外不需要做任何改动。完成这个训练周期的训练者在开始下一个训练周期时，可能其第 1 周的周一的训练情况是 315×5×5，第 8 周结束时的训练情况则为 415×3。这个过程可能会持续数月，甚至更久。

通常，在两个训练周期之间插入一两周的"积极修整"或以中等重量完成低频率的训练是不错的做法，这样能够保证训练者充分休息，并为承受下一个周期的训练刺激做好准备。在完成上述训练周期后，在接下来的 2 周，训练者可以每周完成 2 次、每次 2~3 个 5 次重复组的 300 磅（136.1 千克）深蹲来达到这个目的。

金字塔训练周期的有效性不限于 5 次重复组和 3 次重复组。加载阶段完成 3 个 10 次重复组，峰值训练阶段完成 1 个 5 次重复组也是可以的。重点在于，要在加载阶段完成足够的训练量累积足够的疲劳，使训练者的表现很难达到个人纪录或接近个人纪录的水平，但又不至于完全无法做到。经验法则是，在削减训练量之前，如果训练者无法在第 3 周以 5RM 的 90% 以上的水准完成训练，说明训练负荷过高了。如果在加载阶段的最后，训练者达到或超过了个人纪录水平，那么在下一个训练周期增加一些负荷可能效果不错。

这个较长的基础周期计划安排的简单示例显然不只适用于深蹲，而是适用于所有的举重动作。还有许多更为复杂的计划，每一种都有其特定的适用范围。

力量举的 11 周备赛期

下面是一个使用金字塔模型的力量举备赛计划。该计划在减量训练阶段和峰值训练阶段削减了训练量和训练频率，从每周 3 次降至每周 2 次。

在加载训练阶段，为了保证拉力训练的训练量，力量翻每周会训练 2 次。硬拉很容易过度训练，所以可用直腿硬拉完成 3 组退行组来积累训练量。推举和窄距卧推可以提供推力训练的训练量，并为接下来的大重量训练阶段强化肱三头肌。在峰值训练阶段，训练者会降低训练频率，按照周三-周六的时间安排来训练。这是因为力量举比赛通常在周六举行，所以训练者最好在周六上午将身心调节至适应大重量训练的状态。在减重训练阶段的第一部分，训练者将使用周一-周四-周日-周三-周六的时间安排。然后一直到比赛前，训练者会一直使用周三-周六的时间安排。

加载训练阶段

周次	周一	周三	周五
1	深蹲 405 × 5 × 5 卧推 300 × 5 × 5 力量翻 205 × 3 × 5	深蹲 315 × 5 × 5 推举 175 × 5 × 5 硬拉 455 × 5 直腿硬拉 365 × 5 × 3	深蹲 410 × 5 × 5 窄距卧推 265 × 5 × 5 力量翻 210 × 3 × 5
2	深蹲 415 × 5 × 5 卧推 305 × 5 × 5 力量翻 215 × 3 × 5	深蹲 325 × 5 × 5 推举 180 × 5 × 5 硬拉 465 × 5 直腿硬拉 375 × 5 × 3	深蹲 420 × 5 × 5 窄距卧推 270 × 5 × 5 力量翻 220 × 3 × 5
3	深蹲 425 × 5 × 5 卧推 310 × 5 × 5 力量翻 225 × 3 × 5	深蹲 335 × 5 × 5 推举 185 × 5 × 5 硬拉 475 × 5 直腿硬拉 385 × 5 × 3	深蹲 430 × 5 × 5 窄距卧推 275 × 5 × 5 力量翻 230 × 3 × 5
4	深蹲 435 × 5 × 5 卧推 315 × 5 × 5 力量翻 235 × 3 × 5	深蹲 345 × 5 × 5 推举 190 × 5 × 5 硬拉 485 × 5 直腿硬拉 395 × 5 × 3	深蹲 440 × 5 × 5 窄距卧推 280 × 5 × 5 力量翻 240 × 3 × 5

（续表）

周次	周一	周三	周五
5	深蹲 445×5×5 卧推 **320×5×5** 力量翻 245×3×5	深蹲 355×5×5 推举 **195×5×5** 硬拉 495×5 直腿硬拉 **405×5×3**	深蹲 **450×5×5** 窄距卧推 **285×5×5** 力量翻 **247×3×5**
6	深蹲 **455×5** 卧推 **325×5×5** 力量翻 **250×3×5**	深蹲 **365×5×5** 推举 **200×5×5** 硬拉 **500×5** 直腿硬拉 **410×5×3**	深蹲 **460×5×3，440×5×2*** 窄距卧推 **290×5×5** 力量翻 **252×3×5**

注：黑体：新的个人纪录。
　　* 如果训练者无法完成 5×5 的训练，可以在保持大训练量的前提下削减所用重量，使训练者顺利完成规定的重复次数。

减量 / 峰值训练阶段，降低训练频率
减量训练

周次	周一	周四	周六
7	深蹲 460×3×3 卧推 325×3×3 硬拉 505×3 直腿硬拉 415×5	深蹲 470×3×3 卧推 335×3×3 力量翻 252×2×4	深蹲 480×3×3 卧推 340×3×3 硬拉 510×3 直腿硬拉 420×5

　　注意，周一的深蹲和卧推训练所用重量与上一周的最大重量的训练组相同，但训练量明显降低。在经过周一的小训练量训练和 2 天完整的休息之后，训练者应当能在周四的训练中继续加重。

峰值训练

周次	周三	周六
8	深蹲 490×3×3 卧推 345×3×3 力量翻 255×2×4	深蹲 495×3×3 卧推 350×3×3 硬拉 515×3 直腿硬拉 425×5

（续表）

周次	周三	周六
9	深蹲 500 × 3 × 3 卧推 355 × 3 × 3 力量翻 257 × 2 × 4	深蹲 505 × 3 × 3 卧推 360 × 2 × 3 硬拉 520 × 3 直腿硬拉 425 × 5
10	深蹲 510 × 3 × 3 卧推 365 × 2 × 3 力量翻 260 × 2 × 4	深蹲 520 × 1 × 5 卧推 370 × 1 × 5 硬拉（530~540）× 1
11	小重量训练日 深蹲 365 × 3 × 3 卧推 295 × 3 × 3 力量翻 225 × 2 × 3	比赛 深蹲 550 卧推 380 硬拉 565

大多数非杠铃项目的竞技运动员都不会达到需要按月规划训练进步的高级阶段。训练计划的频繁中断和伤病很可能会使大多数的竞技运动员保持在中级训练水平，其竞技生涯会一直在不同类型的训练计划之间摇摆。不过，少数认真的竞技运动员能够进入到高级训练阶段，对他们来说，如何围绕自己的运动专项训练来组织力量训练是至关重要的。

用于爆发力运动的金字塔模型

下面的例子讲述了如何通过对上面的计划进行细微调整来将其应用于比赛的准备阶段。在这个例子中，训练重点从卧推转移到了过顶类的推举动作，同时加入了借力推举，并改变了其组数和重复次数的设置以适应该动作。此外，第 3 次深蹲训练改为动态发力训练（力量举训练也可以这样调整）。拉力训练计划稍显多元化，加入了力量抓来代替一次力量翻训练，硬拉则首先完成 10个单次组的动态发力训练，然后通过继续完成一次大重量的单次组训练来积累训练量。

第 1 天	第 2 天	第 3 天
深蹲 5 × 5	深蹲 5 × 5	动态箱式深蹲 1RM 的 70%~75% × 2 × 12
借力推举 6 × 3	卧推 5 × 5	推举 5 × 5
力量抓 6 × 2	动态硬拉 1RM 的 70%~80% × 1 × 10 硬拉 1RM 的 90%$^+$ × 1 × 1	力量翻 5 × 3

上述方案将用在为期 4~6 周的加载期，冲击新的个人纪录的训练则安排在了最后的一两周。这个训练计划可以将加载训练阶段耗时较久的全身训练的训练量分 4 次完成，

这样每次的训练时间会缩短很多。这样虽然训练频率增加了，但训练量仍得到了大幅削减。当专项训练和体能训练增多，训练者必须在同一天完成多种训练时，这或许是个不错的办法。在这种情况下，在健身房只完成一两件事会比较有帮助。对爆发力项目的运动员来说，在不产生过多疲劳的情况下训练奥林匹克举重动作也会很有帮助。

峰值训练阶段示例

周一	周二	周四	周五
深蹲 3×3	力量抓 8×1	动态箱式深蹲 1RM 的 75%×2×8	力量翻 4×2
推举 3×3	卧推 3×3	硬拉 1×5	借力推举 2×2

用于综合格斗训练的金字塔模型

下面的例子更为详尽地讲述了如何在一个密集的专项与体能训练计划安排中应用金字塔模型。

综合格斗这项运动极为依赖专项训练和体能训练，并且分为不同的重量级。因此，一位综合格斗运动员永远不会使用杠铃项目的竞技运动员那样的大训练量和高频率训练计划，尽管他可能已经到达了需要按月规划训练进度的高级水平。为了尽可能缩短训练时间，格斗运动员在训练的加载和减量阶段都可以使用分割计划。金字塔模型尤其适用于那些在比赛前需要增加专项训练和体能训练的运动项目。在专项训练和体能训练处于中等强度的训练阶段，运动员可以通过加载阶段增强力量。而当专项训练和体能训练的强度增加时，运动员需要同步减少力量训练的训练量。

下面的例子是格斗比赛前 12 周的训练内容，其中包括两个为期 6 周的训练阶段。

阶段 1：大重量加载训练，每周 4 次（积累阶段）；每周 6 次专项训练外加 2 次体能训练

	周一	周二	周三
上午	上半身力量	下半身力量	力量恢复
下午	MMA 专项训练	MMA 专项训练 + 阻力橇体能训练	MMA 专项训练

	周四	周五	周六
上午	上半身力量	下半身力量	MMA 专项训练
下午	MMA 专项训练	MMA 专项训练	体能训练，限制组间休息的多组 400 米跑

注：周日休息和恢复。

阶段 2：每周 3 次峰值力量训练（强化）；每周 9 次专项训练加 3 次体能训练

周次		周一	周二	周三	周四	周五	周六
1	上午	上半身力量	力量恢复	下半身力量	力量恢复	上半身力量	MMA 专项训练
	中午	MMA 专项训练	400 米冲刺 体能训练	MMA 专项训练	300 码往返跑	MMA 专项训练	阻力橇 体能训练
	下午	MMA 专项训练	MMA 专项训练	MMA 专项训练	MMA 专项训练	MMA 专项训练	
2	上午	下半身力量	力量恢复	上半身力量	力量恢复	下半身力量	MMA 专项训练
	中午	MMA 专项训练	400 米冲刺 体能训练	MMA 专项训练	300 码往返跑	MMA 专项训练	阻力橇 体能训练
	下午	MMA 专项训练	MMA 专项训练	MMA 专项训练	MMA 专项训练	MMA 专项训练	

注：周日休息、恢复；1 码 ≈ 0.9144 米。

在这个计划的加强阶段，训练者降低了上半身和下半身的训练频率，每 3~4 天完成 1 次训练，而不是每周完成 2 次训练。

所以积累阶段的训练会是这样的。

周一：上半身训练；周二：下半身训练；周四：上半身训练；周五：下半身训练。

加强阶段的训练是这样的。

周一：上半身训练；周三：下半身训练；周五：上半身训练；

周一：下半身训练；周三：上半身训练；周五：下半身训练；

MMA 运动员的力量训练计划
积累训练阶段

周一	周二	周四	周五
动态推举 1RM 的 70%×3×10	负重反手引体向上 10×2	推举 5×5	负重引体向上 5×5
卧推 5×5	动态深蹲 *1RM 的 60%~ 70%×2×12	借力推举 2×3	深蹲 5×5
停顿地面卧推 2×5	动态硬拉 1RM 的 70%~ 80%×1×20	负重屈臂撑 3×（6~8）	停顿站姿躬身 3×5

注：* 反手引体向上和深蹲可以交替完成训练组。

加强训练阶段（周一、周三和周五交替进行）

上半身训练 1	下半身训练 1
动态推举 1RM 的 75% × 3 × 8	负重反手引体向上 5 × 1，1 × （5~8）（退行组）
卧推 3 × 3	动态深蹲 1RM 的 80% × 2 × 8，然后 1RM 的 90% × 2，1RM 的 95% × （1~2），1RM$^+$ × 1
停顿地面卧推 3RM	硬拉 1RM 的 90% × 2，1RM 的 95% × （1~2），1RM$^+$ × 1

上半身训练 2	下半身训练 2
推举 3 × 3	引体向上以最大重复次数完成 5 组
借力推举 1~3RM	深蹲 5RM
屈臂撑以最大重复次数完成 3 组	站姿躬身 5RM

　　一位假想的 MMA 运动员的训练计划示例（6 周加载阶段，6 周减重/峰值训练阶段）。

阶段 1：加载训练阶段

周次	周一	周二	周四	周五
1	动态推举 175 × 3 × 10	负重反手引体向上 35 × 2 × 10	推举 190 × 5 × 5	负重引体向上 15 × 5 × 5
	卧推 285 × 5 × 5	动态深蹲 285 × 2 × 12*	借力推举 220 × 3 × 2	深蹲 365 × 5 × 5
	停顿地面卧推 300 × 5 × 2	动态硬拉 350 × 1 × 20	负重屈臂撑 3 × （6~8）	停顿站姿躬身 200 × 5 × 3
2	动态推举 175 × 3 × 10	负重反手引体向上 35 × 2 × 10	推举 195 × 5 × 5	负重引体向上 15 × 5 × 5
	卧推 290 × 5 × 5	动态深蹲 310 × 2 × 12*	借力推举 225 × 3 × 2	深蹲 375 × 5 × 5
	停顿地面卧推 305 × 5 × 2	动态硬拉 375 × 1 × 15	负重屈臂撑 3 × （6~8）	停顿站姿躬身 205 × 5 × 3
3	动态推举 175 × 3 × 10	负重反手引体向上 40 × 2 × 10	推举 200 × 5 × 5	负重引体向上 17.5 × 5 × 5
	卧推 295 × 5 × 5	动态深蹲 335 × 2 × 12*	借力推举 230 × 3 × 2	深蹲 385 × 5 × 5
	停顿地面卧推 310 × 5 × 2	动态硬拉 400 × 1 × 10	负重屈臂撑 3 × （6~8）	停顿站姿躬身 210 × 5 × 3
4	动态推举 175 × 3 × 10	负重反手引体向上 40 × 2 × 10	推举 205 × 5 × 5	负重引体向上 20 × 5 × 5
	卧推 300 × 5 × 5	动态深蹲 285 × 2 × 12*	借力推举 235 × 3 × 2	深蹲 395 × 5 × 5
	停顿地面卧推 315 × 5 × 2	动态硬拉 350 × 1 × 20	负重屈臂撑 3 × （6~8）	停顿站姿躬身 215 × 5 × 3

注：引体向上和深蹲以超级组的形式完成，即两种练习交替进行。

大训练量训练的个人纪录

周次	周一	周二	周四	周五
5	动态推举 $175 \times 3 \times 10$	负重反手引体向上 $45 \times 2 \times 10$	推举 **$207 \times 5 \times 5$**	负重引体向上 $22.5 \times 5 \times 5$
	卧推 **$305 \times 5 \times 5$**	动态深蹲 $310 \times 2 \times 12^*$	借力推举 $240 \times 3 \times 2$	深蹲 **$400 \times 5 \times 5$**
	停顿地面卧推 $320 \times 5 \times 2$	动态硬拉 $375 \times 1 \times 15$	负重屈臂撑 $3 \times (6\sim8)$	停顿站姿躬身 **$220 \times 5 \times 3$**

加载组训练量的个人纪录

周次	周一	周二	周四	周五
6	动态推举 $175 \times 3 \times 10$	负重反手引体向上 $45 \times 2 \times 10$	推举 **$210 \times 5 \times 5$**	负重引体向上 $25 \times 5 \times 5$
	卧推 **$310 \times 5 \times 5$**	动态深蹲 $335 \times 2 \times 12^*$	借力推举 $245 \times 3 \times 2$	深蹲 **$405 \times 5 \times 5$**
	停顿地面卧推 $325 \times 5 \times 2$	动态硬拉 $400 \times 1 \times 10$	负重屈臂撑 $3 \times (6\sim8)$	停顿站姿躬身 **$225 \times 5 \times 3$**

注：* 引体向上和深蹲以超级组的形式完成，即两种练习交替进行；**黑体为个人纪录**。

阶段 2：强化训练阶段

周次	周一	周三	周五
1	推举 $185 \times 3 \times 8$	负重反手引体向上 $55 \times 1 \times 5$，25×6	推举 $215 \times 3 \times 3$
	卧推 $315 \times 3 \times 3$	动态深蹲 $355 \times 2 \times 8$，385×2，425×2	借力推举 255×3
	地面卧推 335×3	硬拉 $450 \times (2\sim3)$	屈臂撑 3 组，训练至力竭
2	引体向上 5 组，训练至力竭	推举 $185 \times 3 \times 8$	负重反手引体向上 $60 \times 1 \times 5$，25×7
	深蹲 415×5	卧推 $320 \times 3 \times 3$	深蹲 $355 \times 2 \times 8$，385×2，425×2，450×2
	站姿躬身 235×5	地面卧推 345×3	硬拉 475×2
3	推举 $220 \times 3 \times 3$	引体向上 5 组，训练至力竭	推举 $185 \times 3 \times 8$
	借力推举 260×3	深蹲 420×5	卧推 $325 \times 3 \times 3$
	屈臂撑 3 组，最大重复次数	站姿躬身 235×5	地面卧推 350×3
4	负重反手引体向上 $65 \times 1 \times 5$，25×8	推举 $225 \times 3 \times 3$	引体向上 5 组，训练至力竭
	动态深蹲 $355 \times 2 \times 8$，425×2，475×2	借力推举 265×3	深蹲 425×5
	硬拉 500×2	屈臂撑 3 组，训练至力竭	站姿躬身 240×5

（续表）

周次	周一	周三	周五
5	推举 185×3×8	负重反手引体向上 70×1×5，35×5	推举 235×1×5
	卧推 330×3×3	深蹲 485×1×5	借力推举 275×（1~2）
	地面卧推 355×3	硬拉（515~520）×1	屈臂撑 1 组，训练至力竭
6	比赛周。周二安排小重量的深蹲和推举训练		

除了降低训练频率，强化阶段还包含一些其他方面的调整。首先，所有的动态发力训练减至 2~4 组，并且只要能够保持速度，所用重量可以以 5% 的幅度增加。每周的动态深蹲训练结束后，训练者会再用超过 1RM 90% 的重量完成一组单次组或两次重复组的标准深蹲训练。本训练计划也不再使用动态硬拉来积累训练量，而是让训练者以"速度组"的方式来完成热身组，并将正式组的训练一直推进到以超过 1RM 90% 的重量完成一个两次重复组或单次组的程度。大部分 5 次重复组的训练都降至每组 3 次重复，或用 1 组大重量的 5 次重复组代替。这两种做法都有助于训练者消除疲劳，并保持每周增加重量。训练者可以只借助自重完成多组屈臂撑和引体向上训练至力竭（如果训练者非常强壮，可以使用配重做负重训练）。这使得上半身得以在比赛前完成一些耐力训练。在经历了几周的负重训练后，训练者应当能够以非常高的重复次数组完成这些动作了。负重反手引体向上会继续使用大重量，先以最大负重完成几个单次组，然后使用较小的重量完成 1 组 5~8 次重复的退行组。

把正手和反手引体向上安排在深蹲之前作为训练的第一项内容是很少见的。但在综合格斗的训练计划中，这么做有其特定的原因。在柔道、巴西柔术和综合格斗这样的运动中，前臂、肱二头肌和背阔肌的力量极为重要。很多技术都非常依赖于手的握力和手臂的拉力。因此，虽然引体向上对竞技举重运动员来说只是一项辅助动作，但在这里拥有更高的优先级。正手和反手引体向上属于上半身动作，所以将其安排在深蹲训练之前没有什么问题，因为这种疲劳不会对深蹲训练产生太大影响。但将其安排在推力动作之前就会对推力训练产生负面影响，如果将其安排在推力训练后面，则推力训练会对这两种动作的训练产生不利影响。

经典的力量举减量法

这个版本的金字塔模型是流行于 20 世纪八九十年代力量举选手中的经典减量训练法，之所以在今天重新焕发了活力，很大程度上是因为其简单性。经典的减量训练法非常灵活，适用于任何 8~16 周的训练计划。这个训练计划从大训练量的训练开始（通常每组 8 次重复），并随着计划的推进，逐渐减量到 2 次重复组和单次组的训练。组数和重复次数的设置因人而异，但通常每组 8 次重复的训练会持续 3~4 周，然后是 3~4 周 5 次重复组的训练，接下来的 3~4 周，训练者会逐渐完成 3 次重复组、2 次重复组和单次组的训练。在每个 3~4 周阶段的最后一周，训练者需要创造个人纪录：在每个阶段的倒数第二周，训练者需要以各个重复次数范围对应的原有个人纪录完成训练，然后在最后一周创造新的个人纪录。

比如，训练者之前的卧推个人纪录为 300×8×3。在为他制订训练计划时，他要在 4 周训练阶段的第 3 周完成 300×8×3 的训练。根据 300×8×3 的训练的完成情况，他可以在第 4 周尝试（302~310）×8×3 的训练。有经验的训练者能够选择合适的重量。在第 1 周和第 2 周，训练者只须将每周的训练重量回调 5~10 磅（2.3~4.5 千克）。

这样，整个 8 次重复组的 4 周训练看起来是这样的。

第 1 周：280×8×3

第 2 周：290×8×3

第 3 周：300×8×3（之前的个人纪录）

第 4 周：（302~310）×8×3 个人纪录

同样的过程应该也适用于其他阶段。

在设置这种类型的训练计划时，训练者可以在创造个人纪录之前的几周，对简单训练阶段的训练方式进行微调。比如，卧推可以全都用停顿卧推或窄距卧推的方式完成。部分深蹲训练也可以停顿深蹲的方式完成。在较轻松的几周里，训练者可以使用较宽的握距完成硬拉，从抓举握距逐渐过渡到正常握距。当训练者推进到个人纪录周时，所有的组数和重复次数都应当使用标准的竞技技术完成。

这类计划通常也需要安排针对性的辅助动作。高级训练者会确定哪些动作最适合这个阶段，因此辅助动作的选择是高度个性化的。我们会在接下来的内容中探讨不同辅助动作的使用。

下面的例子是一个曾衍生出了多种版本的 12 周训练计划。假设使用这个训练计划的训练者能够深蹲 550 磅（249.5 千克），卧推 400 磅（181.4 千克），硬拉 625 磅（283.5 千克）。

12 周经典力量举减量训练法示例

周次	周一	周三	周五
1	停顿深蹲 385×8×3 臀腘挺身 3×10 负重仰卧起坐 3×10	停顿窄距卧推 280×8×3 上斜卧推 2×（8~10） 自重屈臂撑 2 组，训练至力竭	抓举握距硬拉 435×8 直腿硬拉 365×10×2 杠铃划船 225×10×2 背阔肌下拉 3×（10~12）
2	深蹲 400×8×3， 第 3 组加入停顿 负重臀腘挺身 3×10 负重仰卧起坐 3×10	窄距卧推 290×8×3 上斜卧推 2×（8~10） 自重屈臂撑 2 组，训练至力竭	抓举握距硬拉 455×8 直腿硬拉 2×10 杠铃划船 2×10 背阔肌下拉 3×（10~12）

（续表）

周次	周一	周三	周五
3	深蹲 415 × 8 × 3 臀腘挺身 3 × 10 负重仰卧起坐 3 × 10	卧推 300 × 8 × 3 上斜卧推 2 ×（8~10） 自重屈臂撑 2 组，训练至力竭	抓举握距硬拉 475 × 8 直腿硬拉 2 × 10 杠铃划船 2 × 10 背阔肌下拉 3 ×（10~12）
4	深蹲 **430 × 8**， 退行组 405 × 8 × 2 负重臀腘挺身 3 × 10 负重仰卧起坐 3 × 10	卧推 **310 × 8 × 3** 上斜卧推 2 ×（8~10） 自重屈臂撑 2 组，训练至力竭	竞技握距硬拉 **495 × 8** 直腿硬拉 2 ×（8~10） 杠铃划船 2 × 10 背阔肌下拉 3 ×（10~12）

注：这个 4 周的训练阶段以创造新的 8 次组的个人纪录结束；**黑体为个人纪录**。

周次	周一	周三	周五
5	深蹲 450 × 5 × 3 臀腘挺身 3 × 10 负重仰卧起坐 3 × 10	卧推 330 × 5 × 3 负重屈撑臂 2 ×（8~10） 仰卧臂屈伸 2 ×（10~15）	硬拉 515 × 5 直腿硬拉 2 × 8 杠铃划船 2 ×（8~10） 背阔肌下拉 3 ×（10~12）
6	深蹲 465 × 5 × 3 负重臀腘挺身 3 × 10 负重仰卧起坐 3 × 10	卧推 340 × 5 × 3 负重屈撑臂 2 ×（8~10） 仰卧臂屈伸 2 ×（10~15）	硬拉 530 × 5 直腿硬拉 2 × 8 杠铃划船 2 ×（8~10） 背阔肌下拉 3 ×（10~12）

5 次重复组的个人纪录

周次	周一	周三	周五
7	深蹲 **480 × 5 × 3** 臀腘挺身 3 × 10 负重仰卧起坐 3 × 10	卧推 **350 × 5 × 3** 负重屈撑臂 2 ×（8~10） 仰卧臂屈伸 2 ×（10~15）	硬拉 **545 × 5** 直腿硬拉 2 × 8 杠铃划船 2 ×（8~10） 背阔肌下拉 3 ×（10~12）

深蹲和卧推各去掉一组，然后转为 3 次重复组

周次	周一	周三	周五
8	深蹲 500 × 3 × 2 负重臀腘挺身 3 × 10 负重仰卧起坐 3 × 10	卧推 365 × 3 × 2 窄距卧推 2 × 5 负重屈臂撑 2 ×（6~8）	硬拉 565 × 3 直腿硬拉 2 × 5 杠铃划船 2 ×（8~10） 背阔肌下拉 3 ×（10~12）

（续表）

周次	周一	周三	周五
9	深蹲 515×3×2 臀腘挺身 3×10 负重仰卧起坐 3×10	卧推 375×3×2 窄距卧推 2×5 负重屈臂撑 2×（6~8）	硬拉 585×3 直腿硬拉 2×5 杠铃划船 2×（8~10） 背阔肌下拉 3×（10~12）
10	深蹲 530×2×2 负重臀腘挺身 3×10 负重仰卧起坐 3×10	卧推 385×2×2 窄距卧推 2×5 负重屈臂撑 2×（6~8）	硬拉 **605×3** 直腿硬拉 2×5 杠铃划船 2×（8~10） 背阔肌下拉 3×（10~12）

训练最后一周，一组大重量深蹲和卧推

| 11 | 深蹲 **550×2**
（以之前的 1RM 做 2 次）
臀腘挺身 3×10
负重仰卧起坐 3×10 | 卧推 **400×2**
（以之前的 1RM 做 2 次）
窄距卧推 2×5
负重屈臂撑 2×（6~8） | 硬拉 455×5
去掉直腿硬拉以促进恢复
杠铃划船 2×（8~10）
背阔肌下拉 3×（10~12） |

比赛周：安排小重量深蹲和卧推

| 12 | 周二或周三
深蹲 1RM 的 80%×3×（2~3）
卧推 1RM 的 80%×3×（2~3） | 周六
深蹲 575
卧推 415
硬拉硬拉 655 | |

注：黑体为个人记录。

高级大力士训练计划——经典减量法

这个计划的基本安排包括 2 个训练日（周一和周二），重点放在基础杠铃动作和针对运动员弱点的辅助训练上。

周一：推力训练日

周二：深蹲训练日

周四：比赛专项推力训练

周六：其他专项训练

周一的训练会专注于推举、借力推举、卧推和提高锁定力量的肱三头肌辅助训练。周二主要安排深蹲训练。根据运动员本身和即将到来的比赛的具体情况，硬拉训练可以安排在周二深蹲之前或之后，或者安排到周六的专项训练中。力量翻、罗马尼亚硬拉和站姿躬身等小重量的拉力训练同样可以安排在周二进行。

周四同样是推力训练日，但其重点是用即将到来的比赛专用工具完成训练。这部分训练的每个训练周期都会有所不同。维京推举（Viking Press）、圆木推举（Log Press）、粗杆杠铃推举（Axle Press）、粗杆哑铃推举（Thick-Handled Dumbbell Press）等都可能出现在比赛中。

比赛动作的安排方式也可能有变化。比赛项目可能会是比拼最大重复次数，也可能是比拼最大重量。运动员有时候需要在每次推举前完成1次力量翻，有时候可能只需要在推举前完成1次力量翻。运动员应当去了解即将开始的比赛具体包含哪些项目，然后有目标地安排训练。

训练者需要在周六完成剩下所有项目的训练，并以下半身训练为主。

大多数比赛都会安排某种形式的硬拉，或是比拼重复次数，或是比拼最大重量，或是作为混合项目中的一部分出现，并且所有比赛都会包含一种或多种需要搬运、提拉一定距离的项目，比如扛轭奔跑（Yoke Run）、农夫行走、铁桶或巨石搬运。可能还会有装卸石球、翻轮胎等项目。为了适应比赛，很多大力士都会选择周六作为"专项训练日"。运动员通常必须开车去健身房以外的仓库，并且需要花时间把器械搬出来再搬回去，预约有很多空位的停车场以及与训练伙伴协调训练时间安排等问题。

把所有项目放在一起训练有助于运动员将身体调节至比赛状态，因为比赛时各种项目是在同一天里连续进行的。因此在理想情况下，周六的训练应按照即将到来的比赛顺序安排。

不论怎样，深蹲训练日和专项训练日之间间隔一段时间是有意义的，这样能够保证训练者的身体及时得到恢复。这种类型的训练非常严酷，必须格外用心，为两次艰苦训练之间的身体恢复做好规划。

在下面的训练计划示例中，备赛训练安排分为3个不同的周期，每个周期3~4周，训练量从大到小变化。

我们假设，即将到来的比赛会包括以下项目。

圆木推举/借力推举重复次数比拼，比赛重量为225磅（102.1千克）；

1RM的轮胎硬拉，相当于膝盖高度的架上硬拉；

农夫行走200英尺（61.0米）；

扛轭奔跑200英尺（61.0米）；

翻轮胎100英尺（30.5米）。

训练者将会通过标准硬拉和三种框式深蹲架高度的架上硬拉来提高轮胎硬拉所需的力量。三种高度的设置要求配重片与地面的距离分别是2英寸（5.1厘米，高度1）、4英寸（10.2厘米，高度2）和6英寸（15.2厘米，高度3）。高度3的杠铃杆高度与轮胎硬拉时比赛用杆的高度大体相当。

训练计划概览

阶段1：4周8次重复组训练 + 专项训练；1周减重训练

阶段2：4周5次重复组训练 + 专项训练；1周减重训练

阶段3：4周峰值训练；比赛

阶段 1：4 周 8 次重复组训练 + 专项训练

周次	推力训练日 周一	深蹲训练日 周二	专项推力训练日 周四	其他专项 周六
1	推举 185×8×3	深蹲 385×8×3	要求严格的圆木 推举 3×8	硬拉 8RM
	卧推 3×（8~10）	罗马尼亚硬拉 3×8	圆木架上锁定 2×（8~10）	农夫行走 2×200 英尺 扛轭奔跑 2×200 英尺
	仰卧臂屈伸 （2~3）×（10~12）	阻力橇体能训练	负重屈臂撑 3×（10~15）	翻轮胎 2×100 英尺
2	推举 195×8×3	深蹲 405×8×3	圆木推举 3×8	架上硬拉（高度 1）8RM
	上斜卧推 3×（8~10）	罗马尼亚硬拉 3×8	圆木架上锁定 2×（8~10）	农夫行走 2×200 英尺 扛轭奔跑 2×200 英尺
	仰卧臂屈伸 （2~3）×（10~12）	阻力橇体能训练	负重屈臂撑 3×（10~15）	翻轮胎 2×100 英尺
3	推举 205×8×3	深蹲 425×8×3	要求严格的圆木 推举 3×8	架上硬拉（高度 2）8RM
	卧推 3×（8~10）	罗马尼亚硬拉 3×8	圆木架上锁定 2×（8~10）	农夫行走 2×200 英尺 扛轭奔跑 2×200 英尺
	仰卧臂屈伸 （2~3）×（10~12）	阻力橇体能训练	负重屈臂撑 3×（10~15）	翻轮胎 2×100 英尺

尝试个人纪录

周次	推力训练日 周一	深蹲训练日 周二	专项推力训练日 周四	其他专项 周六
4	推举 **215×8×3**	深蹲 **445×8×3**	要求严格的圆木 推举 3×8	架上硬拉（高度 3）8RM
	上斜卧推 3×（8~10）	罗马尼亚硬拉 3×8	圆木架上锁定 2×（8~10）	农夫行走 2×200 英尺 扛轭奔跑 2×200 英尺
	仰卧臂屈伸 （2~3）×（10~12）	阻力橇体能训练	负重屈臂撑 3×（10~15）	翻轮胎 2×100 英尺

减重训练周

周次	推力训练日 周一	深蹲训练日 周二	专项推力训练日 周四	其他专项 周六
5	推举 185×5×2	深蹲 385×5×2	中等重量圆木 推举 2×5	（没有拉力训练）
	卧推 2×5	较小训练量的阻力 橇体能训练	屈臂撑 2×（10~15）	农夫行走 1×200 英尺 扛轭奔跑 1×200 英尺 翻轮胎 1×100 英尺

注：1 英尺 ≈ 0.3048 米。

阶段 2：4 周 5 次重复组训练 + 专项训练

周次	推力训练日 周一	深蹲训练日 周二	专项推力训练日 周四	其他专项 周六
1	推举 225×5×5	深蹲 465×5×5	要求严格的圆木 推举 3×5	硬拉 5RM
	卧推 3×5	罗马尼亚硬拉 3×5	圆木借力推举 2×5	农夫行走 4×100 英尺 （超负荷）
	仰卧臂屈伸 （2~3）×（10~12）	阻力橇体能训练	负重屈臂撑 3×（10~15）	扛轭奔跑 4×100 英尺 （超负荷） 翻轮胎 4×50 英尺（超 负荷）
2	推举 235×5×5	深蹲 475×5×5	要求严格的圆木 推举 3×5	架上硬拉（高度 1） 5RM
	上斜卧推 3×5	罗马尼亚硬拉 3×5	圆木借力推举 2×5	农夫行走 4×100 英尺 扛轭奔跑 4×100 英尺
	仰卧臂屈伸 （2~3）×（10~12）	阻力橇体能训练	负重屈臂撑 3×（10~15）	翻轮胎 4×50 英尺
3	推举 245×5×5	深蹲 485×5×5	要求严格的圆木 推举 3×5	架上硬拉（高度 2） 5RM
	卧推 3×5	罗马尼亚硬拉 3×5	圆木借力推举 2×5	农夫行走 4×100 英尺 扛轭奔跑 4×100 英尺
	仰卧臂屈伸 （2~3）×（10~12）	阻力橇体能训练	负重屈臂撑 3×（10~15）	翻轮胎 4×50 英尺

尝试个人纪录

周次	推力训练日 周一	深蹲训练日 周二	专项推力训练日 周四	其他专项 周六
4	推举 **255×5×5**	深蹲 **495×5×5**	要求严格的圆木 推举 3×5	架上硬拉（高度 3） 5RM
	上斜卧推 3×5	罗马尼亚硬拉 3×5	圆木借力推举 2×5	农夫行走 4×100 英尺 扛轭奔跑 4×100 英尺
	仰卧臂屈伸 （2~3）×（10~12）	阻力橇体能训练	负重屈臂撑 3×（10~15）	翻轮胎 4×50 英尺

注：1 英尺 ≈ 0.3048 米。

（续表）

周次	推力训练日 周一	深蹲训练日 周二	专项推力训练日 周四	其他专项 周六
减重训练周				
5	推举 225×3×3	深蹲 455×3×3	中等重量圆木推举 3×5	（没有拉力训练）
	卧推 2×5	较小训练量的阻力橇体能训练		农夫行走 1×200 英尺 扛轭奔跑 1×200 英尺 翻轮胎 1×100 英尺

阶段 3：峰值训练阶段

周次	推力训练日 周一	深蹲训练日 周二	专项推力训练日 周四	其他专项 周六
1	推举 265×5	深蹲 525×5	圆木借力推举 3~5RM	硬拉 2~3RM
	卧推 2×5（一组 5RM 常规握距，一组 5RM 窄握距）	罗马尼亚硬拉 2×5	要求严格的圆木推举 2×（12~15）	农夫行走 2×200 英尺 扛轭奔跑 2×200 英尺
	仰卧臂屈伸（2~3）×（10~12）	阻力橇体能训练	负重屈臂撑 2×（10~15）	翻轮胎 2×100 英尺
2	推举 270×5	深蹲 535×（3~5）	借力圆木推举 3~5RM	架上硬拉（高度 1）3RM
	上斜卧推 2×5	罗马尼亚硬拉 2×5	要求严格的圆木推举 2×（12~15）	农夫行走 2×200 英尺 扛轭奔跑 2×200 英尺
	仰卧臂屈伸（2~3）×（10~12）	阻力橇体能训练	负重屈臂撑 2×（10~15）	翻轮胎 2×100 英尺
3	推举 275×5	深蹲 545×（3~5）	圆木借力推举 3~5RM	架上硬拉（高度 2）3RM（或者不安排大重量拉力训练）
	卧推 2×5	罗马尼亚硬拉 2×5	要求严格的圆木推举 1×（12~15）	农夫行走 1×200 英尺 扛轭奔跑 1×200 英尺
	仰卧臂屈伸（2~3）×（10~12）	阻力橇体能训练	负重屈臂撑 2×（10~15）	翻轮胎 1×50 英尺

比赛周：完全减重

周次	周一	周二	周四	周六
4	周二或周三			周六
	深蹲 1RM 的 80%×2×3 推举 1RM 的 80%×2×3 小重量、小训练量阻力橇体能训练			**比赛**

注：1 英尺 ≈ 0.3048 米。

进二退一模型

第二个模型是之前"美国举重教练发展计划"（USA Weightlifting's Coaching Development Program）所用训练模型的变式，这个模型以 4 周为一个训练模块来控制训练负荷，并通过一系列模块逐渐增加训练负荷来取得进步。每个模块的第 1 周，训练者会使用中等强度的负荷建立基线。第 2 周，训练强度会整体提高约 10%。第 3 周是减重训练周或恢复周，训练强度会整体下调。这个小重量训练周是为了使训练者在第 4 周提高训练强度，创造新的个人纪录。接下来的 4 周训练模块，其起始训练强度会比上一训练周期的起始强度更高。每个为期 4 周的训练模块都是为了训练者进阶到训练强度更高的下一模块所做的准备。每个 4 周训练模块使用的组数和重复次数的设置都稍有不同，但这些模块无缝衔接，向着比赛日渐次推进，以提高比赛当天运动员所需要的特定表现为目标。

与前面的训练计划使用重量百分比一样，这里依然使用百分比来显示每个训练模块中周与周之间的相对负荷变化情况。高级训练者如果能够了解构成训练计划的负荷之间的关系，他就可以知道训练周期要从哪里开始，训练周期的起点可能与他的 1RM 之间存在可预测的相关性，但也可能没有这种关联。

相比与上次比赛成绩的相对关系，年龄、性别、伤病情况和最近的训练史往往在计划的起点选择上拥有更多决定权。1RM 的进步趋势可以显示出训练者在很长的时间尺度上取得的进步，所以，作为数据点集，1RM 很有用，但即使是最近取得的 1RM，在我们准备开始一个长达 12 周或 16 周的训练模块时，也不足以为起始训练提供准确的参考。一个动作的 1RM 可以用来指示大致的训练起点，但最近的 5RM，比如上周的 5RM 训练，在用来确定这周的训练负荷时则要精确得多。数据是最新的，也是相关的，因为训练使用的重复次数范围是相同的，超负荷活动本质上也是相同的。在每个训练周期的第一次训练中，高级训练者将依靠自身的经验来决定使用的重量，因为他知道接下来的几周一定会发生什么。

模块 1：基础训练，进行 2~3 次。

第 1 周：3×5，使用 5×5 等重组个人纪录所用重量的 90%

第 2 周：5×5，个人纪录所用重量

第 3 周：2×5，使用 5×5 等重组个人纪录所用重量的 80%

第 4 周：5RM

模块 2：过渡，在峰值训练模块之前完成 1 次

第 1 周：3×3，使用 5×5 等重组个人纪录所用重量的 93%

第 2 周：5×3，5RM，为了保持每组可以完成 3 次重复，如有必要，可以在完成第 3 组后减重

第 3 周：2×3，5RM 的 80%

第 4 周：3RM

模块 3：峰值训练

第 1 周：3×3，3RM 的 90%

第 2 周：5 个单次组，在 3RM 的基础上增加 3%

第 3 周：2×2，3RM 的 85%

第 4 周：比赛周

这个 12~16 周的训练模块可以在比赛前进行两次。几个 4 周模块连在一起形成一个较长的训练周期，其训练量逐渐减小，训练强度逐渐增加，因此有必要提前确定目标日期，然后回推训练计划的安排（这是制订所有基于比赛的训练计划的共同特征）。起始训练日期到比赛日期之间的周数决定了模块 1 的分段数量。不过，高级训练者在需要减量训练之前可能永远不会使用超过 3 个模块 1，即 12 周的模块 1 训练。无须重复模块 1，使用模块 1–模块 2–模块 3 的进阶训练模式，4 个周期加上每个周期之间安排 1 周积极休整就能构成一个全年的训练计划。但通常情况下，这种方式不能解决问题，更长或更短的训练计划可以使用相同的原则来制订。

力量举备赛周期进二退一法示例

下面的训练计划包括 2 次模块 1 的训练以及各 1 次的模块 2 和模块 3 训练。刺激较低的辅助动作并未列出，并且由于个体间的高度差异，力量翻和屈臂撑的重复次数安排也不一定要像示例中的那样。

训练周

周一：大重量卧推训练 + 卧推辅助训练

周二：小重量深蹲训练 + 大重量拉力训练

周四：小重量卧推训练 + 推举训练

周五：大重量深蹲训练 + 小重量拉力训练

在这个训练计划中，训练者将采取不直接训练硬拉的策略。训练者将使用架上硬拉、停顿硬拉和爆发式耸肩的训练组合。在训练计划的每一周，力量翻都被安排在小重量的拉力训练日。爆发式耸肩则作为大重量的拉力动作被安排在第 3 周（减重周）进行。尽管耸肩使用的重量非常大，但除了第 1 次训练，都只安排 1 组 5 次重复的训练，同时因为其动作幅度很小，所以相比停顿硬拉和架上硬拉，耸肩产生的刺激较小，同时能够锻炼斜方肌，并让训练者习惯手臂上悬挂大重量的感觉。因此，对减重训练周的训练来说，耸肩是个很好的动作。

在这个示例中，训练者的硬拉锁定环节比较薄弱，因此训练者需要在每个模块中安排 2 次架上硬拉训练（第 2 周和第 4 周），而停顿硬拉训练只须在第 1 周安排 1 次。如果训练者的硬拉启动能力较弱，他可能需要调整动作的优先级别，在第 2 周和第 4 周安排停顿硬拉训练，只在第 1 周安排架上硬拉训练。

模块 1，两次循环

周次	周一	周二	周四	周五
1	卧推 300×5×3 负重屈臂撑 4×（8~10）	深蹲 365×5×3 停顿硬拉 465×8	窄距卧推 270×5×3 推举 185×8×3	深蹲 405×5×3 力量翻 4×3
2	卧推 335×5×5 负重屈臂撑 5×（8~10）	深蹲 365×5×3 架上硬拉 485×5×2	窄距卧推 305×5×4 推举 185×8×4	深蹲 450×5×5 力量翻 5×3
3	卧推 265×5×2 负重屈臂撑 2×（8~10）	深蹲 365×5×2 爆发式耸肩 565×5×2	窄距卧推 255×5×2 推举 175×8×2	深蹲 365×5×2 力量翻 2×3
4	卧推 350×5 负重臂屈撑 3×（8~10）	深蹲 365×5×3 架上硬拉 495×5	窄距卧推 320×5 推举 200×8	深蹲 475×5 力量翻 3×3
5	卧推 305×5×3 负重屈臂撑 4×（8~10）	深蹲 365×5×3 停顿硬拉 485×8	窄距卧推 280×5×3 推举 190×8×3	深蹲 410×5×3 力量翻 4×3
6	卧推 340×5×5 负重屈臂撑 5×（8~10）	深蹲 365×5×3 架上硬拉 505×5	窄距卧推 310×5×4 推举 190×8×4	深蹲 455×5×5 力量翻 5×3
7	卧推 270×5×2 负重屈臂撑 2×（8~10）	深蹲 365×5×3 爆发式耸肩 595×5	窄距卧推 265×5×2 推举 180×8×2	深蹲 365×5×2 力量翻 2×3
8	卧推 355×5 负重屈臂撑 3×（8~10）	深蹲 365×5×3 架上硬拉 515×5	窄距卧推 325×5 推举 205×8	深蹲 480×5 力量翻 3×3

模块 2

周次	周一	周二	周四	周五
9	卧推 315×3×3 负重屈臂撑 4×（5~7）	深蹲 365×5×3 停顿硬拉 505×5	窄距卧推 285×5×3 推举 200×6×3	深蹲 425×3×3 力量翻 4×3
10	卧推 355×3×5 负重屈臂撑 5×（5~7）	深蹲 365×5×3 架上硬拉 525×5	窄距卧推 310×5×4 推举 200×6×4	深蹲 480×3×5 力量翻 5×3

（续表）

周次	周一	周二	周四	周五
11	卧推 285 × 3 × 2 负重屈臂撑 2 ×（5~7）	深蹲 365 × 5 × 3 爆发式耸肩 625 × 5	窄距卧推 265 × 5 × 2 推举 190 × 6 × 2	深蹲 385 × 3 × 2 力量翻 2 × 3
12	卧推 370 × 3 负重屈臂撑 3 ×（5~7）	深蹲 365 × 5 × 3 架上硬拉 540 × 5	窄距卧推 330 × 5 推举 220 × 6	深蹲 500 × 3 力量翻 3 × 3

模块 3

周次	周一	周二	周四	周五
13	卧推 335 × 3 × 3 负重屈臂撑 4 ×（4~6）	深蹲 365 × 5 × 2 停顿硬拉 515 × 5	窄距卧推 305 × 3 × 3 推举 205 × 4 × 3	深蹲 450 × 3 × 3 力量翻 4 × 3
14	停顿卧推 380 × 1 × 5 负重屈臂撑 4 ×（4~6）	深蹲 365 × 5 × 2 架上硬拉 555 × 5	窄距卧推 340 × 2 × 4 推举 205 × 4 × 4	深蹲 515 × 1 × 5 力量翻 5 × 3
15	卧推 315 × 2 × 2 负重屈臂撑 2 ×（4~6）	深蹲 365 × 5 × 2 爆发式耸肩 655 × 5	窄距卧推 300 × 3 × 2 推举 200 × 2 × 2	深蹲 425 × 2 × 2 力量翻 2 × 3

比赛周

周次	周一	周四	周六
16	深蹲，练至开把重量 495 卧推，练至开把重量 385 硬拉，练至最后一组热身组重量 475 保持完美的启动姿势和技术动作	深蹲 135 × 5 × 3 卧推 135 × 5 × 3 力量翻 135 × 5 × 3， 以超级组方式完成	比赛 深蹲 540 卧推 395 硬拉 560

可以说，在刺激-恢复-适应的循环中，最重要的一环就是恢复，没有恢复就无法产生适应状态。对初级训练者来说，在 2 次训练之间休息 1 天就足够了。对中级训练者来说，这个过程需要 7 天，其中包括一两次低刺激的训练以保持技术动作和体能。对高级训练者来说，可以安排 1~2 周的减重训练周作为恢复阶段，这个阶段的几次训练的训练量要足够小，以保证疲劳消退，同时还要有足够的训练强度，以维持峰值表现所需的适应状态。

运动员在休息 1 周后常常能够打破个人

纪录，尽管前一周比赛时的表现已经创造了个人纪录。如果发生这种情况，说明运动员错误估计了训练或减量的时机和负荷，或者对二者的估计同时出现了偏差，因为在预测之后又产生了额外的超量恢复。这说明所得到的个人纪录与预期存在偏差，还可以通过更精确的训练计划进一步提高。每个运动员和教练都会犯这样的错误，不过犯错也是学习的机会。

休赛期力量举训练计划

下面的训练计划是为了获得增强力量、增加肌肉量的双重效果。辅助动作的训练量非常大。训练者应当试着完成每种动作设定的所有组数和重复次数，为了确保完成所有的训练量，可以调整每组训练使用的重量。

在这个示例中，深蹲和卧推训练会以动态发力的方式完成。

基础训练周、加载训练周和峰值训练周的训练量没有变化。加载训练周将会使用整个周期里最大的重量。减重训练周会使用与基础训练周相同的重量，但训练量减小了。峰值训练周使用的重量则介于基础/减重训练周与加载训练周之间。记住：动态发力训练的目的是训练爆发力。峰值训练周应当使用最优化的重量和速度，这样即使使用的重量较小，爆发力也会在峰值训练阶段达到最高峰。

动态卧推的 4 周训练大概是这样的。

基础训练周：1RM 的 60% × 3 × 10

加载训练周：1RM 的 66% × 3 × 10

减重训练周：1RM 的 60% × 3 × 6

峰值训练周：1RM 的 63% × 3 × 10，速度非常快

和往常一样，动态发力训练使用的重量应当根据移动杠铃的速度决定，而不是严格按照百分比计算得到。训练者应按需调整。

分割训练计划示例

周一	周二	周四	周五
卧推	深蹲	动态卧推	动态深蹲
负重屈臂撑	罗马尼亚硬拉	推举	硬拉
仰卧臂屈伸	背阔肌下拉或反手引体向上	肱三头肌下压	杠铃划船

4 周训练周期示例

基础训练周（深蹲和卧推使用 1RM 的 70% 完成 20 次重复，硬拉完成 10 次重复，辅助动作完成 40 次重复）

周次	周一	周二	周四	周五
1	窄距卧推 280 × 5 × 4	深蹲 385 × 5 × 4	动态卧推 240 × 3 × 10	动态深蹲 330 × 2 × 12
	负重屈臂撑 4 × 10	罗马尼亚硬拉 4 × 10	推举 4 × 10	硬拉 435 × 5 × 2
	仰卧臂屈伸 4 × 10	背阔肌下拉 4 × 10	肱三头肌下压 4 × 10	杠铃划船 4 × 10

加载训练周（深蹲和卧推使用 1RM 的 80% 完成 25 次重复，硬拉完成 15 次重复，辅助动作完成 50 次重复）

周次	周一	周二	周四	周五
2	窄距卧推 320 × 5 × 5	深蹲 440 × 5 × 5	动态卧推 260 × 3 × 10	动态深蹲 360 × 2 × 12
	负重屈臂撑 5 × 10	罗马尼亚硬拉 5 × 10	推举 5 × 10（或 6 × 8）	硬拉 500 × 5 × 3
	仰卧臂屈伸 5 × 10	背阔肌下拉 5 × 10	肱三头肌下压 5 × 10	杠铃划船 5 × 10（或 6 × 8）

减重训练周（深蹲和卧推使用 1RM 的 75% 完成 10 次重复，硬拉完成 5 次重复，辅助动作完成 20 次重复）

周次	周一	周二	周四	周五
3	窄距卧推 300 × 5 × 2	深蹲 415 × 5 × 2	动态卧推 240 × 3 × 6	动态深蹲 330 × 2 × 8
	负重屈臂撑 2 × 10	罗马尼亚硬拉 2 × 10	推举 2 × 10	硬拉 470 × 5
	仰卧臂屈伸 2 × 10	背阔肌下拉 2 × 10	肱三头肌下压 2 × 10	杠铃划船 2 × 10

峰值训练周（深蹲和卧推使用 1RM 的 85% 完成 15 次重复，硬拉完成 5 次重复，辅助动作完成 30 次重复，其中第 1 组为个人纪录）

周次	周一	周二	周四	周五
4	窄距卧推 340 × 5 × 3	深蹲 465 × 5 × 3	动态卧推 250 × 3 × 10	动态深蹲 345 × 2 × 10
	负重屈臂撑 4 × 8	罗马尼亚硬拉 3 × 10	推举 4 × 8	硬拉 530 × 5
	仰卧臂屈伸 3 × 10	背阔肌下拉 4 × 8	肱三头肌下压 3 × 10	杠铃划船 4 × 8

在 5 × 10 这种训练量极大的训练日使用递减组来保证训练者完成所有重复次数是个不错的方法。这尤其适合屈臂撑和推举这样高度依赖肱三头肌的动作。训练者在以高重复次数完成这些动作时很容易出现突然失败的情况，每组使用相同的重量是很困难的。

一次 5×10 的屈臂撑训练可以像下面这样完成。

自重 ×10

（自重 +50 磅配重）×10

（自重 +25 磅配重）×10

（自重 +25 磅配重）×10（先完成 8 次重复，再完成 2 次重复）

自重 ×10

在峰值训练周，训练者应当试着在第 1 组打破特定重复次数条件下的个人纪录。比如，如果推举训练的设定是 4×8，那么训练应当是这样的。

185×8（个人纪录）

175×8

165×8×2

爆发力运动的训练计划

下面的训练计划一直是竞技型的投掷运动员使用的，但同样适用于任何强调力量和爆发力的高级运动员。

阶段 1

奥林匹克举重训练 周一	力量训练 周二	奥林匹克举重训练（比周一减重约 5%） 周四	力量训练 周五
力量抓	后深蹲	力量抓	动态箱式深蹲
力量翻	借力推举		推举
	卧推	力量翻	硬拉

阶段 1 示例

基础训练周

周次	奥林匹克举重训练 周一	力量训练 周二	奥林匹克举重训练 周四	力量训练 周五
1	力量抓 230×2×3	后深蹲 465×5×3	力量抓 220×2×3	动态深蹲 385×2×10
	力量翻 285×3×3	借力推举 255×3×3	力量翻 275×3×3	推举 235×5×3
		卧推 325×5×3		硬拉 540×5

加载训练周

周次	奥林匹克举重训练 周一	力量训练 周二	奥林匹克举重训练 周四	力量训练 周五
2	力量抓 245×2×5	后深蹲 515×5×5	力量抓 235×2×5	动态深蹲 450×2×12
	力量翻 300×3×5	借力推举 285×3×5	力量翻 290×3×5	推举 260×5×5
		卧推 360×5×5		硬拉 570×5

减重训练周

周次	奥林匹克举重训练 周一	力量训练 周二	奥林匹克举重训练 周四	力量训练 周五
3	力量抓 $215 \times 2 \times 2$ 力量翻 $255 \times 3 \times 2$	后深蹲 $415 \times 5 \times 2$ 借力推举 $225 \times 3 \times 2$ 卧推 $290 \times 5 \times 2$	力量抓 $205 \times 2 \times 2$ 力量翻 $245 \times 3 \times 2$	动态深蹲 $385 \times 2 \times 8$ 推举 $210 \times 5 \times 2$ 硬拉 510×3

峰值训练周

周次	奥林匹克举重训练 周一	力量训练 周二	奥林匹克举重训练 周四	力量训练 周五
4	力量抓 260×2 力量翻 315×3	后深蹲 550×5 借力推举 305×3 卧推 375×5	力量抓 250×2 力量翻 305×3	动态深蹲 $420 \times 2 \times 10$ 推举 275×5 硬拉 600×5

　　运动员应当完成数次阶段 1 以构成一个训练模块，每次的训练负荷都要增加（尤其是在加载训练周和峰值训练周），并对每个阶段的训练量和训练强度做出必要调整。高级训练计划是高度个性化的，几乎不可能保证每组、每次重复和使用的负荷都是绝对优化的。比如，如果训练量过大，可以在加载训练周去掉一两组训练。如果训练者的深蹲非常强势，那么他在加载训练周完成 3 组或 4 组训练的效果可能比完成 5 组训练的效果更好。或者，如果减重训练周的训练强度过低，无法维持训练者在峰值训练周的最佳表现，那么训练者可以增加 5% 的重量。

　　在完成阶段 1 的训练模块之后、比赛之前，训练者应在阶段 2 的训练模块降低训练量，提高训练强度，同时将训练频率减少到每周 3 次，这不仅仅是为了更好地恢复，还有利于在比赛前额外花些时间多磨炼一下技巧。阶段 2 在赛前只须完成一次。

阶段 2 示例

基础训练周

周次	周一	周三	周五
1	力量抓 $235 \times 2 \times 3$ 架上挺 $325 \times 1 \times 3$ 后深蹲 $480 \times 3 \times 3$	力量翻 $290 \times 3 \times 3$ 硬拉 550×3（重复次数减少到 3 次以促进恢复） 卧推 $335 \times 5 \times 3$	推举 $240 \times 3 \times 3$ 借力推举 $265 \times 2 \times 3$ 动态深蹲 $385 \times 2 \times 10$

加载训练周

周次	周一	周三	周五
2	力量抓 $250 \times 2 \times 5$	力量翻 $305 \times 3 \times 5$	推举 $275 \times 3 \times 5$
	架上挺 $350 \times 1 \times 5$	硬拉 580×5	借力推举 $305 \times 2 \times 5$
	后深蹲 $550 \times 3 \times 5$	卧推 $375 \times 3 \times 5$	动态深蹲 $450 \times 2 \times 12$

减重训练周

周次	周一	周三	周五
3	力量抓 $220 \times 2 \times 2$	力量翻 $260 \times 3 \times 2$	推举 $220 \times 3 \times 2$
	架上挺 $300 \times 1 \times 2$	硬拉 520×3	借力推举 $245 \times 2 \times 2$
	后深蹲 $440 \times 3 \times 2$	卧推 $300 \times 3 \times 2$	动态深蹲 $385 \times 2 \times 8$

峰值训练周

周次	周一	周三	周五
3	力量抓 265×2	力量翻 320×3	推举 290×3
	架上挺 375×1	硬拉 610×5	借力推举 320×2
	后深蹲 580×3	卧推 390×3	动态深蹲 $420 \times 2 \times 10$

强力健身——高级力量训练计划

下面的训练计划源自力量训练教练、斯普林菲尔德强力健身房（Strong gym）的所有者马特·雷诺兹。这是在前苏联的鼎盛时期，由邦达尔丘克、沃克霍山斯基等人发展的训练计划的第 4 代版本。许多高水平运动员使用这个训练计划取得了巨大成功。这个训练计划是为那些即使是按月安排训练也无法取得进步，每年只能打破几次个人纪录的非常高级的运动员设计的。

这个训练计划分为三个不同的阶段，每个阶段都有其特定的目标和方法。三个阶段以特定的顺序组织在一起可使峰值表现出现在预定的日期。与其他高级训练模型一样，这个方法也是以大训练量、低强度的训练起始的，然后在整个周期的训练过程中逐渐过渡到小训练量、高强度的训练。在距离比赛日期比较远的时候，重点是通过训练竞技动作和与竞技动作相似但稍有不同、可以强化训练者薄弱环节的辅助动作建立起训练量。比如，如果一个训练者深蹲力量较弱，那么他可以把训练重点放在停顿深蹲或架上静止启动的深蹲训练上。大重量硬拉锁定困难的训练者可以把重点放在架上硬拉动作上。随着比赛日期的临近，动作的专项性会越来越强，在最后的训练阶段，所有的动作只能以竞技标准完成。

周期的第一个为期 4 周的模块是积累阶段，使用最大的训练量和最低的训练强度。这个阶段的辅助动作和补充动作的训练量也是最高的，这些动作要根据训练者个人的强项和弱点进行选择。积累阶段的目的是增加肌肉量和训练能力，但不需要完成极限重复次数的训练。积累阶段会持续 3 周，之后是一个减重训练周。一个训练模块可以包含 2 次或更多的积累阶段，或者可以用一个积累阶段加一个过渡阶段（不含峰值训练阶段）重复进行形成一个训练模块。

第二个训练模块为过渡阶段，训练量会稍有降低，训练强度则相应提高。这个阶段会开始加入竞技动作，同时要完成中等训练量的辅助动作训练和一种简化的补充动作训练（看起来不像杠铃训练的辅助动作）。过渡阶段的目的是使运动员超负荷，但不能过度训练——训练者感到疲惫、恢复不足是正常的，但他仍应完成训练规定的组数和重复次数。过渡阶段会持续 4~7 周，并在第 4 周和第 8 周进行减重。减重训练是避免训练者过度训练不可或缺的。

第三个训练模块为峰值训练阶段。这个赛前阶段会持续 2~4 周，允许训练者逐渐减少训练量以达到比赛状态。峰值训练阶段的训练量很低，训练强度非常高，所有训练的重点都放在了竞技动作上。除了可以保留少数几个小重量的动作，要去掉所有的辅助动作和补充动作。

训练计划纲要

周一：

卧推；推举变式（架上推举、借力推举、粗杆杠铃推举）

周二：

深蹲；硬拉变式（直腿硬拉、罗马尼亚硬拉、架上硬拉、抓举握距硬拉、赤字硬拉、站姿躬身）

周四：

推举；卧推变式（窄距卧推、架上卧推、地面卧推）

周五：

硬拉；深蹲变式（停顿深蹲、箱式深蹲、架上深蹲、前深蹲）

每次训练的第二种动作都是计划的强制性部分。这些动作都是杠铃动作，或者是动作幅度减小，可以使用更大重量的动作，或许是在不利于发力的杠杆作用下完成的基础动作，其目标是产生高水平的训练刺激。训练者可以在整个训练计划中使用同样的辅助动作，也可以选择几种符合其要求的相似动作进行轮换。

其他针对肱三头肌、上背部和后链的辅助动作应当小心选择，并根据个人需求进行调整。辅助训练应当训练强度低，训练量适中。肱三头肌臂屈伸完成 2~3 组 10~12 次重复的训练是可以接受的，但 5×5 的负重屈臂撑训练就可能过量了。

下面是一个深蹲 585 磅（265.4 千克）、卧推 405 磅（183.7 千克）、硬拉 675 磅（306.2 千克）和推举 285 磅（129.3 千克）的训练者的完整训练计划。辅助动作不包含在内。

注意该训练计划中的重量百分比与大重量的单次组和退行组之间的关系。和往常一样，这些数字必须根据个人情况进行调整。百分比是用来量化每天、每周及每月的负荷变化关系，而非用来精确确定所用重量的。

模块 1：积累训练阶段

每天的主项动作首先要完成一次大重量的单次组训练，之后再按照特定的 1RM 百分比完成 5×5 的退行组训练。首先这样做的是卧推，深蹲、推举和硬拉也要照此执行。此外，为了利于身体恢复，可稍微削减硬拉的训练量。训练使用的重量百分比每周都会变化。

周次	周一	周二	周四	周五
1	卧推 330×1（1RM 的 82%），295×5×5（1RM 的 73%） 架上推举（架子设置到眼睛的高度）4×6	深蹲 480×1，425×5×5 直腿硬拉 4×6	推举 235×1，210×5×5 窄距卧推 4×6	硬拉 555×1，495×5×4 前深蹲 4×6
2	卧推 345×1（1RM 的 85%），310×5×5（1RM 的 76%） 借力推举 4×6	深蹲 495×1，445×5×5 站姿躬身 4×6	推举 240×1，215×5×5 停顿架上推举 4×6	硬拉 575×1，515×5×4 停顿箱式深蹲 4×6
3	卧推 355×1（1RM 的 88%），320×4×5（1RM 的 79%） 架上推举（架子设置到眼睛的高度）4×5	深蹲 515×1，460×4×5 直腿硬拉 4×5	推举 250×1，225×4×5 窄距卧推 4×5	硬拉 595×1，535×4×4 前深蹲 4×5
减重训练周				
4	卧推 305×3×3（1RM 的 75%）	深蹲 440×3×3	推举 215×3×3	硬拉 505×3×3

模块 2：过渡训练阶段

这个阶段的主项动作将按照设定的 1RM 百分比完成 1 个单次组训练，然后再根据该周所需训练强度完成特定组数的退行组训练，每组 2~4 次重复。尽管使用相同的重复次数和训练强度完成退行组训练是最好的，但也并非必须如此。下面的例子展示了一种可能的退行组的排列方式。辅助训练都不必使用极限强度，保留还能完成 1~2 次重复的力量就好。

周次	周一	周二	周四	周五
5	卧推 365×1（1RM 的 90%），345×3，335×3×4（使用 1RM 80%~85% 的重量，每组 3~4 次重复，总计完成 15 次重复的退行组训练）	深蹲 525×1，495×3，470×3×4	推举 255×1，240×3，230×3×4	硬拉 605×1，575×3，540×3×3
	借力推举 4×3	架上硬拉 4×3	架上卧推 4×3	停顿箱式深蹲 4×3
6	卧推 380×1（1RM 的 94%），355×3×2，345×3×2（使用 1RM 83%~88% 的重量，每组 3 次重复，共计完成 12 次重复的退行组训练）	深蹲 550×1，515×3，495×3×3	推举 265×1，250×3×4	硬拉 635×1，595×3，570×3，555×3
	架上推举（架子设置到眼睛的高度）3×3	直腿硬拉 3×3	窄距卧推 3×3	前深蹲 3×3
7	卧推 395×1（1RM 的 97%），375×2×4（使用 1RM 87%~92% 的重量，每组 2 次重复，共计完成 8 次重复的退行组训练）	深蹲 565×1，540×2，530×2，520×2×2	推举 275×1，260×2×4	硬拉 655×1，620×2，595×2×2
	借力推举 2×2	架上硬拉 2×2	架上卧推 2×2	停顿箱式深蹲 2×2
8	卧推 325×3×3（1RM 的 80%）	深蹲 470×3×3	推举 230×3×3	硬拉 540×3×3
9	卧推 385×1（1RM 的 95%）365×3×3（使用 1RM 85%~90% 的重量，共计完成 9 次重复的退行组训练）	深蹲 555×1，525×3，495×3×2	推举 270×1，255×3×3	硬拉 640×1，605×3，575×3
	架上推举 3×3	直腿硬拉 3×3	窄距卧推 3×3	前深蹲 3×3
10	卧推 395×1，375×2×3（使用 1RM 88%~93% 的重量，每组 2 次重复，共计完成 6 次重复的退行组训练）	深蹲 575×1，545×2，515×2×2	推举 280×1，265×2×3	硬拉 660×1，630×2，595×2
	借力推举 2×2	架上硬拉 2×2	架上卧推 2×2	停顿箱式深蹲 2×2
11	卧推 345×2×3（1RM 的 85%）	深蹲 495×2×3	推举 240×2×3	硬拉 575×2×3

模块 3：峰值训练阶段

这个训练阶段去掉了退行组和辅助训练。这是赛前的减量训练阶段，训练量已经非常小了，所以必须完成所有的组数和重复次数。

周次	周一	周二	周四	周五
12	卧推 390×2×2（1RM 的 96%）	深蹲 560×2×2	推举 275×2×2	硬拉 650×2，625×2
13	卧推 400×2	深蹲 575×2	推举 285×1	硬拉 665×2
14		深蹲 380×2×3（1RM 的 65%） 卧推 265×2×3		比赛 深蹲 600 卧推 415 硬拉 695

高级奥林匹克举重训练计划

下面的 12 周训练计划是一个基于力量的高级奥林匹克举重训练方案，它是由我们的好友吉姆·莫泽（Jim Moser）利用《力量训练基础》的计划设计原理对著名的保加利亚教练伊万·阿巴耶夫（Ivan Abadjiev）的法则进行改编得到的。摩斯和他的儿子与阿巴耶夫有着广泛的合作。

抓举和挺举是体现力量"爆发力"层面的绝佳方式，但这两种动作本身并不适合打造或维持爆发力。奥林匹克举重动作并不受最大力量的限制，而是受到使用高效的技术将最大力量转化为爆发力的能力的限制。由于爆发力很大程度上受到神经肌肉效率在遗传层面的限制，因此抓举、翻举和挺举同样受其限制，而且这些动作缺乏打造最大力量的能力。奥林匹克举重动作本质上适合使用足以加速的小重量完成技术型的单次组，而不是使用发展最大力量所需的大重量 5 次重

复组和 3 次重复组。对那些具有惊人爆发力天赋的少数运动员来说——他们还因此能够在完成爆发力动作的同时动员足够多的运动单元，从而通过爆发力动作更充分地训练其肌肉的收缩能力——奥林匹克举重运动员想要变得强壮和保持强壮必须做和我们这些人相同的事：他们同样必须训练大重量的深蹲、推举和硬拉。

接下来要介绍的训练计划结合了这两种类型的训练。

假设训练者 25 岁左右，体重 115 千克（这个计划使用的单位都是千克），其力量指标是抓举 165 千克、挺举 200 千克、深蹲 300 千克、推举 150 千克、硬拉 320 千克、卧推 200 千克、前深蹲 230 千克——运动员很强壮，但没有强到能在国际水平的赛事中脱颖而出的地步。

这个训练计划适用于那些已经习惯了大训练量训练的运动员，而不能用于尚未适应的训练者。

周次	周一	周二	周三
1	前深蹲	抓举 130 × 1 × 15，限时 1 分钟	前深蹲
	抓举至试举失败——减少10 千克重量再尝试	架上挺 200，205，210，215	抓举至试举失败
	挺举至试举失败——减少10 千克重量再尝试	推举 112.5 × 5 × 3	挺举至试举失败
	前深蹲	深蹲 230 × 5 × 3	前深蹲
2	前深蹲	抓举 133 × 1 × 15，限时 1 分钟	前深蹲
	抓举至试举失败——减少10 千克重量再尝试	架上挺 200，210，215，215	抓举至试举失败
	挺举至试举失败——减少10 千克重量再尝试	推举 125 × 5 × 5	挺举至试举失败
	前深蹲	深蹲 255 × 5 × 5	前深蹲
3	前深蹲	抓举 135 × 1 × 15，限时 1 分钟	前深蹲
	抓举至试举失败——减少10 千克重量再尝试	架上挺 200 × 1 × 4	抓举至试举失败
	挺举至试举失败——减少10 千克重量再尝试	推举 100 × 5 × 2	挺举至试举失败
	前深蹲	深蹲 205 × 5 × 5	前深蹲
4	前深蹲	抓举 137 × 1 × 15，限时 1 分钟	前深蹲
	抓举至试举失败——减少10 千克重量再尝试	架上挺 205，210，215，220	抓举至试举失败
	挺举至试举失败——减少10 千克重量再尝试	推举 135 × 5	挺举至试举失败
	前深蹲	深蹲 275 × 5	前深蹲
5	前深蹲	抓举 139 × 1 × 15，限时 1 分钟	前深蹲
	抓举至试举失败——减少10 千克重量再尝试	架上挺 200，205，210 × 1 × 2	抓举至试举失败
	挺举至试举失败——减少10 千克重量再尝试	推举 117.5 × 3 × 3	挺举至试举失败
	前深蹲	深蹲 240 × 3 × 3	前深蹲
6	前深蹲	抓举 141 × 1 × 15，限时 1 分钟	前深蹲
	抓举至试举失败——减少10 千克重量再尝试	架上挺 208，213，218，222	抓举至试举失败
	挺举至试举失败——减少10 千克重量再尝试	推举 135 × 3 × 3	挺举至试举失败
	前深蹲	深蹲 275 × 3 × 3	前深蹲

周次	周四	周五	周六
1	挺举 162 × 1 × 10，限时 2 分钟 力量翻 165 × 2 × 3 前深蹲 190 × 3 × 3	前深蹲 抓举至试举失败——减少 10 千克重量再尝试 挺举至试举失败——减少 10 千克重量再尝试 前深蹲	前深蹲 抓举至试举失败 挺举至试举失败 卧推 190 × 5 × 3
2	挺举 164 × 1 × 10，限时 2 分钟 力量抓 133 × 2 × 3 前深蹲 210 × 3 × 3	前深蹲 抓举至试举失败——减少 10 千克重量再尝试 挺举至试举失败——减少 10 千克重量再尝试 前深蹲	前深蹲 抓举至试举失败 挺举至试举失败 硬拉 320 × 5
3	挺举 166 × 1 × 10，限时 2 分钟 力量翻 166 × 2 × 2 前深蹲 170 × 2 × 2	前深蹲 抓举至试举失败——减少 10 千克重量再尝试 挺举至试举失败——减少 10 千克重量再尝试 前深蹲	前深蹲 抓举至试举失败 挺举至试举失败 前深蹲 卧推 195 × 5 × 3
4	挺举 168 × 1 × 10，限时 2 分钟 力量抓 137 × 2 × 2 前深蹲 218 × 3	前深蹲 抓举至试举失败——减少 10 千克重量再尝试 挺举至试举失败——减少 10 千克重量再尝试 前深蹲	前深蹲 抓举至试举失败 挺举至试举失败 硬拉 305 × 5
5	挺举 170 × 1 × 10，限时 2.5 分钟 力量翻 170 × 2 × 2 前深蹲 177 × 2 × 3	前深蹲 抓举至试举失败——减少 10 千克重量再尝试 挺举至试举失败——减少 10 千克重量再尝试 前深蹲	前深蹲 抓举至试举失败 挺举至试举失败 前深蹲 卧推 200 × 5 × 2
6	挺举 172 × 1 × 10，限时 2.5 分钟 力量抓 140 × 2 × 2 前深蹲 218 × 2 × 4	前深蹲 抓举至试举失败——减少 10 千克重量再尝试 挺举至试举失败——减少 10 千克重量再尝试 前深蹲	前深蹲 抓举至试举失败 挺举至试举失败 硬拉 315 × 3

周次	周一	周二	周三
7	前深蹲 抓举至试举失败——减少10千克重量再尝试 挺举至试举失败——减少10千克重量再尝试 前深蹲	抓举 143×1×10，限时 1 分钟 架上挺 205×1×2，210×1×2 推举 108×3×2 深蹲 220×2×3	前深蹲 抓举至试举失败 挺举至试举失败 前深蹲
8	前深蹲 抓举至试举失败——减少10千克重量再尝试 挺举至试举失败——减少10千克重量再尝试 前深蹲	抓举 146×1×10，限时 1 分钟 架上挺 200，210，218，225 推举 157×3 深蹲 285×3	前深蹲 抓举至试举失败 挺举至试举失败 前深蹲
9	前深蹲 抓举至试举失败——减少10千克重量再尝试 挺举至试举失败——减少10千克重量再尝试 前深蹲	抓举 149×1×10，限时 2 分钟 架上挺 210，215，220×1×2 推举 141×3×3 深蹲 260×3×3	前深蹲 抓举至试举失败 挺举至试举失败 前深蹲
10	前深蹲 抓举至试举失败——减少10千克重量再尝试 挺举至试举失败——减少10千克重量再尝试 前深蹲	抓举 152×1×8，限时 2 分钟 架上挺 220，225，230 推举 160×1×5 深蹲 295×1×5	前深蹲 抓举至试举失败 挺举至试举失败 前深蹲
11	前深蹲 抓举至试举失败——减少10千克重量再尝试 挺举至试举失败——减少10千克重量再尝试 前深蹲	抓举 155×1×5，限时 3 分钟 架上挺 230，240 推举 135×2×2 深蹲 245×2×2	
12	前深蹲 抓举 挺举 前深蹲		前深蹲 抓举至开把重量 挺举至开把重量

周次	周四	周五	周六
7	挺举 175×1×8，限时 3 分钟	前深蹲	前深蹲
	力量翻 175×1×2	抓举至试举失败——减少 10 千克重量再尝试	抓举至试举失败
	前深蹲 165×2×3	挺举至试举失败——减少 10 千克重量再尝试	挺举至试举失败
		前深蹲	前深蹲
			卧推 205×3×2
8	挺举 178×1×7，限时 3 分钟	前深蹲	前深蹲
	力量抓 145×1×2	抓举至试举失败——减少 10 千克重量再尝试	抓举至试举失败
	前深蹲 225×2	挺举至试举失败——减少 10 千克重量再尝试	挺举至试举失败
		前深蹲	硬拉 320×3
		上挺支撑 235×5×2	
9	挺举 181×1×6，限时 3 分钟	前深蹲	前深蹲
	力量翻 181×1	抓举至试举失败——减少 10 千克重量再尝试	抓举至试举失败
	前深蹲 200×2×3	挺举至试举失败——减少 10 千克重量再尝试	挺举至试举失败
		上挺支撑 250×5	前深蹲
			卧推 210×3×2
10	挺举 183×1×5，限时 3 分钟	前深蹲	前深蹲
	力量抓 150×1	抓举至试举失败——减少 10 千克重量再尝试	抓举
	前深蹲 230×1×5	挺举至试举失败——减少 10 千克重量再尝试	挺举（不要训练到试举失败）
		上挺支撑 265×5	硬拉 325×2
11	挺举 185×1×5，限时 3 分钟	前深蹲	前深蹲
	前深蹲 185×2×2	抓举	抓举
		挺举	挺举
		上挺支撑 275×3	前深蹲
12	抓举		比赛
	挺举		

运动员需要注意：

1."前深蹲-抓举-挺举-前深蹲"序列的意思是，首先热身至完成一次较大重量的前深蹲单次组，然后根据其在训练计划中的位置，进行一系列的抓举单次组训练，直至完成一次大重量的抓举或试举失败，接下来完成一系列的挺举单次组训练，直至完成一次大重量的挺举或试举失败，最后再完成一轮前深蹲训练至大重量的单次组。使用的重量由训练者根据自己对身体状况的主观感受当天决定。

最初的大重量前深蹲使训练者的大脑为接下来的大重量爆发力训练做好了准备，同时避免过于疲劳，最后的大重量前深蹲使训练者的身体学会在疲劳的状况下继续输出力量——就像在比赛时的第3次试举那样。如果需要练至试举失败，那么训练者在使用正式组的训练重量（而不是热身组）出现第1次试举失败时就要停下来。如果需要"减少10千克重量再尝试"的话，训练者要先减少10千克重量，然后以2.5~3千克的重量增幅再次练至试举失败的重量。如果这次能够完成试举重量，那么就停下来去训练另一种动作。

2.训练者在完成架上挺后要把杠铃直接放到地板上，然后重新装片。不要将其慢慢落下放到支架上。肩膀训练的离心阶段很重要，并可以在推举训练中得到充分的锻炼，肌肉的等长收缩在周期最后也通过上挺支撑得到了训练。

3.这个训练计划需要训练者完成训练量非常大的大重量抓举和挺举的单次组训练，从而使运动员在比赛时习惯以高水平的技术熟练度完成这两种竞技动作。完成小重量抓举和挺举的技术无法转化为对大重量试举的帮助，因此运动员必须训练大重量的单次组才有效果。最大力量是以爆发力驾驭大重量的能力的根基，其水平的提高需要按照进二退一法进行训练。

4.计划最后的减量训练阶段对该计划的成功至关重要，不能将其省略然后继续推进计划。我必须强调，如果使用不当，这个计划残暴的负荷可以让任何训练者出现过度训练。为了在比赛时展现出峰值水平，训练者必须正视减量训练的意义。大训练量的大重量挺举和抓举的单次组训练加上周期化的最大力量训练能给高级竞技运动员的身体带来极大刺激，运动员和教练必须明白并重视这一点。有时候可能需要每天安排2次训练。如果需要安排多次训练，前深蹲-抓举-挺举-前深蹲的系列训练则必须在一次训练中完成。世界上大多数的高级运动员可能都用不到超出这里所展现的复杂度的训练计划。如果有运动员需要的话，他们在达到这个水平的过程中获得的经验足以支持他们去自己制订训练计划。拥有精英级的运动能力是一件极为个人化的事情，达到这个水平的运动员都拥有着与其身体能力相称的判断力。请不断实践、学习，然后把经验传授给求知若渴的我们。

我们认为，若要接近实现全部的身体潜力，必须安排高度个性化的训练。训练者的表现越接近其潜力极限，这一点就越为重要。但这就带来一个问题：这里介绍的分别适用于初级、中级、高级训练者的训练模型是否适用于所有人群呢？对女性、儿童、老年人和伤病人群也同样适用吗？答案是肯定的，这些模型适用于所有人。

女性

女性并不属于特殊人群，明白这一点是非常重要的。除了组数和重复次数的设置有些差别外，女性的训练与同年龄、同水平的男性是完全相同的。由于激素水平的差异，男性和女性训练者在力量和肌肉量的增长速度和增长幅度方面会有差异，但带来这些增长的生化过程是完全相同的。既然这些过程是相同的，那么用来影响进步的方法也是相同的。对训练方法的反应取决于其有效性，而不是使用这些方法的个体性别。几百年来一直充斥着关于女性锻炼的各种借口，有些是女性自找的借口，而有些则是男人为女性找的借口。但归根结底，不管训练者是男是女，使用一个正确制订的训练计划能取得怎样的结果只取决于付出了多少。那些毫无效果的"紧致肌肤和美形"训练计划没有任何

生理学依据，它们所取得的结果也很能说明问题。

不过，男性和女性在运动表现上仍然存在一些显著的差异，不论是在举重室内还是在运动场上。一般来说，女性的神经肌肉效率要低于男性。位于群体顶部的30%的女性和位于最底端的30%的男性群体之间存在一些重合，但整体而言，男性要比女性更强壮，更具有爆发力。这可能是由于激素整体水平的差别以及低水平睾酮的急性和慢性效应导致的，并且这种现象在各个层面的运动表现上都很明显。

由于女性无法动员最大数量的运动单元参与肌肉收缩，所以女性可以使用占1RM较高百分比的重量完成比男性更多的重复次数。女性能够用更为接近1RM的重量完成更多重复次数是因为她们在完成每次重复时无法动员尽可能多的运动单元参与，这意味着，在完成接下来的重复次数时可供使用的未疲劳的运动单元会更多。更多的储备意味着，训练者能够使用任何次大重量每组完成更多重复次数。因此，女性1RM水平的表现不像男性那样，能够有效反映真正的最大力量。在垂直起跳、投掷、抓举、翻举、挺举等各类需要同时动员大量运动单元的爆发式动作中，女性的表现水平也要低于同样体型、同样训练水平的男性。此外，由于局部

肌肉量分布上的巨大差异，女性的上肢力量要更弱。这些事情能够解释，为什么几乎所有的体育项目都设置有女子组，即使高尔夫球、网球、乒乓球和台球这些比赛也不例外。

从实践角度来说，如果女性使用按日、按周、按月安排计划的训练模型来提高力量或爆发力的话，还是需要做出一些调整的，因为其训练强度是基于个体的 1RM，而女性可以使用相对 1RM 更高百分比的重量来完成重复次数。比如，表 7-1 显示，男性使用 1RM 70% 的重量完成 10 次重复已经能够构成一个可以带来高度适应性刺激的大重量训练组了，但对女性来说，这只是可以产生中等适应性刺激的中等重量训练组。同理，如果想要增加肌肉量，则需要安排训练强度稍高一点的、持续时间更久的、训练量较大的训练。表 9-1 调整了表 7-1 的数据以适应女性群体的需要。

月经周期也是需要考虑的影响因素。月经带来的各种不适感和相关影响需要教练与训练者的密切合作，尤其是到了高水平的训练阶段后，比赛日程安排需要关注所有可能影响运动表现和训练参数的因素。对初级训练阶段的女性来说，月经不应该对每月训练的安排造成过多影响。

另外还有一个因素：美国女性普遍存在蛋白质、铁和钙摄入不足的情况。大部分美国女性在试着降低脂肪摄入的同时也错误地把蛋白质摄入降低到了无法支持训练和身体恢复的水平。女性运动员的蛋白质摄入应遵循与男性同样的原则：每天每磅体重摄入 1 克蛋白质。低铁储备会影响代谢水平和氧气运输，导致产生慢性的精力不足或疲劳感。调整饮食习惯，摄入更多富含铁元素的食物、用生铁炊具来烹饪、服用铁补剂都是不错的办法。钙的摄入不足会使各个年龄段的人面临骨密度低、骨质减少（骨质疏松）等问题。所有关于骨质疏松的女性进行力量训练的研究都表明，研究对象的骨密度显著提高。不过，这种适应的发生需要摄入充足的钙。

表 9-1　表 7-1 的女性版，根据重复次数安排训练计划的难点在于其会随着训练量和训练强度的变化而变化。表格内的数字代表重复次数

训练量（重复次数）

训练强度（%1RM）	小重量	中等重量	大重量
100	—	—	1
90	—	2	5
80	5	8	10
70	8	10	12
60	10	12	15
50	15	25	25+

相对强度

因此，虽然两性的身体特征的确存在一些不同，但其训练方式仍然是一样的（见图9-1）。刺激-恢复-适应的机制或许会因为整体激素水平的不同受到不同程度的影响，但其作用原理对于两性都是相同的。脊椎动物的生理系统比人类存在的时间要久得多，这些原理适用于我们所有人，极少有人例外。身体组织通过适应刺激来变得更加强壮，刺激带来的生理反应是其功能的体现，而不是组织所在机体的性别属性。

初级和中级训练

对一个初级训练阶段的女性来说，深蹲和硬拉可以每次使用5磅（2.3千克）的重量增幅，并与正常的初级训练者一样可以持续多周。有时，在第2次或第3次训练时可以增加10磅（4.5千克）重量——因为有时候为了掌握技术动作，人为设定的起始重量偏低。

这样的突破速度通常可以出现在深蹲和硬拉训练中，但很少能出现在上半身的训练中。卧推、推举和力量翻的前几次训练可以允许5磅（2.3千克）的重量增幅，但在第2周或第3周可能就要使用较小的重量增幅了——使用低于2.5磅或1.13千克的配重片来为低于5磅（2.3千克）的重量增幅加重，身材非常娇小的女性有时在第2次训练时就要用到小重量的盘片。

女性通常也会像男性一样，使用5次重复组开始训练——深蹲、卧推和推举分别完成3组等重组训练。女性一般也能用等重组完成硬拉训练，同样是因为上面讲过的神经肌肉方面的原因。但经验告诉我们，在6~8周后，当出现第一次进步放缓的情况时，将训练从3组5次重复调整为5组3次重复可以让初级阶段的进步持续得更久。由于女性生理上先天的低神经肌肉效率，在同样完成15次重复训练量的情况下，使用较大重量的3次重复组所产生的刺激更接近于男性以3组5次重复训练产生的刺激效果。

图9-1 女性比男性更容易认为，力量训练对健康和运动表现来说无关紧要。这同样是因为舆论和媒体的宣传，让人们误以为所有的力量训练都会带来巨大的、男性化的、粗壮的体格。如果没有使用合成代谢类固醇，女性一般不可能出现这种情况。美国最强壮的女性都是通过正确制订的力量训练计划来取得最佳运动表现以及健康、阳光的外形的

初级训练者 1 个月的进步示例。

在这个例子中，我们假设基本的初级线性进步持续了 6~8 周，深蹲、卧推、推举和硬拉都以 5 次重复组的方式取得了稳定的进步。

周次	周一	周三	周五
7	深蹲 115 × 5 × 3 卧推 80 × 5 × 3 硬拉 145 × 5 × 3	深蹲 120 × 5 × 3 推举 60 × 5 × 3 力量翻 70 × 3 × 5	深蹲 125 × 5 × 3 卧推 82 × 5 × 3 硬拉 150 × 5 × 3
8	深蹲 130 × 5 × 3 推举 62 × 5 × 3 力量翻 72 × 3 × 5	深蹲 135 × 5 × 3 卧推 84 × 5 × 3 硬拉 155 × 5 × 2, 155 × 4	深蹲 140 × 4, 4, 3 推举 64 × 4, 4, 3 力量翻 74 × 3 × 5

转为每组 3 次重复

周次	周一	周三	周五
9	深蹲 140 × 3 × 5 卧推 86 × 3 × 5 硬拉 160 × 3 × 4	深蹲 145 × 3 × 5 推举 64 × 3 × 5 力量翻 76 × 3 × 5	深蹲 150 × 3 × 5 卧推 88 × 3 × 5 硬拉 165 × 3 × 4
10	深蹲 152 × 3 × 5 推举 66 × 3 × 5 力量翻 78 × 3 × 5	深蹲 154 × 3 × 5 卧推 90 × 3 × 5 硬拉 170 × 3 × 4	深蹲 156 × 3 × 5 推举 68 × 3 × 5 力量翻 80 × 3 × 5

训练者应尽可能持久地保持这种简单的进步，当进步开始停滞，训练者无法完成所有重复次数时需要安排一次重置。一次重置通常可以让女性的初级进步阶段延长 3~4 个月。当第 2 次进步停滞出现时，训练者就要开始中级阶段的训练了。

中级训练计划的调整与初级训练计划的调整遵循同样的原则。将通过 5~6 组、每组 3 次重复的训练来积累训练量，前几周的高强度训练日则要尝试 3RM。在尝试了几周 3RM 的训练后，训练者会将高强度训练日的训练调整为单次组或 2 次重复组，同时在大训练量训练日继续以 3 次重复组的形式保持进步。

对中级训练阶段早期或初级训练阶段的男性训练者来说，硬拉和力量翻能够互相促进。硬拉发展而来的最大力量有助于提高力量翻的水平，而力量翻训练的训练量和速度有助于提高硬拉成绩。通常，男性训练者随着力量的增长，由于技术缺陷或爆发力输出不高的先天缺陷，力量翻对硬拉的帮助会越来越小。女性很少先天具有高度爆发力输出的能力，因此对女性训练者来说，奥林匹克举重动作的训练量不太可能帮助硬拉取得进步，但强大的硬拉力量却对其抓举和力量翻的进步大有裨益。（硬拉和深蹲能够帮助所有拉力动作取得进步，这种单向关系对女性取得奥林匹克举重的进步十分重要。）对女性训练者来说，保持硬拉作为大训练量训练日的刺激因素可能是最好的选择。

女性得州训练法示例。第 1 阶段的大训练量训练日将安排 6 组等重组训练，使用的重量为周五 3RM 的 90%~95%。通常，女性在大训练量训练日需要使用更高百分比的重量。但和男性一样，她们也需要花费几周时间才能确定大训练量训练日和高强度训练日所用重量的最佳百分比差值。随着训练者越来越强壮，这个差值可能会增大，同时她需要把训练从 6 组减至 5 组。

卧推和推举训练将每周轮流作为训练重点。在以卧推为重点的训练周，推举将使用大训练量训练日所用重量的 90%~95% 完成 3×3 的训练。同样，在以推举为重点的训练周，卧推也会用大训练量训练日所用重量的 90%~95% 来完成 3×3 的训练。

力量翻和力量抓同样也是每周交替作为训练的重点。训练者会在周五的大重量训练日冲击 6 组 2 次重复的个人纪录，并在周三的小重量训练日使用 6×2 个人纪录的 90%~95% 完成 3 组 2 次重复的训练。

训练计划概览
阶段 1

周次	周一	周三	周五
1	深蹲 6×3（3RM 的 90%~95%）	深蹲 3×3（周一重量的 90%）	深蹲 3RM
	卧推 6×3（3RM 的 90%~95%）	推举 3×3（大训练量训练日推举重量的 90%~95%）	卧推 3RM
	硬拉 3RM，然后完成减重 5 磅 ×3×2 的退行组	力量抓 3×2（大训练量训练日力量抓重量的 90%~95%）	力量翻 6×2（个人纪录）

周次	周一	周三	周五
2	深蹲 6×3	深蹲 3×3	深蹲 3RM
	推举 6×3	卧推 3×3（大训练量训练日卧推重量的 90%~95%）	推举 3RM
	硬拉 3RM 然后完成减重 5 磅 ×3×2 的退行组	力量翻 3×2（大训练量训练日力量翻重量的 90%~95%）	力量抓 6×2（个人纪录）

阶段 2

这个阶段的主要调整是把周五严格执行 3RM 的训练改为了每组 2 次重复与单次组训练轮换进行。如果力量抓和力量翻不能再以 2 次重复组的方式进步，那么训练者在周五改用重量更大的单次组训练会有所帮助。计时 1~2 分钟完成单次组训练是使用较高的 1RM 百分比积累训练量的好办法。

阶段 1：1 个月进展示例

周次	周一	周三	周五
1	深蹲 $160 \times 3 \times 6$ 卧推 $100 \times 3 \times 6$ 硬拉 205×3，$200 \times 3 \times 2$	深蹲 $145 \times 3 \times 3$ 推举 $75 \times 3 \times 3$ 力量抓 $110 \times 2 \times 3$	深蹲 175×3 卧推 115×3 力量翻 $150 \times 2 \times 6$
2	深蹲 $162.5 \times 3 \times 6$ 推举 $80 \times 3 \times 6$ 硬拉 210×3，$205 \times 3 \times 2$	深蹲 $147.5 \times 3 \times 3$ 卧推 $90 \times 3 \times 3$ 力量翻 $135 \times 2 \times 3$	深蹲 177.5×3 推举 90×3 力量抓 $120 \times 2 \times 6$
3	深蹲 $165 \times 3 \times 6$ 卧推 $102.5 \times 3 \times 6$ 硬拉 215×3，$210 \times 3 \times 2$	深蹲 $150 \times 3 \times 3$ 推举 $77 \times 3 \times 3$ 力量抓 $112 \times 2 \times 3$	深蹲 180×3 卧推 117.5×3 力量翻 $152 \times 2 \times 6$
4	深蹲 $167.5 \times 3 \times 6$ 推举 $82 \times 3 \times 6$ 硬拉 220×3，$215 \times 3 \times 2$	深蹲 $152.5 \times 3 \times 3$ 卧推 $92.5 \times 3 \times 3$ 力量翻 $137 \times 2 \times 3$	深蹲 182.5×3 推举 92×3 力量抓 $122 \times 2 \times 6$

阶段 2：1 个月进展示例

周次	周一	周三	周五
1	深蹲 $170 \times 3 \times 6$ 卧推 $105 \times 3 \times 6$ 硬拉 $225 \times 3 \times 4$	深蹲 $155 \times 3 \times 3$ 推举 $79 \times 3 \times 3$ 力量抓 $115 \times 2 \times 3$	深蹲 $185 \times 2 \times 3$ 卧推 $120 \times 2 \times 3$ 力量翻 $155 \times 1 \times 10$
2	深蹲 $172.5 \times 3 \times 6$ 推举 $84 \times 3 \times 6$ 硬拉 $230 \times 3 \times 4$	深蹲 $157.5 \times 3 \times 3$ 卧推 $95 \times 3 \times 3$ 力量翻 $140 \times 2 \times 3$	深蹲 $195 \times 1 \times 5$ 推举 $94 \times 2 \times 3$ 力量抓 $125 \times 1 \times 10$
3	深蹲 $175 \times 3 \times 6$ 卧推 $107.5 \times 3 \times 6$ 硬拉 $235 \times 3 \times 4$	深蹲 $160 \times 3 \times 3$ 推举 $82 \times 3 \times 3$ 力量抓 $117 \times 2 \times 3$	深蹲 $187.5 \times 2 \times 3$ 卧推 $125 \times 1 \times 5$ 力量翻 $157 \times 1 \times 10$
4	深蹲 $177.5 \times 3 \times 6$ 推举 $86 \times 3 \times 6$ 硬拉 $240 \times 3 \times 4$	深蹲 $162.5 \times 3 \times 3$ 卧推 $97.5 \times 3 \times 3$ 力量翻 $142 \times 2 \times 3$	深蹲 $200 \times 1 \times 5$ 推举 $98 \times 1 \times 5$ 力量抓 $127 \times 1 \times 10$

少年儿童

人类漫长的发展历史告诉我们，儿童和年轻人承受训练而不受伤的能力是十分惊人的，即使进行的是现代社会通常认为繁重的训练——当然很可能正是因为这一点，他们才能发挥出身体的潜力。每一个从小搬运干草长大的、健康壮硕的农场孩子都能证明这个明显的事实。如果年轻人从来不举重物，人类有多大可能进化到现在的程度呢？全世界没有多少成年人因为使用重物——不论是杠铃还是其他物品——而发育不良或造成不可挽回的损失的，这足以说明所有年龄段的人都能成功地适应训练刺激，在充满激烈对抗的环境中成长起来。

尽管美国运动医学会对护理标准和资源手册最新的修订版认为，力量训练对青少年来说是安全的、健康的，但关于青少年和儿童使用负荷很大的力量训练方法，医学界仍存在强烈的偏见。一个儿科医生的职业协会建议，青少年和儿童只能使用中等重量，完成中等重复次数的训练。他们强烈反对使用大训练量（足够的组数和重复次数可以促进肌肉量的增长）和高强度的训练，而这是发展力量和爆发力所必需的。他们给出了一系列的理由，认为青少年只应使用固定动作轨迹的器械，而这会限制平衡能力和协调性的发展。这群医疗专家建议将所有高强度、大训练量的训练推迟到训练者性发育完全成熟后。而这就意味着，绝大多数的高中运动员将无法继续出现在举重室、足球场和泳池中，并会牺牲高强度身体对抗项目的安全性与运动表现（有趣的是，他们并不反对高中生从事这些运动项目）。

如果客观地分析科学和医疗文献，我们能得出不同的结论。与竞技举重运动员相似的训练强度（相对于1RM）、训练频率和持续时间同样也能有效地增强儿童的力量，这个事实得到了大量科学证据和实践经验的支持。青少年的力量增长与训练强度密切相关，较高强度的训练计划能够在6周或6周内增强处于青春前期的孩子的力量。这是因为青少年的适应机制与成年人完全相同，尽管没有成年人整体激素水平带来的优势。

儿童进行这类训练的安全性也是有据可查的。训练负荷由专业人士设置并监控，并由具备资质的教练监督计划的执行，这种方式已被证明比一般的体育课更加安全。自20世纪70年代以来，有很多研究表明，在从数周到1年的力量训练过程中，训练者的受伤概率极低，甚至是零受伤概率（见图9-2）。这些研究还表明，力量训练不仅不会导致伤病，反而可以预防伤病。即使儿童使用极限重量训练也被证明是安全的。埃弗里·费根鲍姆（Avery Faigenbaum）博士指出，6~12岁的儿童在正确监督下使用极限重量训练不会导致受伤，并进一步证明儿童在得到正确监督的情况下进行高强度训练是安全的、有益健康的。

正确监督下的力量训练对于儿童是安全的，因为其对任何人来说都是安全的：它们都是可调整的正常人类动作。重量可以被精确地调整至儿童可以以正确技术动作执行的程度。正确的技术动作能够防止受伤，因为"正确"意味着可控，即使是爆发力动作也不例外。每次在5千克重的杠铃杆上增加1千克配重，这样可以非常精确地控制力量训练施加在儿童身体上的刺激。相比之下，人们更应该关注含有冲击技术、快速移动的球以及高速移动但控制程度不同的其他孩子的团体运动。这类运动具有不可控的撞击和快速减速，施加在儿童身体上的力量无法预测、完全不可调整，所以很不安全，受伤概率也能证明这一点。如果在这种场景中加上垫子的话，很可能会使儿童误以为撞来撞去不会受伤从而导致受伤事件的发生。

建议

基于现有的医疗和科学数据以及作者数十年的经验，我们强烈建议青少年在进行力量训练时遵从以下建议。

1. 青少年的力量训练应在训练良好的成年人的指导下进行。在缺少大学水平教育机会的情况下，成年人都是通过个人经验、执教经验、学习以及与其他合格的专业人士的交流来得到良好训练的。家长必须认真评估那些可能执教子女的教练的资质。

2. 若要有效、安全地指导一群青少年进行力量训练，教练与训练者的比例最好保持在1:10以内。每个举重室都是一个教学环境，而不仅仅是孩子们锻炼的健身中心。不论是私人的、商业化的还是学校的健身房，任何让儿童、青少年在没有指导的情况下训练，并缺少足够的教练与儿童比例进行积极监督的机构都是存在问题的。

3. 力量训练场地必须配备保证训练安全的设施。

4. 提供正确监督的、基于技术的举重训练计划（以及体操、舞蹈、足球、武术和所有其他体育训练计划）是适合儿童的，并可以开始在其6岁时安排。

5. 使用极限训练负荷被武断地认为会增加年轻运动员出现伤病的风险。但目前没有任何数据支持这种说法。在正确监督、充分热身并使用正确技术动作的前提下，使用极限或接近极限的重量进行训练应当得到鼓励。这种高负荷训练应当谨慎安排，并且仅安排在技术熟练的训练者设计的合理训练计划中。

6. 训练年幼儿童和青少年时遇到的主要问题是无法有效控制负重动作的离心过程。深蹲的下降过程或其他动作中放低杠铃杆的过程需要技术，这应当是年轻训练者必须学习、接受专门指导的部分。

7. 儿童初级训练计划的使用必须根据其成熟度进行，儿童从逐渐增加的重量中恢复

受伤概率	体育运动或活动
6.2	足球
1.92	英式橄榄球
1.03	篮球
0.57	美式田径
0.37	越野赛跑
0.26	英式田径
0.18	体育课
0.1	橄榄球
0.1	壁球
0.07	网球
0.05	羽毛球
0.044	体操
0.0012	重量训练
0.0008	力量举（竞赛）
0.0006	举重（竞赛）

受伤概率 = 每100参与小时的受伤次数

图9-2　不同运动项目每100参与小时的伤病率。数据来自《力量与健身研究杂志》（*Journal of Strength Conditioning Research*），1994年第8卷第1期，53~57页的《举重和重量训练的相对安全性》（*Relative safety of weight lifting and weight training*），作者汉米尔（Hamill）

的能力很大程度上取决于其成熟度与激素状态。建议在达到坦纳第 4 阶段（Tanner Stage 4）之前不要尝试完全的初级线性计划。

8. 训练应当保持乐趣。儿童训练的动力来源于乐趣。当训练不再有趣时，儿童就会放弃训练，这时也不应当强迫其继续训练。

中老年训练者

老师傅运动员（Masters Athletes）是个不断增长的群体，通常是由具体运动项目决定的、一些 35~40 岁以及更年长的人。随着美国人口的老龄化，各项运动的老师傅比赛都越来越受欢迎。根据运动项目的不同，老师傅年龄组中较为年轻的运动员在参加国家级、世界级赛事时击败更年轻的运动员的情况并不罕见。力量举向来有老师傅运动员赢得公开组比赛的传统。阻挡中年训练者变得更壮、更强、更有爆发力的唯一障碍是他们对待训练和年龄的态度。

在人类进入中年之后，身体会产生一些明显变化。身体老化常见的影响包括肌肉减少症（Sarcopenia，肌肉细胞减少）、体脂增加、运动表现下滑、柔韧性降低等。这很大程度上是因为，这个年龄段的成年人整体活动水平大幅降低，变得更习惯于久坐，从而导致肌肉减少（萎缩），而在完全不活动的年长成年人身上，这种肌肉流失形成了肌肉减少症。功能性肌肉的损失导致了运动表现下滑。研究证明，在不活动的情况下，成年人的运动表现能力每 10 年会下滑约 15%，即使维持较高的活动水平，运动表现仍会随着身体的老化而下滑。运动表现下滑累积并延伸的结果，最终会导致功能性移动能力的

衰退，除非采取措施尽可能地阻止这个过程的发生。

很不幸的是，肌肉量的流失似乎具有选择性，那些有助于爆发力输出的高阈值运动单元会率先流失。这种现象与构成肌腱和韧带的结缔组织的质量变化综合在一起，身体老化对训练计划产生的实际影响表现为高效完成力量翻和力量抓的能力下降，同时任何爆发力、动态发力动作中肌腱和关节的伤病风险升高。篮球、壁球、网球和足球等年长者比较喜欢的运动开始产生风险，但幸运的是，这种风险可以通过变得强壮、保持强壮来降低。

肌肉流失还意味着代谢水平下降。一个健康人每天消耗的大部分热量都来自于肌肉，肌肉量越少，消耗的热量就会越少。并且大多数人不会因为活动减少同步减少进食量，结果导致每 10 年体脂增加 2.5%~3%。

肌肉流失带来的另一种潜在影响会随着年龄的增大而愈加明显：本体感觉和平衡能力的退化以及力量水平的明显衰退。身体接收其所在空间位置的信息并加以处理的能力对运动员的运动表现非常重要，对年长训练者的安全来说尤为关键。控制自身体重的能力——即保持身体处在脚上方的正确位置，并在系统重心改变时控制好其与平衡点之间的杠杆效应的能力——也是力量水平的重要体现。这些能力可以通过需要平衡性、协调性和力量的动作来发展和维持，杠铃训练就十分符合这些条件。

事实上，杠铃训练是预防所有这些与老化相关问题的最佳处方。保持或开始力量训练能够减缓肌肉的退化，并能将病理性萎缩推迟数十年。即使是 60~90 岁的老年人，力

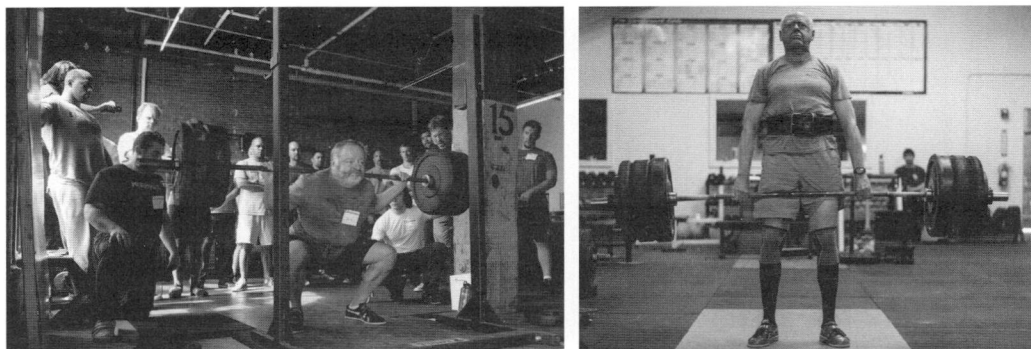

图 9-3 　年纪大不代表身体弱。定期训练能带来受用一生的力量。图中为杰克·勒法维（Jack Levavi）（左）和格雷格·哈珀（Greg Harper）（右）在展示力量训练

量训练也能让其肌肉流失的速度降至每 10 年不足 5% 的水平。很多研究表明，先前不活动的 80 岁老年人开始力量训练后，其肌肉量和力量取得了增长，本体感知能力与平衡性得到了改善。这种效果与训练计划中包含的腿部训练以及由其带来的腿部力量提升直接相关。腿部力量也能提高老年人快速行走的能力。在一项研究中，为期 12 周的力量训练被证明能够让步行耐力提高 38%，而步行本身却无法带来这样的提高。

　　力量训练本身也能提高身体柔韧性，这一点对那些不熟悉力量训练的人来说或许不容易理解。完整幅度的动作在提供力量刺激的同时，还能有效起到动态拉伸的作用。这一点对那些动作幅度明显减小的年长训练者来说最为有益。骨性关节炎（Osteoarthritis）是由关节退行性改变和关节功能丧失导致的临床状况。关节炎患者通常会通过削减活动水平来减少不适，但这实际上加剧了病情。很多研究表明，提高患病关节周围肌肉组织的力量水平可以明显减轻疼痛感并改善关节功能。在这些研究中，很多人都是使用深蹲来减轻膝关节疼痛的。

　　事实上，杠铃训练不啻一剂良药，乔纳森·沙利文医生在 StartingStrength.com 社区的文章中这样写道：**"老龄化研究界有很多研究是关于'病态压缩'（Compression of Morbidity），即缩短死亡过程中的功能失调阶段的时间的。与其过几年或几十年地狱一般的日子慢慢变弱、生病，痛苦地拖延油尽灯枯的过程，我们不如把死亡压缩为生命周期中的一个小片段。与其慢慢萎缩成一团恶心的肥肉，我们的离开其实可以像大重量深蹲的最后一组的最后一次那样失败。在被迅速压垮离开这个世界之前，我们可以以强大而富有生机的姿态迎接最后的时光。保持强壮，直到生命的最后一刻。"**

　　老师傅运动员需要考虑到其恢复能力的显著降低。对认真的老师傅竞技者来说，训练的周期化尤为重要，其减重周期应当比年轻运动员更长、更为明显。当使用按月安排的训练计划模型时，恢复周期的训练强度降低的百分比应当比年轻人更大，比如，如果老师傅运动员使用"进二退一"训练模型，那么其训练强度应当降低 20%~25%，而不是年轻人常用的 10%。

当初级老师傅训练者开始一个训练计划时，其过程与年轻的初级训练者并无不同。基于恢复能力的降低和训练者的起始身体状况，所有的规则都同样适用。老师傅运动员比年轻训练者早些使用得州训练法等中级训练计划可能会取得更好的效果；对恢复能力受到年龄影响的老年人来说，每周增加一次训练重量比线性进步所要求的每次训练加重更容易适应，并能带来更长久的持续进步。刺激和适应的原则仍然适用，并且只要你身体健康，这个原则永远适用。

只要一个人没有病得很严重或已经不在人世，那他就能像同样训练水平的年轻人一样从力量训练中受益。

初级和初级后训练计划：50、60、70 和 80 岁年长人群的适应

对不满 50 岁的初级训练者来说，基础训练计划至少在前几个月不需要做出大量调整。而对超过 50 岁的训练者来说，则必须做出一些调整，以弥补身体老化带来的力量损失。年长训练者和年轻训练者最主要的两点区别体现在恢复速率与适应产生速率（年长者慢得多），以及无法正确执行某些动作方面。有时候，无法完成一些动作是因为力量明显不足，但有时则是因为多年来的伤痛、手术、疏忽和疾病造成的身体结构变化或身体畸形的限制。

我们知道，50 是个随意的数字，把所有人划分为"50 岁以上"和"50 岁以下"过于简单了。大多数 50 岁的训练者不需要做出与 75 岁的训练者同等程度的调整。这些概念可能同样适用于部分接近 40 岁或 50 岁的训练者。重要的是，年长的训练者适应

训练刺激的速度更慢，通常比一个 22 岁初级训练者的力量与健康的起点更低。这意味着，大多数超过 50 岁的训练者想要通过以杠铃动作为基础的力量训练计划变强壮的话，就要根据其年龄在计划中做出些明智的调整。

在为年长训练者制订训练计划时，可以先用基本的初级训练计划作为模型，然后一步步做出调整。

基础的初级训练模型。

训练 A	训练 B
深蹲 3×5	深蹲 3×5
卧推 3×5	推举 3×5
硬拉 1×5	力量翻 5×3

基础的初级训练计划要求每周训练 3 次（周一、周三和周五），交替完成 A 组和 B 组的训练。对年长的初级训练者来说，降低训练频率是对训练计划的首要的和最重要的调整。每周 3 次的训练计划中标准的 48~72 小时的恢复时间不足以让训练者从一次艰苦的全身力量训练中恢复过来。如果训练计划起始重量选择得比较保守的话——我绝对建议选择保守的重量，很多较年长的初级训练者（通常四十多岁或五十岁出头）能够承受几周的、每周训练 3 次的安排。随着重量继续增加，恢复也变得越来越困难，训练频率必须从标准的每周 3 次的训练模型中转变为下面 4 种建议模型之一。下面的模型按照从激进到保守的顺序排列。

模型 1 是一个"练一休二"的训练计划。训练者训练 1 天，然后休息 2 天，接下来照此模式继续训练。以这样的方式，训练者有时会一周训练 3 次，但每 2 次训练之间间隔

2 天休息时间的方式没有变化。

这个训练计划的示例如下。

周一：训练 A

周四：训练 B

周日：训练 A

周三：训练 B

周六：训练 A

周二：训练 B

周五：训练 A

初级训练计划只需要这样简单地调整一下就能在年长训练者身上收到奇效。大多数的初级训练者，不论老幼，都能感受到休息 2 天后的周一，其训练状态和体力都处于最佳水准，因此，受到这一点启发，这里改成了每次训练后休息 2 天，而不再局限于周五训练结束之后休息 2 天。这样安排的缺点是，出于某些原因，这样安排可能不适合部分人的生活方式，会受到诸如工作、家庭、社交以及健身房是否可用等因素的影响。

模型 2 解决了模型 1 中安排困难的问题。这个模型每周在固定的日期训练两次。任何不相邻的两天都可以安排训练，但最好还是把两次训练均匀分配到整周里，比如周一–周四、周二–周五、周三–周六。这样在第 1 次训练后能休息 2 天，第 2 次训练后可以休息 3 天。如果训练日相隔太近，比如安排在周二和周四训练，训练效果会比理想的训练安排差一些。训练日之间只间隔 1 天无法保证身体恢复，而如果休息 4 天的话可能会导致训练不足。

训练计划示例。

周一：训练 A

周四：训练 B

对模型 1 和模型 2 的选择取决于外界环境，而不是训练本身。不过，这两种训练计划的效果差别不大。

模型 3 更加保守，训练安排为"2 周 3 练"。训练者将在一周的周一、周五和下一周的周三训练。2 周训练 3 次、每次训练之间有三四天的时间来恢复。这个模型很适合 70 岁左右的老年训练者。

训练计划示例。

周一：训练 A

周五：训练 B

周三：训练 A

周一：训练 B

周五：训练 A

周三：训练 B

模型 4 是所有模型中最为保守的：每周只训练 1 次。这样训练取得的进步会很慢，但总归还是有进步，并且没有任何过度训练的风险。初级训练者能够从较高的训练频率中获益，因为他们需要多加练习来熟练掌握动作，同时因为任何刚刚接触训练的人不太可能需要一整周的时间来恢复。每周 1 次的训练安排最适合那些经过几个月的训练后进步进入了平台期的 80 岁左右的老人，他们的目标主要是维持现有的力量水平。

关于动作选择的考虑

深蹲。年长训练者最常遇到的问题是开始时缺乏达到正确深度的力量。很多训练员和教练会错误地将训练者无法深蹲至指定深度归咎于柔韧性或灵活性不足。但情况并非如此，尤其是对年长的人群来说。年长训练者的灵活性和柔韧性的确不如年轻时的好，毕竟深蹲到底在日常生活中不是很常见，起身时还会用手帮忙。但若使用合适的站距与腿部姿势，很少有人的柔韧性会差到连平行位的深蹲也无法完成的地步。很多年长初级训练者只是缺少深蹲到平行位置再站起来的力量罢了，这种情况往往还与体重偏大有关。如果你连正确的、深度足够的自重深蹲都做不到，那么执行一个围绕杠铃深蹲的训练计划又从何说起呢？

有两种方法可以解决这个问题，第一种方法是把动作幅度中困难的部分变容易。没有用到的动作幅度部分是得不到强化的。可以用腿举代替深蹲来达到这个目的，直到训练者可以利用自重外加 15 磅（6.8 千克）的杠铃杆重量完成整个动作幅度。腿举并不完美——腿举完全缺乏深蹲中的平衡要素，即使在锁定姿势下髋部仍会保持弯曲状态，并且其很难完美地复制深蹲的站姿。但腿举能逐渐增强深蹲动作的底部力量，使训练者获得足以完成合格自重深蹲的力量，从而为接下来的杠铃训练打下基础。如果设备条件允许，腿举是个不错的选择。从零配重开始正常热身，逐渐精确地加至每个正式组可以完成 10 次重复的重量。当正式组所用重量与训练者的体重相当时——往往需要一个月左右的时间——再试试深蹲，这时候训练者应该具有足够的力量进行有效训练了。即使是那些身体非常弱、严重缺乏训练的人也能用这种方法，通过合理的加重完成完整的动作幅度来打造足够的力量。任何有老年训练者的健身房都应当配备一台性能优良的 45°腿举机。虽然会占点地方，但对年长的和超重的训练者来说，腿举机能起到其他器械无

法替代的作用。

如果没有腿举机，还有一个不那么完美的解决方案，就是使用框式深蹲架配合阻力带，为底部动作提供助力。阻力带能用来改变训练时杠铃上的有效负荷，也可以用来削弱体重的影响。可以把阻力带在框式深蹲架内部保险杠之间的任意高度横向拉伸，多条阻力带组合起来使用对阻碍训练者的髋部进入深蹲底部姿势的过程是必要的。阻力带的弹性能够为训练者在深蹲的底部提供助力，同时保证了以完整动作幅度完成深蹲的重复次数。阻力带的阻力由其在框式深蹲架上的高度及其张力控制，正式组也是每组 10 次重复。逐渐放低阻力带，减小张力，直到训练者能够在无辅助的情况下完成深蹲。这种方法虽然不像腿举机使用配重片调节阻力那样精确，但仍然能发挥必要的作用。

第二种方法是使用逐渐加深的部分动作幅度完成自重深蹲。通过几次训练，自重深蹲的动作幅度逐渐加大，直到训练者能够以良好的姿势完成 3 个 5 次重复组的平行位深蹲。做到这一点之后，训练者就可以使用一根小重量杠铃杆开始正式的深蹲训练了。

实现这一点最好的办法是将一根弹力绳横向于框式深蹲架水平绑在上面，其高度应当设置在与训练者当前的最大深蹲幅度一致的位置——通常第一次训练会达到四分之一深蹲的幅度，大致为训练者站在框式深蹲架前面时腘绳肌中间部分的高度。训练者下蹲时屁股碰到绳子后就可以站起来了。

这与上一种方法有明显的差别。上一种方法是通过阻力带提供助力，帮助训练者完成完整动作幅度的自重深蹲。而在这种方法中，弹力绳的弹力要差得多，只能作为深度

标尺告诉训练者何时到达了目标深度，为其提供一个可以站起来的信号而已。每次训练时训练者都要把弹力绳的高度降低一点，直至训练者能以低于平行位的动作幅度完成 3 个 5 次重复组。如果框式深蹲架的打孔很密集（孔间距是 1 英寸），那么每次训练可以把绳子降低一个孔的高度。任何完成过大重量箱式深蹲的人都知道，每降低 1 英寸（2.5 厘米）都会带来极大的不同，这种方法也不例外。如果框式深蹲架的孔间距是常规的 3 英寸（7.6 厘米）间隔，那每次下降一个孔的高度就太多了，此时就要在深蹲架的地板上放上垫子，把每次增加的深度控制在 1 英寸（2.5 厘米）。

不要奢望年长、超重或身体很弱的训练者每次训练能增加 1 英寸（2.5 厘米）以上的动作幅度。要保持耐心，完整动作幅度的深蹲肯定会达到的。此外，哪怕是不完整的动作幅度，训练者也需要保持正确的深蹲力学。任何深蹲都要臀部向后、膝关节外展，然后通过髋部发力驱动身体上升，因此，这个渐进的过程必须保证为完成完整动作幅度的深蹲所做的一切都是正确的，这样才有可能得到全深蹲所需的力量。

在逐渐增加部分动作幅度深蹲深度的渐进过程中，弹力绳是首选的道具，比箱子或石头的效果要好。箱子允许训练者在动作底部放松，而石头会前后移动、晃来晃去，为训练者起身提供动量。即使是高级的竞技举重运动员，在箱式深蹲的底部"保持绷紧"也需要强大的腘绳肌力量和高度集中的注意力，而这两点都不是年长的初级训练者所具备的。教给初级训练者练习箱式深蹲很容易使他们产生依赖性，使其永远也学不会依靠

腘绳肌反弹和髋部驱动站起来。由于弹力绳只能起到深度标尺的作用，无法在底部为训练者提供助力，所以训练者会从一开始就学会保持身体绷紧，从而使过渡到正常深蹲的过程更为顺畅。

必须注意，小重量的杠铃对年长训练者来说非常重要。从自重深蹲直接跳到负重 45 磅（20.4 千克）的杠铃深蹲对任何年龄段超重的、体弱的训练者来说都过于激进了。如果不配备这些人训练所需的设备，还认为这不是教练而是训练者的过错，会严重打击这些训练者的情绪。

肩部柔韧性是年长训练者深蹲遇到的另一个常见问题。这个年龄段的人常常无法将杠铃保持在低杠位深蹲的正确位置。那些有关节炎、严重驼背或肩膀做过手术的人可能永远无法达到这个动作所需的动作幅度。在这种情况下，教练必须小心尝试使用高杠位深蹲。如果训练者需要将高杠位深蹲作为主项动作，二者之间的重要差异会对训练计划产生影响。由于二者机制上的差异，高杠位深蹲带给膝关节的压力远大于低杠位深蹲。而膝关节比髋关节更小、更脆弱，年长训练者对其非常敏感。在完成高杠位深蹲时，教练必须小心、保守地控制进度，如果每周训练多次深蹲的话，最好将大重量深蹲训练限制在每周 1 次。

硬拉。硬拉很重要。任何能够完成这个动作的人都应当加以训练。事实上几乎每个人都能完成硬拉。很多由于膝关节伤病无法深蹲的人仍能成功硬拉相当大的重量，重量很小的杠铃杆和 5~10 磅（2.3~4.5 千克）的缓冲杠铃片让几乎每个人都可以完成这个动作。对于正在使用补救性深蹲训练计划的初

级训练者，硬拉训练是其提升完整动作幅度负重深蹲的必要组成部分。深蹲的两种补救方法（辅助的完整动作幅度深蹲和渐进的部分幅度深蹲）无法像完整动作幅度的负重深蹲那样充分刺激腘绳肌、臀肌和下背部肌肉。因此，对这些训练者来说，硬拉是锻炼后链的主要刺激因素，尽快掌握硬拉并提升力量水平尤为关键。

正如前面提到的那样，在初级训练计划的前几周，可以每次安排硬拉训练。但随着力量的增长，硬拉给下背部带来的压力也越来越大。尤其是对年长训练者来说，如果对训练刺激控制不当，就会出现下背部或骶髂关节慢性炎症的问题。对很多年长训练者来说，每周完成 1~2 组硬拉训练足以驱动进步了，这也是年长训练者能够在 1 周内获得恢复的最大刺激。对下背部脆弱的年长训练者来说，在一周的晚些时候安排山羊挺身或仰卧起坐可能有弊无利。

可以使用小重量的配重片将杠铃加载到 25 磅（11.3 千克）。这个重量很小。在所有情况中，即使是最缺乏锻炼的训练者也能使用这样的重量完成 1 组 5 次重复的硬拉训练。无法完成自重深蹲的训练者第 1 周训练就能硬拉 40 千克的重量，这其实很常见，大多数做不到这一点的人不是因为身体能力不够，而是因为担心重量过大。力量严重不足或者心存疑虑的年长训练者可以使用 10~15 磅（4.5~6.8 千克）的壶铃进行硬拉训练。使用壶铃主要是因为器械的可用性——45 磅（20.4 千克）的杠铃杆加上两个 10 磅（4.5 千克）的缓冲杠铃片就有 65 磅（29.5 千克）了，这对年龄很大的老年人来说的确有些过于沉重了。10~50 磅（4.5~22.7 千克）

的轻型壶铃在大部分的体育器材店都能买到，它们可能比小重量杠铃杆和配重片更容易上手。壶铃的重心很容易处于脚中心的位置，其动作与杠铃硬拉的机制也很相似。壶铃硬拉的双脚站距可能会略宽一些，但不会像相扑硬拉的站距那么大。

推举。推举训练面临的两个主要问题是缺少适当的器械和上文所说的足够的肩膀柔韧性。大多数年长的训练者，不论男女，开始时都无法使用 45 磅（20.4 千克）重的空杆完成推举，那么用足够小的重量来匹配训练者的力量就尤为重要。健身房必须为年长的训练者（尤其是年长的女性训练者）配备 10 千克或 5 千克的杠铃杆，以保证他们可以接受正确的指导，完成热身和正式组的训练。同时还必须配备 1 磅或 0.5 千克的配重片，以实现小幅的加重，这样才能让那些不具备十几岁男性适应能力的老年人仍能稳定进步。如果没有合适的器械，那么要尽快想办法获取这些器械。

如果训练者连 11 磅（5.0 千克）的杠铃杆都推不起来，那么最简单的解决方法就是暂时略过推举，只做卧推来提高上半身的力量。在短时间内，每次训练都安排卧推可以有效增强胸部、肩部和肱三头肌的力量，从而打造出足以将真正的杠铃举过头顶的力量；每次训练都安排卧推并持续 2~4 周，这足以让大多数人打造出使用小重量的杠铃杆完成 5 次推举的力量了。一旦能够完成 5 次重复的推举训练，训练者就可以开始 AB 方案交替的正常推举和卧推训练了。

肩部柔韧性严重不足是 60 岁以上的初级训练者面临的典型问题。似乎生活对肩部和膝关节尤为严苛。如今，完美的功能性人工假体很容易代替膝关节，但却无法代替肩膀。肩部的骨性关节炎常常会阻碍其达到正常的功能性锁定位置，真正的骨性关节炎问题是无法纠正的。如果无法在动作的顶部完全锁定杠铃，其最终位置会位于经过盂肱关节垂直面的平衡中心的前方。这是一个刺激极大的位置，任何人都不应当这样推举。如果问题出在软组织的柔韧性上，那么通过几次训练（包括动作训练和拉伸训练）就能将其解决。但如果是结构性的问题，训练和拉伸就没有作用了，继续尝试拉伸和训练反而会有害。如果动作幅度受限不多，最好的建议是"尽力而为"——如果没有受伤的话，就在受限的关节灵活性所容许的范围内推举尽可能大的重量。你要明白，无法在平衡位置锁定的推举所能推起的重量与完整动作幅度的推举使用的重量不可同日而语。如果保持在肩关节前方的重量过大的话，可能会导致肩膀、斜方肌甚至下背部疼痛。如果动作幅度受到严重限制，推举很可能会因为使用的重量过小而起不到任何锻炼作用，这时必须把推举从计划中去掉。

卧推。作为健身房的标杆训练动作，卧推同样是年长训练者的所有上半身动作中能够使用的重量最大的。如果由于某些原因无法训练推举，卧推作为上半身力量训练的主要动作就会变得更为重要。但老化的肩关节常会因为卧推而不堪重负；训练者因为卧推而肩膀疼痛或加剧了原本存在的肩部伤病的情况并不罕见。这些问题有时候可以通过改变握距得到改善——较窄的握距通常对敏感的肩膀来说刺激较小。

如果窄握距仍然不能改善状况，有一种较为新颖的工具能让所有训练者以对握或半反握的握法进行卧推。"橄榄球杠铃杆"（也就是"瑞士杠铃杆"）上铸有多种内置把手，允许双手以各种姿势进行抓握。瑞士杠铃杆对任何训练年长人群的地方来说都是非常有价值的装备。

力量翻。将基础的初级训练计划应用在年长人群中最常见的问题之一就是，是否要加入力量翻。不训练力量翻有几点理由，前面已经讨论过了其中几个。对年长的初级训练者来说，发展爆发力显然不是现实的训练目标。具体来说，对柔韧性不足的年长训练者来说，力量翻和抓举会带来其无法正确接杠的技术问题。非要掌握这些动作的话可能会给手腕、肘部、肩膀和膝关节带来不必要的损害。是否训练力量翻或抓举最终要由训练者和教练决定。对于身体健康、有一定力量、没有伤病的50岁男性训练者，在其训练计划中加入奥林匹克举重动作完全没有问题。而对50岁的超重、身体状况极差的女性训练者来说，力量翻或抓举能带来的价值很可能无法抵消其带来的风险。总的来说，训练者年龄越大，奥林匹克举重动作能带来的好处就越少。对接近70岁的训练者来说，完全没有必要在初级力量训练计划中加入这些动作。

反手/正手引体向上。反手引体向上是一种极为有用的辅助动作，能够有效训练背阔肌、手臂和握力。但对很多年长的初级训练者，尤其是那些体重过大、不能完成自重反手和正手引体向上的人来说，为此训练也并不现实。最合适的替代方式就是使用器械完成背阔肌下拉。如果训练者能够完成引体向上，他就应该练下去，没有必要使用固定器械。如果训练者做不到，那就应在每次训练的最后完成 3 组、每组 8~10 次重复的背阔肌下拉。大部分下拉器械配有多种不同的把手，但最全面的握法是类似反手引体向上的握法：双手间距大约与肩同宽，手掌朝向训练者。此时背阔肌的动作幅度最大，并且相比其他握法可以更好地锻炼肱二头肌。这种握法可能会导致手腕或肘部疼痛，尤其是那些受过伤的训练者，在这种情况下应当换一种握法训练。

如果健身房没有高位下拉器械（这样的商业健身房也够奇葩的），可以使用反向划船来训练上背部和手臂。将杠铃杆放在框式深蹲架内调整到深蹲所需的高度就可以完成这个动作，一般完成 3~4 组、每组 10~12 次重复是合适的。

组数和重复次数

年长的训练者与其他年龄段的训练者一样，都能受益于 5 次重复组的训练。超过 50 岁的训练者出现严重肌肉酸痛和炎症的可能性要高得多，这类人对酸痛的耐受程度无法与年轻人相比，而且由于离心阶段的训练量更大，更高重复次数的训练（8~12 次）往往会比低重复次数的训练造成更多的酸痛和炎症。对于基础杠铃动作，特别是深蹲和硬拉，年长训练者没有必要每组完成 5 次以上的重复。对年长的初级训练者来说，深蹲、推举和卧推完成 3 组等重组，硬拉完成 1 组 5 次重复组就能起到不错的效果。一个初级训练者的**标准初级训练计划**如下所示。

示例 1：55 岁身体状况不佳的男性
阶段 1：周一、周三、周五交替执行 A/B 训练方案

训练 A	训练 B
深蹲 3×5	深蹲 3×5
卧推 3×5	推举 3×5
硬拉 1×5	背阔肌下拉 3×10*

注：*A、B 训练方案都要先安排 1×5 的硬拉训练，待 2~4 周进步减慢后，再引入背阔肌下拉。

阶段 2：降低训练频率至每周 2 次（周一-周四）

周一	周四
深蹲 3×5	深蹲 3×5（比周一减重 20%）
卧推 3×5	推举 3×5
背阔肌下拉 3×10	硬拉 1×5

示例 2：65 岁的超重女性
阶段 1：训练者力量过弱，无法完成深蹲或过顶推举

周一	周四
腿举 3×10	腿举 3×10
卧推 3×5	卧推 3×5
硬拉 1×5	硬拉 1×5

阶段 2：训练者开始训练深蹲和推举，并降低硬拉的训练频率

周一	周四
深蹲 3×5	小重量深蹲 3×5
卧推 3×5	推举 3×5
背阔肌下拉 3×10	硬拉 1×5

示例 3：78 岁体重过轻的男性，有严重的肩关节炎

每 4~5 天进行一次下面的训练（遵循"2周3练"的训练计划）。

硬拉 1×5（计划开始时使用小重量完成 3×5 的训练）

卧推 3×5

哑铃前深蹲 3×5 或腿举 3×10

背阔肌下拉 3×10

（哑铃前深蹲是一种深蹲变式，适用于无法用杠铃有效深蹲的训练者。以"前深蹲"姿势将哑铃保持在肩膀上。由于这种动作只能用较小的重量完成，因此被归为辅助动作，位列硬拉之后。在这个训练计划中，硬拉变成了主要的力量训练动作，并应当安排在深蹲之前、腿部力量最为充沛的时候进行。在加入哑铃动作之前，训练者应当能够完成 3×5 的、低于平行位的自重深蹲。）

随着训练者不断进步、变强，3 组等重组的训练方式会使身体越来越难以恢复，不论是在一周内还是在一次训练期间。到了一定时机，训练者需要改变加重的方法，同时保持足够的训练量以继续产生适应状态。

后初级计划。在为年长者设计后初级训练计划时，需要牢记以下要点。

1. 年长的训练者在艰苦的训练过程中需要频繁地休息。

2. 年长的训练者无法从大训练量的训练中受益。

3. 当训练强度降低时，年长的训练者很快就会训练不足。

4. 加重必须保守。

记住这些要点，年长者的后初级训练计划必须存在"难""易"的波动，训练量必须适中，强度必须高。

阶段 3（后初级计划）：引入后初级训练的组数和重复次数

周一	周四
深蹲 5×5（递增组）	小重量深蹲 4×5（递增组）
卧推 1×（3~5）+2×5 的退行组	推举 1×（3~5）+2×5 的退行组
背阔肌下拉 3×10	硬拉 1×（3~5）+1×5 的退行组

有两种符合这些标准并被证明适合这类人群的方法。

每组 5 次重复的递增组（斯塔尔 5×5）法。第一种方法是使用 5 次重复的递增组练至一组正式组。当训练者达到新的 5RM 水平后，要增加重量，但新重量的最后一组的重复次数将降至 2 次或 3 次。到了下一周，训练者继续使用同样的重量，如果上周他完成了一组 3 次重复的训练，这周就要完成 4 次重复。到了第 3 周，重量仍然不变，但要完成 5 次重复。每周的第 2 次训练，每种动作做到上次热身组的重量后停下。

下面的例子来自一个 55 岁的男性训练者，其初级训练阶段的进步止于 225×5×3。接下来，他需要在大重量训练日完成下面的训练。

第 1 周	第 2 周	第 3 周	第 4 周
45×5×2	45×5×2	45×5×2	45×5×2
135×5	135×5	135×5	135×5
165×5	165×5	165×5	165×5
190×5	190×5	190×5	195×5
210×5	210×5	210×5	215×5
230×3	230×4	230×5	235×3

小重量训练日的训练做到大重量训练日最后一组热身组的水平即可。

退行组法。第二种方法为热身至当天的正式组，然后减重 5%~10% 完成 2~3 组退行组。

假设是同一个训练者，那么其训练进度如下。

第 1 周	第 2 周	第 3 周	第 4 周
45×5×2	45×5×2	45×5×2	45×5×2
135×5	135×5	135×5	135×5
165×2	165×2	165×2	165×2
190×1	190×1	190×1	195×1
210×1	210×1	210×1	215×1
230×3	230×4	230×5	235×3
205×5×2	205×5×2	205×5×2	210×5×2

这两种方法都符合前面提到的标准——小重量训练与大重量训练交替安排，训练量中等，持续高强度以及保守的增重幅度。

当训练者从 225 磅（102.1 千克）的一组 5 次重复的正式组转变为 230 磅（104.3 千克）的一组 2 次或 3 次重复组时，其训练强度得到了提高，但身心层面的压力有所减少，因为整体的训练量降低了。在使用一个新重量的第 1 周或前两周，训练者应当会感觉比之前的 5 次重复组要"轻松"一些。按照这种节奏，年长训练者需要 3~4 周去适应新的重量，然后再继续加重，但由于每周的重复次数是增加的，所以其训练表现仍然是提高的。

这两种方法最主要的不同在于训练量的安排。斯塔尔法将大部分的训练量安排在了正式组之前的热身组部分，因此它相对容易一些。这很适合年长训练者训练深蹲——5

次重复的递增组能让僵硬的腿部和下背部得到充分的热身，并能提供更多的练习与接受指导的机会。退行组法的大部分训练量放在了每天主要的正式组之后。因为包含了更多的训练组数，因此该方法对身体的刺激更大一些。训练者仍要完成大量热身组才能开始正式组，然后还要完成额外的退行组训练。退行组法训练卧推和推举以及硬拉的效果较好。如果为硬拉训练安排退行组的话，应当只安排 1 组。很显然，两种方法可以结合使用：用斯塔尔法训练深蹲，用退行组法训练推力和拉力动作。

两种方法还有一个重要的相似性，即在同一次训练中可以同时安排高强度和大训练量的训练。而在得州训练法这样的训练计划中，会有专门的大训练量训练日和高强度训练日。虽然大训练量训练日使用的重量比高强度训练日要小一些，但其实这两天使用的重量都比较大，这意味着训练者要在同一周内完成两次刺激很大的训练。年长训练者无法从如此激进的训练中恢复过来。如果年长训练者需要在一周内安排同一动作的多次训练，那么他应当按照大重量-小重量训练日或艰苦-轻松训练日的模式安排计划，绝不能以大训练量-高强度的方式分割训练日。

训练者的康复后恢复

任何为了比赛刻苦训练的运动员都会受伤。这很令人遗憾，但任何因此放弃竞争的人都无法成为出色的竞技运动员。运动员需要刻苦训练，并借此迈过先前无法逾越的鸿沟，达到新的表现水平。在某种程度上这会导致伤病，成功的竞技运动是危险的。这种危险是可控的，也必须控制，但要首先认识到运动员会受伤的事实。如果受伤后还想继续做运动员，不至于运动生涯因此终结，那么了解如何成功地控制和修复伤病对训练者来说同等重要。此外，无论与训练是否相关，意外都可能会发生。

严重受损的组织无法通过康复来修复，而是要通过强化其周围的健康组织来分担先前由受损组织承担的那部分负荷。如果一个人遭受了非致命性的心脏病，比如说心肌梗死，那么部分心肌会死亡。死亡的组织不再帮助心脏收缩，但心脏仍然在跳动并输送血液。在心肌梗死后，心脏的输血效率会立即降低，但跳动仍然一次都不会少，于是剩余部分健康的、功能健全的心肌会开始适应部分心肌坏死的现状，因为既然你没有死亡，那剩余的健康肌肉就会继续承受负荷。为了适应受损组织失去的发力能力，剩余的肌肉会收缩地更加用力，并在数周、数月内迅速增加其肌肉量，直到胶原瘢痕的抗张强度弥补了收缩力的不足，此时该重构过程便完成了。最终的结果是，即使不可恢复地失去了一些原本的肌肉，心脏仍恢复了产生收缩力的能力。当然，心室收缩形态的改变导致其功能无法恢复到 100% 的水平。这种形态改变，以及肌肉量增加导致心室壁变得更厚，使其工作效率赶不上原装的心室，但其功能足以支持恢复正常活动的需要。

身体其他部位很多肌肉的损伤情况与之类似，但没那么可怕。如果一块肌肉严重受损到坏死的程度，那么不仅剩余的肌肉组织会通过增强其功能来适应肌肉功能受损的现状，而且其周边那些在生物力学上帮助受损肌肉的健康肌肉也会承担部分负荷。科学和

医学文献中经典的"切除"实验指出，当腓肠肌（小腿的主要肌肉之一）被切除后，深层的比目鱼肌和跖肌能够很快适应，并承担起之前由腓肠肌承担的负荷。有详细的记载称，在切除手术后，为了恢复完整的机械结构和"正常"功能，这些新承压的肌肉发生了剧烈的化学和结构性变化。恢复的结构虽不如原装的那么好，但仍能实现原结构的大部分功能。

在上面的两种情景中，功能的恢复只发生在短暂的负荷减少之后，基本上是消除炎症以及其他各种明显病症所需的时间。训练者需要快速回到可以不断增加功能性负荷的状态，以引发适应状态和恢复。即使是出现梗塞的心脏，恢复正常负荷对剩余组织来说也意味着功能性的超负荷：心脏必须在起始时以减少的肌肉量产生与原来相同的力量，这个负荷是相对较高的。促进恢复正常功能的适应是对受伤区域功能下降给系统带来的刺激的反应。需要补偿的伤病是周围组织受到的刺激根源，这些组织通过适应受到的新刺激来做出反应。如果没有受伤，就不会产生这种适应，就像没有刺激就不会产生适应一样。为了避免伤病加剧，的确需要小心谨慎，但认为没有超负荷就能康复是一种对基本生理学和人体力学缺乏理解的表现。

在举重室、运动场和日常生活中出现的大部分伤病都不会严重到组织坏死的程度。这些伤病会带来诸多不便和痛苦，让人心烦意乱并且治疗费会很昂贵，但对生活质量的影响不会持续很久。治愈这些伤病的原理同样适用于更严重的伤病，因为伤口愈合的机制是相同的。在度过最初的几天后仍然"静养"伤病，这反映了人们对引起功能恢复的

实际过程缺乏了解。不涉及组织坏死的不太严重的伤病可以立即在受损组织上施加超负荷，以刺激其恢复。在这种特定情况下，必须小心确保正在愈合的结构承受正常范围的负荷，因为这样做的目的是恢复该特定结构的完整功能，而不是让相邻结构承担负荷，这会阻碍伤病的完全恢复。这要通过在锻炼受伤区域时强制执行严格的技术来实现。这种方法会很疼，但长期功能的完全恢复依赖于受伤区域受到的正确刺激。

在受到监督的康复期内，使用的训练负荷应当足够小，以利于受伤组织的功能得到局部的恢复，但这个负荷产生的系统性刺激仍未达到维持高水平健身所需的程度。当运动员可以不受限制地参加活动时，训练不足的情况已经很严重了，必须改变训练计划才行。即使是高级运动员，6~8周的康复治疗带来的整体表现下滑足以让训练者在恢复训练时重新使用简单的线性进步计划。在恢复到伤病前的运动水平后，运动员就可以回到与其自身水平相适应的正常训练中了。正如先前讨论过的，力量具有弹性的特质，恢复因训练不足导致的力量下滑的速度要比最初获得它时快得多。

回忆一下我们在第 1 章对刺激-恢复-适应的定义。

刺激指的是任何可以改变机体生理状态的事件。刺激的作用在于打破体内平衡，即存在于机体内的稳定生理环境。从压力活动中恢复过来是有机体延续其生存的方式，并且有机体通常会恢复到比施加刺激之前的状态更强一点的状态，以免同样的刺激再次发生。有机体对刺激的这种适应是保证其在多变的环境下存活的方式。

这个定义也包含了对有效康复的深刻见解：如果想要通过对刺激的响应恢复到比先前更好一些的状态，也就是恢复先前高水平的运动表现，必须有充分的刺激来干扰体内平衡。受伤运动员的状态比受伤之前要差，因此，如果想要在目前的基础上提高的话，运动员必须挑战当前的表现。这与受伤前达到这个高度的过程完全相同，必须重新经历一遍才能回到那个高度，虽然这个过程对受伤的运动员来说一点也不愉快。

理疗师犯的最大错误就是对这个概念的错误应用。很多理疗师错将伤病本身视为刺激因素，他们并没有意识到：（1）伤病刺激已经被身体适应了；（2）接下来缺乏训练刺激的过程同样是一种已经被适应的刺激；（3）康复刺激必须具有足够的强度才能产生刺激-恢复-适应的反应过程，才能使运动员恢复到先前的水平。如果康复无法像一开始训练时那样提供足够的刺激来引发适应，从而使身体可以适应更大一些的刺激的话，"康复"这个术语就毫无意义。误认为数日、数周或数月前的伤病必须通过更多休息或更长时间的治疗才能更好地恢复，这是对决定运动表现的基本过程的无知。

合著者

　　斯蒂芙·布拉德福德博士是阿斯加特公司的执行经理和 www. StartingStrength.com 网站的社区管理者。2004 年，她获得杜克大学药理学博士学位。她大部分时间都在做力量训练，并有数年作为一名有竞争力的奥林匹克举重运动员参赛的经历。她在全美各地教授杠铃训练课程。

致　谢

插图

除非特别说明，插图均由斯蒂芙·布拉德福德完成。

杰森·凯利（Jason Kelly）：图 4-2

图 5-2 的肌电图以及力量数据图由马奎特大学的杰奎琳·林伯格（Jaqueline Limberg）和亚历山大·吴（Alexander Ng）友情提供。

摄影

托马斯·坎皮特利（Thomas Campitelli）：图 3-1、9-1、9-2

中文版特别致谢

真诚地感谢阿斯加特团队的执行顾问矛盾（Troy May）在本书的出版过程中给予的热情帮助和指导，感谢崔灿、徐熠捷为本书的审校所做的认真细致的工作。